Frank Pfirsching

Portfoliotransaktionen von Selbstnutzern

WIRTSCHAFTSWISSENSCHAFT

Frank Pfirsching

Portfoliotransaktionen von Selbstnutzern

Eine immobilienwirtschaftliche Analyse

Deutscher Universitäts-Verlag

Bibliografische Information Der Deutschen Nationalbibliothek
Die Deutsche Nationalbibliothek verzeichnet diese Publikation in der Deutschen Nationalbibliografie; detaillierte bibliografische Daten sind im Internet über <http://dnb.d-nb.de> abrufbar.

Dissertation European Business School Oestrich-Winkel, 2007

D 1540

1. Auflage August 2007

Lektorat: Frauke Schindler / Viktoria Steiner

Der Deutsche Universitäts-Verlag ist ein Unternehmen von Springer Science+Business Media.
www.duv.de

Umschlaggestaltung: Regine Zimmer, Dipl.-Designerin, Frankfurt/Main
Gedruckt auf säurefreiem und chlorfrei gebleichtem Papier
Printed in Germany

ISBN 978-3-8350-0772-7

Vorwort

Deutsche Unternehmen stehen seit einiger Zeit wegen ihres hohen Eigentumsanteils an den betrieblich genutzten Immobilien in der Kritik.
Seit Anfang des neuen Jahrtausends ist aber ein Trend in Gang gekommen, Eigentumsobjekte zu verkaufen und wieder anzumieten. Als bevorzugte Transaktionsform hat sich der Verkauf mehrerer Objekte im Paket, die Portfoliotransaktion durchgesetzt. Allerdings konnten in den letzten Jahren gerade besonders große Transaktionen nicht mit dem Verkauf abgeschlossen werden.
Die vorliegende Arbeit untersucht die Probleme in den bisherigen Transaktionen mit Hilfe von Experteninterviews mit den bisherigen Transaktionsteilnehmern. In einem zweiten Schritt werden Transaktionsprobleme mit Hilfe eines deskriptiv motivierten Erklärungsansatzes als Urteilsfehler erklärt.
Der Schwerpunkt der Arbeit liegt dann im zweiten Teil des Buches auf dem Entwurf einer Best Practice-Vorgehensweise für den Verkäufer beim Portfolioverkauf. Dabei wird einerseits auf die Empfehlungen der Transaktionsteilnehmer aus den bisherigen Transaktionen sowie Erkenntnisse zum Umgang mit Urteilsfehlern zurückgegriffen. Andererseits finden Forschungsergebnisse zu Unternehmenstransaktionen und aus anderen Teildisziplinen der Betriebswirtschaftslehre Anwendung in konkreten Handlungsempfehlungen.

Die vorliegende Arbeit wurde im Januar 2007 als Dissertation an der EUROPEAN BUSINESS SCHOOL eingereicht und angenommen. Während der Arbeit an meiner Dissertation habe ich von vielen Seiten Unterstützung erfahren.

Mein besonderer Dank gilt Herrn Prof. Dr. Dirk Schiereck, dem Inhaber des Lehrstuhls Bank- und Finanzmanagement an der European Business School, dass er kurzfristig bereit war, als Erstgutachter zu fungieren, nachdem der vorherige Erstgutachter die Hochschule verlassen hat. Ebenso möchte ich Herrn Prof. Dr. Nico Rottke für die spontane Übernahme des Zweitgutachtens danken.
Weiterhin gebührt mein Dank allen Interviewpartnern aus der Praxis, dass sie mir teilweise über mehrere Stunden für ein Gespräch zur Verfügung standen.
Außerdem möchte ich mich bei Herrn PD Dr. Ekkehard Stephan von der Universität Kassel und Herrn Prof. Dr. Klaus Peter Kaas von der Universität Frankfurt für ihr Interesse und Unterstützung bei der Entwicklung des deskriptiv motivierten Erklärungsmodells bedanken.
Ein weiterer Dank gilt meinem Arbeitgeber Sireo Real Estate GmbH für die Unterstützung und teilweise Freistellung während meines Promotionsprojekts. Insbesondere möchte ich mich bei Herrn Volker Dittmeier bedanken, der mir seit meinem Berufseinstieg als Mentor und Freund zur Seite steht.
Ebenso bedanken möchte ich mich bei Herrn Rainer Thaler, dem Pionier der Portfoliotransaktionen in Deutschland, für seine Anregungen und Unterstützung bei der Themenfindung.
Darüber hinaus gilt mein Dank Frau Dr. Verena Sturm für die kritische Durchsicht und ihre Anmerkungen bei der Fertigstellung der Doktorarbeit.

Außerdem möchte ich mich bei meinen Eltern und bei meiner Schwester bedanken, die mir die Verfolgung eigener beruflicher Ziele außerhalb des elterlichen Betriebs ermöglicht haben.
Abschließend gilt mein herzlicher Dank meiner Frau Christine für ihr Verständnis und für ihre Unterstützung.

Frank Pfirsching

Inhaltsverzeichnis

Abkürzungsverzeichnis

CAD	Computer Aided Design
CREM	Corporate Real Estate Management
DAX	Deutscher Aktienindex
DCF	Discounted Cash Flow
engl.	Englisch
FF	Funktionsfläche
HGB	Handelsgesetzbuch
HK	Heizkosten
(H)NF	(Haupt-)Nutzfläche
IFRS	International Financial Reporting Standards
k. A.	keine Angaben
M & A	Mergers & Acquisitions
Mio.	Millionen
Mrd.	Milliarden
NK	Nebenkosten
NNF	Nebennutzfläche
ÖPNV	Öffentlicher Personennahverkehr
PREM	Public Real Estate Management
REIT	Real Estate Investment Trust
S.	Seite
TÜV	Technischer Überwachungsverein
US GAAP	United States Generally Accepted Accounting Principles
V (x)	Nutzen aus der Größe x
VF	Verkehrsfläche
VK-Fläche	Verkaufsfläche

Abbildungsverzeichnis

Tabellenverzeichnis

1 Einleitung und Problemstellung

1.1 Problemstellung und Zielsetzung

Als gewerbliche Selbstnutzer nehmen Unternehmen in Deutschland eine wichtige Position als Immobilieneigentümer ein. Gegenüber dem internationalen Durchschnitt von 30 bis 40 Prozent halten sie mit durchschnittlich 60 Prozent einen deutlich höheren Anteil der von ihnen genutzten Immobilien im Eigentum.[1]

Um diesen Referenzwert auf den internationalen Durchschnitt abzusenken ist in den vergangenen Jahren ein Trend in Gang gekommen, noch betriebsnotwendige selbstgenutzte Immobilien zu verkaufen und wieder anzumieten.

Beim Verkauf ihrer Immobilien bedienen sich Unternehmen unterschiedlicher Transaktionsformen. Die häufigsten Transaktionsformen sind aber Einzelverkäufe und Paketverkäufe (Portfoliotransaktionen).

Gerade bei der Veräußerung betriebsnotwendiger Immobilien durch besonders große Bestandshalter (z. B. DAX-Unternehmen) wird die Transaktionsform der Portfoliotransaktion häufig gebraucht. Beispielhaft seien hier Deutsche Bank AG, Metro AG, Siemens AG und Deutsche Telekom AG genannt. Allerdings haben bisher nur wenige der großen Unternehmen Verkäufe von betriebsnotwendigen Immobilien durchgeführt. Bei Verkaufsversuchen mit Hilfe von Portfoliotransaktionen ist es auch zum Scheitern von Transaktionen gekommen. Bis auf wenige Ausnahmen im Bankensektor wie Deutsche Bank AG und Dresdner Bank AG finden Verkäufe von betriebsnotwendigen Immobilien nur noch durch mittelgroße, teilweise nicht börsennotierte Unternehmen statt, die die Immobilienverkäufe häufig als reine Liquiditätsquelle abseits von Kapitalmarkt und Unternehmensrating sehen. Im Gegensatz zu einer integrierten Strategie zur Anpassung des Immobilienbestandes bei gleichzeitiger Optimierung der Finanzierungskosten handelt es sich hier um kurzfristige, nicht nachhaltige Bemühungen der Liquiditätsbeschaffung, die nicht der gezielten Reduzierung selbstgenutzter Eigentumsimmobilien dient.[2]

Beispielhaft seien hier einerseits Baumarktketten genannt, die die Monetarisierung ihres Immobilienvermögens nicht aus strategischen Gründen, sondern rein zur Finanzierung ihrer weiteren Expansion durchführen.[3] Diese Einschätzung wird dadurch gestützt, dass diese Verkäufergruppe gezielt an Investorengruppen veräußert, die rein an langfristigen, dem Leasing ähnelnden Finanztransaktionen interessiert sind.[4] Andererseits handelt es sich wie beim Beispiel von Auto-Teile Unger um die Monetarisierung von Immobilienwerten durch neue Eigentümer aus dem Private Equity-Bereich, dem so genannten „Asset Stripping".[5]

Darüber hinaus werden in Verkäufen, insbesondere Portfolioverkäufen vor allem nicht strategische Objekte mit mittelfristig auslaufender Nutzung veräußert.[6] Zusammengefasst liegt der Anteil der Eigentumsobjekte an allen genutzten Immobilien bei deut-

---

1 Trombello (2005), S. 30.

2 Pfnür / Armonat (2004), S. 15.

3 Hornbach (2006), S. 1: „HORNBACH verbessert hierdurch seine Liquidität bei gleichzeitig langfristiger Standortsicherung".

4 N.N. (2005c), S. 1: Verkauf von Hellweg-Baumärkten an WP Carey, 25 Jahre Rückanmietung.

5 N.N. (2005d), S. 1.

6 Siehe Buchenau (2006), S. 1: Unternehmen wie u. a. Daimler Chrysler und E.On verstehen unter nicht betriebsnotwendigen Objekten auch alle Büro-Immobilien, da diese für das Kerngeschäft nicht strategisch wichtig sind bzw. ersetzbar sind (im Gegensatz zu Produktionsanlagen).

schen Unternehmen weiter deutlich über dem internationalen Durchschnitt. Der Trend zur Veräußerung und Rückanmietung betriebsnotwendiger Immobilien ist in Deutschland zum Erliegen gekommen.
Gleichzeitig warten große Volumina internationalen Investorenkapitals auf eine Anlagemöglichkeit in deutschen Portfoliotransaktionen.[7]
Die bisher erfolgreich abgeschlossenen aber auch ohne Abschluss abgebrochenen Transaktionen belegen aber das Interesse der Großunternehmen an Immobilienverkäufen, insbesondere Portfolioverkäufen. Zum Teil sind es die Probleme bei der Beherrschung des Transaktionsprozesses, die von Portfoliotransaktionen abhalten.[8]
Der Grund für die Zurückhaltung und somit das Verbleiben der Eigentumsquote auf (zu) hohem Niveau lag folglich bei den bisherigen Transaktionen auch in der fehlenden Fähigkeit, den Transaktionsprozess zu beherrschen, um eine Portfoliotransaktion erfolgreich durchführen zu können.[9]
Die vorliegende Arbeit möchte daher die Probleme erheben, mit denen Selbstnutzer als Verkäufer im Transaktionsprozess von Portfoliotransaktionen konfrontiert sind. Die daraus resultierende Transparenz über die Herausforderungen einer Portfoliotransaktion soll Unternehmen helfen, die in Zukunft Portfoliotransaktionen durchführen möchten. Darüber hinaus sollen die Problemfelder der Transaktionen mit Hilfe von verhaltenstheoretischen Urteilsfehlern (Behavioral Decision Theory) erklärt und Empfehlungen zum Umgang mit Urteilsfehlern in Portfoliotransaktionen abgeleitet werden. Diese Erkenntnisse sowie Empfehlungen der bisherigen Transaktionsteilnehmer und Erfahrungen aus Vergleichen mit Unternehmenstransaktionen sollen abschließend einfließen in den Entwurf einer Best-Practice-Vorgehensweise für Unternehmen zum Verkauf von Paketen aus betriebsnotwendigen Immobilien.

1.2 Wissenschaftstheoretische Positionierung

– Erfahrungs- und Erkenntnisobjekt

Grundlage der wissenschaftstheoretischen Positionierung der vorliegenden Arbeit ist die Bestimmung des Erfahrungs- und Erkenntnisobjektes.
Erfahrungsobjekt dieser Untersuchung sind Portfoliotransaktionen von Selbstnutzern als Transaktionsform für den Transfer des Eigentums an selbstgenutzten gewerblichen Immobilien an Dritte.
Erkenntnisobjekt ist der Ablauf der Portfoliotransaktion aus Verkäufersicht. Zunächst werden Probleme der bisherigen Transaktionen erhoben, deren Auftreten im Nachgang erklärt werden soll, um zum Abschluss Empfehlungen für eine optimale Transaktionssteuerung aus Sicht des Verkäufers zu geben.

– Einordnung in die Immobilienökonomie

Das Rahmengerüst der Forschungsdisziplin Immobilienökonomie ist durch das Haus der Immobilienökonomie beschrieben. Die vorliegende Arbeit lässt sich zunächst bei den Management-Aspekten unter dem strategiebezogenen Aspekt CREM – Corporate

---

7 Trombello (2005), S. 30.

8 Schulte / Gier (2005), S. 11/12: weitere Hindernisse bezüglich der Monetarisierung sind geringe Marktfähigkeit der Objekt aufgrund hoher Spezifität, höhere Kostenbelastung , notwendige Bilanzierung der Mietverpflichtungen, mangelnde Sicherung strategischer Immobilien, steuerliche Gründe und Unsicherheit des zukünftigen Bedarfs.

9 N.N. (2002), S. 1: „Verkäufer verhalten sich nicht marktgerecht“.

Real Estate Management als Managementform eines Selbstnutzers einordnen. Obgleich die Ausführungen und Erkenntnisse auch zum überwiegenden Teil Gültigkeit für die öffentliche Hand als Selbstnutzer unter dem Aspekt PREM – Public Real Estate Management haben wird, fokussieren sich die Untersuchungen auf Unternehmen als Verkäufer. Grund ist die dort stärker ausgeprägte Gewinnerzielungsabsicht, die derzeit noch zu einem wirtschaftlicheren Umgang mit selbstgenutzten Immobilien führt als im öffentlichen Bereich. Ansätze verschiedener Bundesländer zeigen jedoch, dass Verkäufe selbstgenutzter Immobilien bald auch im öffentlichen Bereich an Bedeutung gewinnen werden.
Im Rahmen des Transaktionsprozesses müssen auch alle funktionsspezifischen Aspekte beherrscht werden, was die Komplexität aus Sicht des Verkäufers auslöst.
Die Komplexität setzt sich auch im Hinblick auf die institutionellen Aspekte fort. Der Selbstnutzer als Immobiliennutzer muss in Transaktionsvorbereitung und -durchführung geeignete Immobiliendienstleister und gegebenenfalls auch Immobilienfinanzinstitutionen auswählen, um sein Verkaufsprodukt aus der Gruppe der Immobilieninvestoren dem geeigneten Käufer anzubieten.

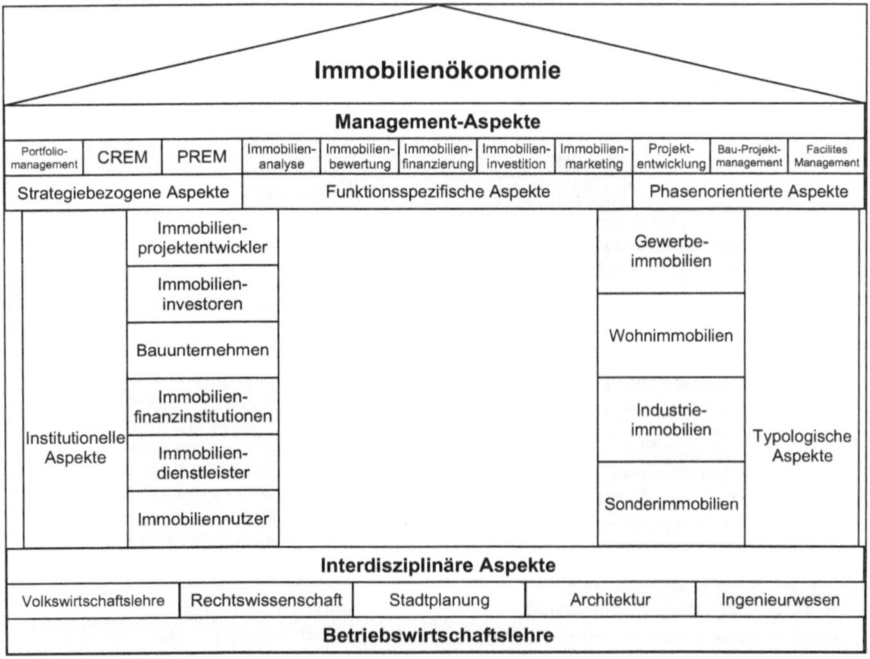

Abbildung 1: Das Haus der Immobilienökonomie[10]

Dabei werden im Bereich der typologischen Aspekte Gewerbe-, Industrie- und Sonderimmobilien transaktioniert. Abschließend wird in der Due Diligence die Betriebs-

[10] Schulte (2005), S. 58.

wirtschaftslehre mit Vorgehensweisen und Erkenntnissen der Rechtswissenschaften (Legal Due Diligence) und Architektur / Ingenieurwesen verbunden.
Zusammenfassend werden durch das Thema Portfoliotransaktionen von Selbstnutzern große Teile des Hauses der Immobilienökonomie berührt (siehe Abbildung 1).
Die vorliegende Arbeit ist somit in ihrer Verbindung verschiedener Aspekte beispielhaft für den interdisziplinären Forschungsrahme der Immobilienökonomie.

– Einordnung in deskriptive Entscheidungsforschung

Zur Erklärung des Auftretens von Problemen im Transaktionsverlauf bedient sich die vorliegende Arbeit verhaltenstheoretischer Urteilsfehler. Damit ist sie in den Bereich der verhaltenstheoretischen Entscheidungsforschung (engl. Behavioral Decision Theory) als Bereich der deskriptiven Entscheidungsforschung einzuordnen.[11] Forschung mit Immobilienschwerpunkt vor diesem Hintergrund wird als Behavioural Real Estate bzw. Real Estate Behavioralism bezeichnet.[12]
Ziel der Untersuchung ist die Anwendung und Übertragung der Urteilsfehler im Umfeld von Selbstnutzern. Dabei wird sich auch erstmals Urteilsfehlern bedient, die bisher in Immobilienzusammenhängen noch keine Anwendung fanden.
Die Anwendung von Urteilsfehlern stellt dabei nur einen Erklärungsansatz dar, der hier in den Mittelpunkt der Untersuchung gerückt wurde, da in Vorgesprächen mit Transaktionsteilnehmern häufig auf nicht rational nachvollziehbare Verhaltensmuster auf Verkäuferseite verwiesen wurde.

1.3 Gang der Untersuchung

Zunächst werden in zwei Kapiteln die Grundlagen für die Betrachtung von Portfoliotransaktionen von Selbstnutzern gelegt (siehe Abbildung 2). Im zweiten Kapitel werden zuerst die Transaktionsbeteiligten vorgestellt. Im dritten Kapitel werden die relevanten Aspekte und Perspektiven des Verkaufsobjekts aufgezeigt.
Bei der Untersuchung der Problemstellung wird sich dann eines zweistufigen Forschungsansatzes bedient.
Zunächst werden im explorativen Erklärungszusammenhang Problemfelder der bisherigen Transaktionen sowie das Erfahrungen und Empfehlung der Beteiligten durch eine qualitativ strukturierierende Inhaltsanalyse von Experteninterviews mit den Transaktionsteilnehmern erhoben.
Ausgewählte Problemfelder werden dann im explikativen Erklärungszusammenhang durch ein Modell auf Basis verhaltenstheoretischer Urteilsfehler erklärt und Empfehlungen zum Umgang mit den Entscheidungsanomalien abgeleitet.
Auf den empirisichen Test der theoretischen Erklärungshypothesen wird angesichts des beschränkten Umfangs der Arbeit verzichtet.
In Kapitel vier erfolgt zunächst die Beschreibung und Auswertung der explorativen Untersuchung zur Bestimmung der Problemfelder der bisherigen Transaktionen.
Im folgenden fünften Kapitel werden dann ausgewählte Entscheidungsanomalien vorgestellt. Diese Urteilsfehler fließen dann in ein Erklärungsmodell ein, auf dessen Basis

---

11 Für einen Überblick dieser Forschungsdisziplin siehe Eisenführ / Weber (2003) und Rabin (1998), S. 11-46.

12 Für einen Überblick über die Forschung mit Immobilienschwerpunkt siehe Diaz (1999) und Hardin (1999).

ausgewählte Problemfelder erklärt und theoriegeleitet Empfehlungen für die Transaktionsdurchführung entwickelt werden.
Diese Empfehlungen, das Erfahrungswissen und die Empfehlungen der bisherigen Transaktionsteilnehmer sowie weitere Erkenntnisse aus der immobilienwirtschaftlichen und betriebswirtschaftlichen Forschung sind Grundlage des Entwurfs einer Best-Practice-Vorgehensweise aus Sicht des Verkäufers für die Transaktionsvorbereitung (Kapitel sechs) und – durchführung (Kapitel sieben).

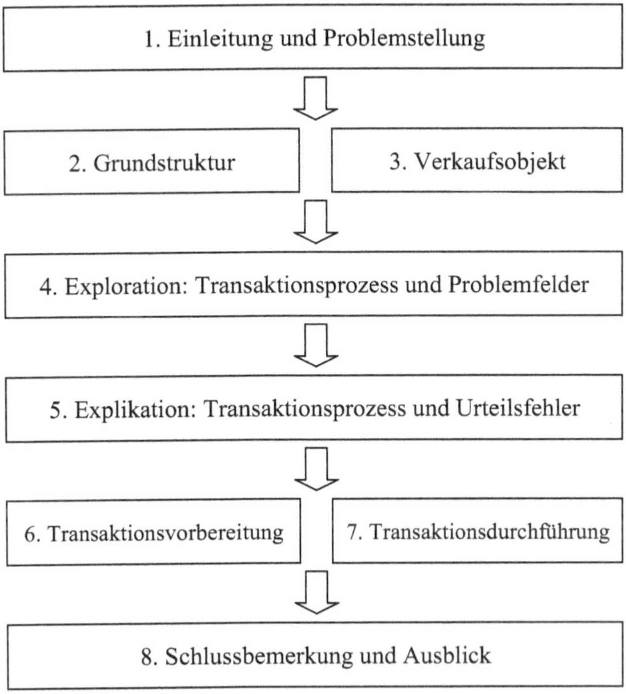

Abbildung 2: Aufbau und Gang der Untersuchung

Dabei wird insbesondere auf Erkenntnisse aus der Erforschung von Unternehmenstransaktionen zurückgegriffen. Weiterhin werden Erkenntnisse aus der Auktions- und Verhandlungsforschung angewendet.

2 Grundstruktur einer Immobilien-Portfoliotransaktion durch Selbstnutzer

2.1 Definition und Transaktionsbeteiligte im Überblick

Unter der im Folgenden zu untersuchenden Form der Portfoliotransaktion wird der Verkauf von mehreren Objekten (in der Regel waren es in den bisherigen Transaktionen mehr als fünf Objekte mit einem Verkaufsvolumen, das häufig über 100 Millionen Euro liegt) verstanden durch einen Verkäufer, der die Immobilien bisher genutzt hat und zukünftig über Mietverträge nutzen wird.[13] In der Regel handelt es sich dabei um Asset Deals, reine Objektverkäufe. Eine detaillierte Abgrenzung im Hinblick auf die Einzelkomponenten der Transaktionsgrundstruktur erfolgt im nächsten Abschnitt.
Die Abwägung der Eignung der Portfoliotransaktion als Transaktionsform im Hinblick auf die Eigentümerziele und Objekteigenschaften wird noch als Bestandteil des Transaktionsprozesses Inhalt dieser Arbeit sein. Zunächst soll nur eine Abgrenzung zu den alternativen Transaktionsformen erfolgen:

- Einzelverkauf: In der Regel handelt es sich um vergleichbare Verkaufsobjekte, die jedoch einzeln veräußert werden.
- Einbringung in eine eigene notierte Aktiengesellschaft, zukünftig mit REIT-Status und Streubesitz: Zunächst muss eine am Markt platzierbare AG geschaffen werden. Reine Corporate REITs gelten dabei nicht als platzierbar.
- Einbringung in / Verkauf an Spezialfonds: Die Verkaufsobjekte müssen allerdings „investmentgrade“ und drittverwendungsfähig sein.
- Real Estate Partnership / Verbriefung / Leveraged Lease: Voraussetzung ist ein sehr gutes Unternehmensrating und investmentfähige Immobilien bzw. sehr lange laufende Mietverträge.
- Synthetic Lease: Voraussetzung ist ein sehr gutes Unternehmensrating.

Dabei ist die Portfoliotransaktion als Verkauf von Vermögensgegenständen oder gar eines Unternehmensteils / Tochterunternehmens ein Sonderfall einer Mergers & Acquisitions Transaktion.[14] Folglich sind Untersuchungen und Ergebnisse zu Unternehmenstransaktionen auf Portfoliotransaktionen von Selbstnutzern anwendbar.

An einer Portfoliotransaktion von Selbstnutzern beteiligte Akteure lassen sich in zwei Gruppen gliedern – Verkäufer- und Käufergruppe (siehe Abbildung 3).
Auf der Verkäuferseite steht der Verkäufer selbst, unterstützt von seinem transaktionssteuernden Verkaufsagenten (engl. Lead Advisory), seinem Rechtsberater sowie weiteren Beratern (sonstige Verkäuferberater).
Auf Käuferseite übernimmt der Käufer die Transaktionssteuerung in der Regel selbst. Unterstützt wird er von seinem Rechtsberater. Ein weiterer wichtiger Akteur auf Käuferseite ist der Fremdkapitalgeber.

---

[13] Dabei müssen nicht alle Flächen wieder angemietet werden. Da es keine offensichtlichen Kritieren für die Abgrenzung zwischen einem betriebsnotwendigen und nicht mehr betriebsnotwendigen Portfolio gibt, wird eine Grenze von mindestens 50 % Flächenanteil, der rückangemietet wird, definiert. Die Länge der Rückanmietung wird dabei nicht berücksichtigt.

[14] Für eine Definition von Mergers & Acquisitions siehe Beitel (2004), S. 33.

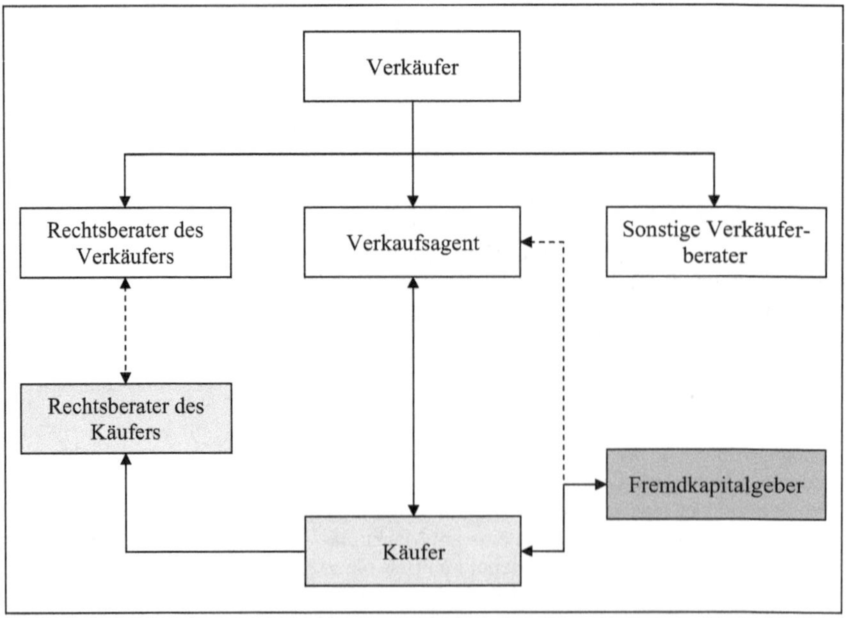

Abbildung 3: Darstellung der Beteiligten und ihrer Beziehungen untereinander

2.2 Verkäufer

2.2.1 Abgrenzung

Die Verkäufer, die sich der untersuchten Transaktionsform bedienen, lassen sich eindeutig mit dem Begriff „Selbstnutzer" beschreiben. Die englische Entsprechung lautet „Owner-Occupier". Dieser ist sowohl Eigentümer als auch Nutzer der Immobilien, die in der beschriebenen Transaktion veräußert werden sollen. Gantenbein (1999) unterscheidet noch eine dritte Funktion des Selbstnutzers, die des Kapitalgebers. Im Falle der Finanzierung mit Eigenkapital entrichtet er als Eigentümer eine Eigenkapitalverzinsung an sich selbst als Eigenkapitalgeber (siehe Abbildung 4).[15]

Weiterhin erfolgt eine Einschränkung im Hinblick auf das Verhältnis zu Immobilien. Im Fokus der Betrachtung stehen Selbstnutzer, bei denen Immobilien nicht wesentlicher Geschäftsgegenstand sind. Sie bezeichnet man als Non-Property Unternehmen in Abgrenzung zu Property Unternehmen, die extern gerichtete immobilienwirtschaftliche Leistungen erbringen.[16] Bei Non-Property Unternehmen zählt der Umgang mit Immobilien nicht zum Kerngeschäft, diese sind lediglich untergeordnete Betriebsmittel im Rahmen des Kerngeschäfts (siehe unten). Selbstgenutzte Immobilien bei Property Unternehmen können aufgrund ihrer geringen Bedeutung vernachlässigt werden.

Betrachtet man nun die Übersicht der Immobiliennutzer in Abbildung 5, so scheiden weiterhin private Haushalte als Selbstnutzer aus, da ihnen Wohngebäude als typische Immobilientypen zugeschrieben werden, die sie nur als Einzelimmobilien selbst nut-

---

15 Gantenbein (1999), S. 59.

16 Hens (1999), S. 78.

zen. Somit sind auch keine großvolumigen Portfolioverkäufe mit selbstgenutzten Immobilien dieser Immobiliennutzer denkbar.
Wie eingangs beschrieben treffen die Betrachtungen auch auf Non-Profit-Organisationen als Selbstnutzer zu. Allerdings wird in der vorliegenden Arbeit nicht explizit auf diese Verkäufergruppe eingegangen, da sowohl öffentliche Haushalte und insbesondere gemeinnützige Organisationen derzeit noch nicht ihr Immobilieneigentum so stark optimieren wie Unternehmen.
Somit stehen Unternehmen als Selbstnutzer im Fokus der folgenden Untersuchungen.

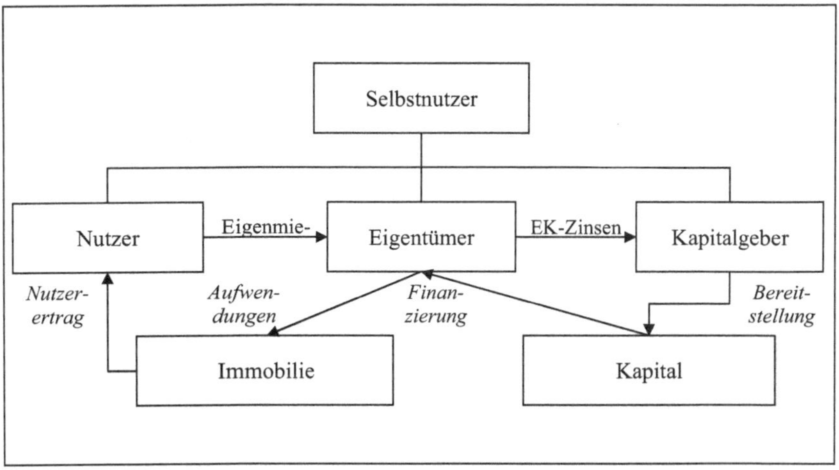

Abbildung 4: Der Selbstnutzer als Nutzer, Eigentümer und Kapitalgeber[17]

2.2.2 Motive

Ziel dieser Arbeit ist es weder Vor- und Nachteile der Ausgliederung von Unternehmensimmobilien zu diskutieren noch mögliche alternative Transaktionsformen zu Portfoliotransaktionen zu beurteilen. Im Mittelpunkt steht ausschließlich der funktionierende Ablauf einer Portfoliotransaktion. Dennoch soll im Folgenden kurz auf die Motive / Ziele der Verkäufer eingegangen werden, die mit einer Portfoliotransaktion verfolgt werden.

– Kapitalkonzentration auf das Kerngeschäft

In der Bilanz als Eigentum ausgewiesenes Immobilienvermögen wird in Höhe der bilanziellen Eigenkapitalquote mit Eigenkapital finanziert. Im Gegensatz zu Fremdkapital, für das unter Umständen von der Bank Verwendungsvorschriften erlassen werden, kann Eigenkapital ohne Einschränkung verwendet werden. Daher soll es durch Veräußerung aus der Finanzierung von Immobilien herausgezogen werden und zur Finanzierung von riskanten Vorhaben im Kerngeschäft genutzt werden.[18]

---

[17] Gantenbein (1999), S. 59.
[18] N.N.(2005a).

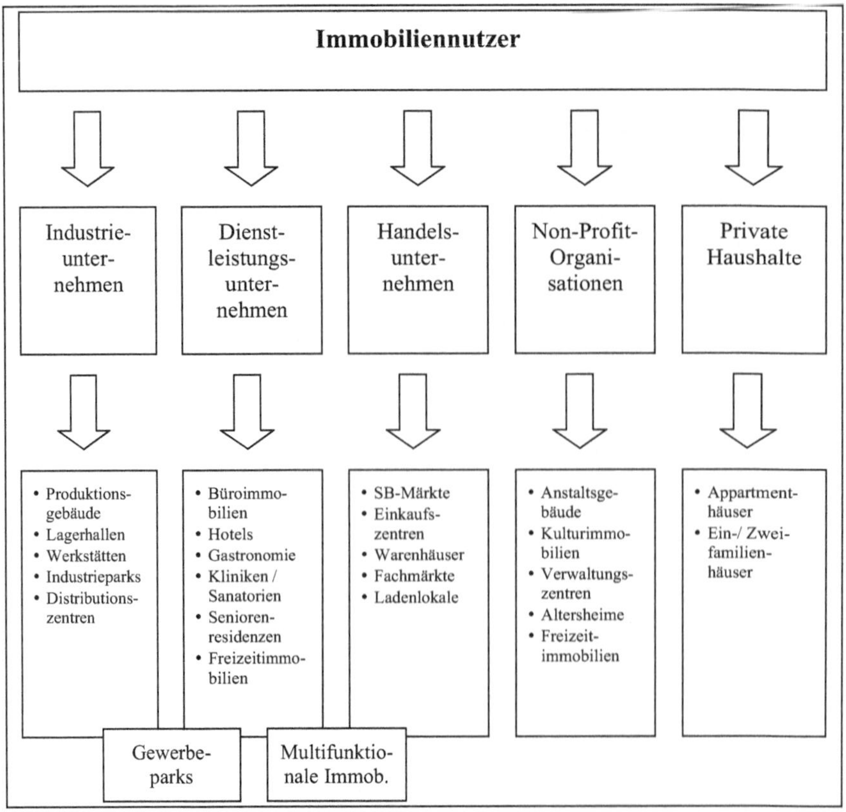

Abbildung 5: Typologische Betrachtung nach den Immobiliennutzern[19]

– Konzentration auf Kerngeschäftsprozesse

Neben der Umlenkung von Kapital in das Kerngeschäft sollen auch die Aktivitäten des Unternehmens darauf konzentriert werden. Unternehmen verfolgen daher die Strategie des Outsourcings von sekundären Prozessen. Immobilienbereitstellung und – management bei Non-Property-Companies sind klassische Beispiele solcher Prozesse.[20]

– Verbesserung von Renditekennzahlen

Immobilienrenditen sind risikobedingt niedriger als die Renditen des Kerngeschäfts eines Non-Property-Unternehmens. Werden die Immobilien außerhalb der Bilanz gehalten, so reduziert sich das Kapital und die Kapitalrenditekennzahlen verbessern sich.[21]

[19] Schulte (2005), S. 119.
[20] Schäfers / Gier / Wiffler (2004), S. 536.
[21] Henzelmann / Schwelger (2002), S. 46.

– Liquidität / Schuldenabbau

Vermehrt ein Unternehmen sein Fremdkapital über alle Maßen, so werden die bisherigen Fremdkapitalgeber Abstand von einer weiteren Finanzierung nehmen. In diesem Fall kann ein Unternehmen durch Verkauf betriebsnotwendiger Immobilien und Anmietung alternative Finanzierungsquellen erschließen. Das Zinsniveau der „Zinszahlung" in Form der Mieten entspricht dann aber dem Niveau der Immobilienrenditen. Die neue Liquidität kann auch zur Rückführung alter Schulden genutzt werden, um die traditionellen Finanzierungsquellen wieder zu öffnen.[22]

– Hebung von stillen Reserven

Werden Immobilien lange im Bestand gehalten, so bilden sich stille Reserven aus der Differenz zwischen heutigem Marktwert und Buchwert.[23] Durch Verkauf der Objekte können diese Reserven gehoben werden.

– Wertmaximierung durch Separierung

Hens (1999) wies zudem modelltheoretisch nach, dass die Abspaltung von Immobilien den Unternehmenswert steigert. Die Kernpunkte dieses Modells sollen im Folgenden kurz erläutert werden:[24]

- Abgespaltene Immobilien unter Verwaltung von spezialisierten Immobilienverwaltern erwirtschaften höhere entziehbare Zahlungsströme
- Die Erträge abgespaltener Immobilien unterliegen nicht mehr der Gewerbesteuer. Veräußerungserlöse sind nach Ende der Spekulationsfrist steuerfrei
- Aufgrund von immobilienspezifischen Größenvorteilen und Kernkompetenzen können sich professionelle Immobilieninvestoren als neuer Eigentümer der von einer Non-Property Company abgespaltenen Immobilien günstiger und in größerem Umfang mit Fremdkapital refinanzieren
- Die Immobilien im Eigentum der Non-Property Company sind nicht vollständig diversifiziert und weisen daher ein immobilienspezifisches unsystematisches (Rest-) Risiko auf, wodurch die Eigenkapitalkosten höher sind als bei voll diversifizierten professionellen Immobilieninvestoren

– Positive Aktienkurseffekte durch Ausgliederung

Weiterhin führt die Ausgliederung des Immobilieneigentums positive Effekte auf den Aktienkurs mit sich.[25]

– Transfer von Immobilienrisiken

Ein weiteres Motiv für den Verkauf der Unternehmensimmobilien ist der Transfer der klassischen Immobilienrisiken auf den neuen Eigentümer.[26]
Dabei handelt es sich umfolgende Risiken, die der Immobilieneigentümer tragen muss:

---

22 N.N.(2005b).
23 Pottinger / Dixon / Marston (2002), S. 34.
24 Hens (1999), S. 189f.
25 Siehe Schäfers / Gier (2005), S. 246 für eine Übersicht empirischer Studien.
26 Gibson / Louargand (2002), S. 2.

▪ Wertverfallrisiko
Der Wertverfall einer Immobilie kann sich auf zwei Ebenen einstellen. Zunächst kann es durch Marktschwankungen zu einer Verminderung des Marktwertes gegenüber dem Anschaffungs- oder Herstellungswert kommen. Weiterhin kann der Wert einer Immobilie durch den physischen Verfall oder Zerstörung reduziert werden.[27]

▪ Liquiditätsrisiko
Eigentümer von Immobilien tragen weiterhin das Risiko, dass das darin gebundene Kapital nicht rechtzeitig durch Verkauf freigesetzt werden kann. Insbesondere durch adverse Marktschwankungen können Immobilien schwer liquidierbar sein.[28]

▪ Ertragsrisiko
Werden Immobilien nicht selbst genutzt, so bestehen deren Erträge aus Nutzungsentgelten der Mieter. Diese Zahlungen sind nicht sicher und hängen vor allem von der Bonität des Mieters ab.

– Organisatorische Flexibilität
Bei der Wiederanmietung von gerade verkauften Immobilien, können Unternehmen über den Umfang der angemieteten Flächen sowie die Mietvertragslaufzeiten Flexibilität für ihre Organisation schaffen. Ungenutzte Flächen können dem neuen Eigentümer zur Nutzung oder Weitervermietung überlassen werden. Flächen mit auslaufender Nutzung können nur für diese Restdauer angemietet werden und danach aufgegeben werden.[29]

– Beibehaltung der Kontrolle über strategisch bedeutende Immobilien
Durch die Einbindung von Rückkauf- und Mietverlängungsoptionen kann die Nutzung strategisch wichtiger Objekte auch nach dem Verkauf gesichert werden.[30]

2.2.3 Interessenskonflikte der Immobilienverwaltung bei Selbstnutzern (Corporate Real Estate Management)

Wesentlich zum Verständnis der Spezifika von Portfoliotransaktionen, die durch den Verkäufer bedingt sind, ist das Verständnis der Interessenskonflikte zwischen den verschiedenen Parteien innerhalb der Immobilienverwaltung des verkaufenden Selbstnutzers (siehe Abbildung 6). Im Vorfeld der später dargestellten Ergebnisse einer empirischen Studie zu den tatsächlichen Problemen bei den bisherigen Portfoliotransaktionen in Deutschland, soll nun auf die grundsätzlichen Interessenskonflikte innerhalb der Immobilienorganisation des Verkäufers eingegangen werden.
In einem Unternehmen, das eigene Immobilien selbst nutzt, lassen sich drei Interessengruppen im Hinblick auf Immobilien identifizieren.

[27] Gibson / Louargand (2002), S. 5.
[28] Lausberg (2001), S. 23.
[29] Schäfers / Gier / Wiffler (2004), S. 536.
[30] Schäfers / Gier / Wiffler (2004), S. 536.

– Eigentümer (Kapitalgeber)

Der Eigentümer betrachtet Immobilien als eine Klasse von Vermögensgegenständen neben anderen (z. B. Maschinen). Sein primäres Interesse ist die Optimierung der Rendite.[31] Dazu muss er die Erträge aus den Immobilien maximieren und die von ihm zu tragenden Kosten minimieren. Darüber hinaus möchte er das Risiko aus dem Asset minimieren. Dazu möchte er durch Diversifikation mögliche Leerstandsrisiken durch das Klumpenrisiko eines Mieters vermeiden. Außerdem ist er an Werterhalt und – maximierung durch gezielte Instandhaltung und Entwicklungsmaßnahmen interessiert. Abschließend wird der Eigentümer die Rendite aus den Immobilien fortwährend mit den Renditen des Kerngeschäfts vergleichen und bestrebt sein, die Immobilien zu desinvestieren und das freie Kapital in das Kerngeschäft zu investieren.

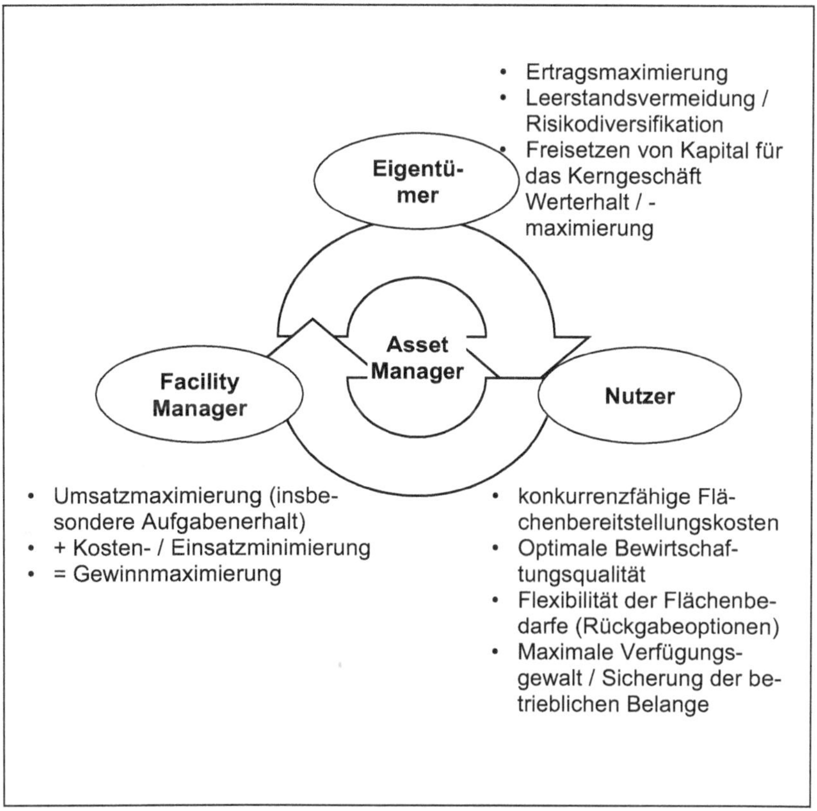

Abbildung 6: Interessen im Corporate Real Estate Management[32]

[31] Pfnür (2004b), S. 295.

[32] Eigene Darstellung.

– Nutzer
Für den Nutzer stellen die Immobilien zunächst Kosten in Form von Miete und Mietnebenkosten dar, die er minimieren möchte. Dabei dürfen die Mieten das Marktniveau nicht überschreiten. Darüber hinaus erwartet der Nutzer eine optimale Bewirtschaftungsqualität und Instandhaltung seiner Flächen. Des Weiteren benötigt der Nutzer Flexibilität im Hinblick auf den Umfang der genutzten Flächen. Werden diese nicht mehr benötigt, möchte er diese idealerweise aufgeben können. Abschließend übt der Nutzer auf seinen Flächen seine Geschäftstätigkeit aus. Diese möchte er bestmöglich gegen den Eingriff von außen sichern. Zudem ist er an einer maximalen Verfügungsgewalt über die Flächen interessiert, um diese an seine Nutzung anpassen zu können.

– Facility Manager (sofern Bewirtschaftung nicht durch Selbstnutzer erfolgt)
Der Facility Manager betreibt die Bewirtschaftung der Flächen als Kerngeschäft. Auch er möchte seinen Gewinn maximieren. Dazu will er zunächst seinen Umsatz maximieren. Da dieser an die Flächengröße gebunden ist, möchte der Facility Manager auch die bewirtschaftete Flächengröße maximieren. Da die Bewirtschaftung besonders personalintensiv ist, hält der Facility Manager eine große Anzahl von Mitarbeitern vor, für deren Auslastung auch das Vorhandensein der Flächen notwendig ist.
Weiterhin trägt die Kostenminimierung zur Gewinnmaximierung bei. Da es sich zumeist um starre Dienstleistungsverträge mit fester Entlohnung handelt, kann dies nur durch Einsatzminimierung geschehen (Reduktion der Ausführungs- und Dienstleistungsqualität).[33]
Daraus resultieren folgende Konflikte, die in Abbildung 7 dargestellt sind.

– Eigentümer gegen Nutzer
Grundsätzlich widersprechen sich der Wunsch des Eigentümers nach Maximierung der Mieten (Ertragsmaximierung) und das Interesse des Nutzers nach deren Minimierung. Des Weiteren ist der Nutzer an einer flexiblen Rückgabemöglichkeit von Flächen interessiert, die für den Eigentümer ein großes Ertragsrisiko darstellt. Abschließend strebt der Nutzer das unternehmensinterne Eigentum als maximale Verfügungsgewalt über seine Flächen an, wohingegen der Eigentümer gerne die Immobilien zu besseren Konditionen an Dritte vermieten möchte oder gar das in Immobilien investierte Kapital durch Verkauf für das Kerngeschäft frei machen möchte.[34]

– Nutzer gegen Facility Manager
Der Nutzer ist an günstigen Bewirtschaftungskosten interessiert, die eine Gefahr für den Umsatz des Facility Managers darstellen. Desgleichen erwartet er eine optimale Bewirtschaftungsqualität, die dem Wunsch des Facility Managers nach Einsatzminimierung widerspricht.

– Eigentümer gegen Facility Manager
Im gleichen Sinne widerspricht der Wunsch nach Einsatzminimierung dem Interesse des Eigentümers nach gezielter Instandhaltung zum Werterhalt. Zudem möchte der Eigentümer gerne nicht mehr betriebsnotwendige Flächen verkaufen, wohingegen der

33 Pfnür (2004b), S. 305.
34 Pfnür (2004b), S. 310.

Facility Manager an deren Erhalt zur Auslastung seiner bisherigen Mitarbeiteranzahl interessiert ist.

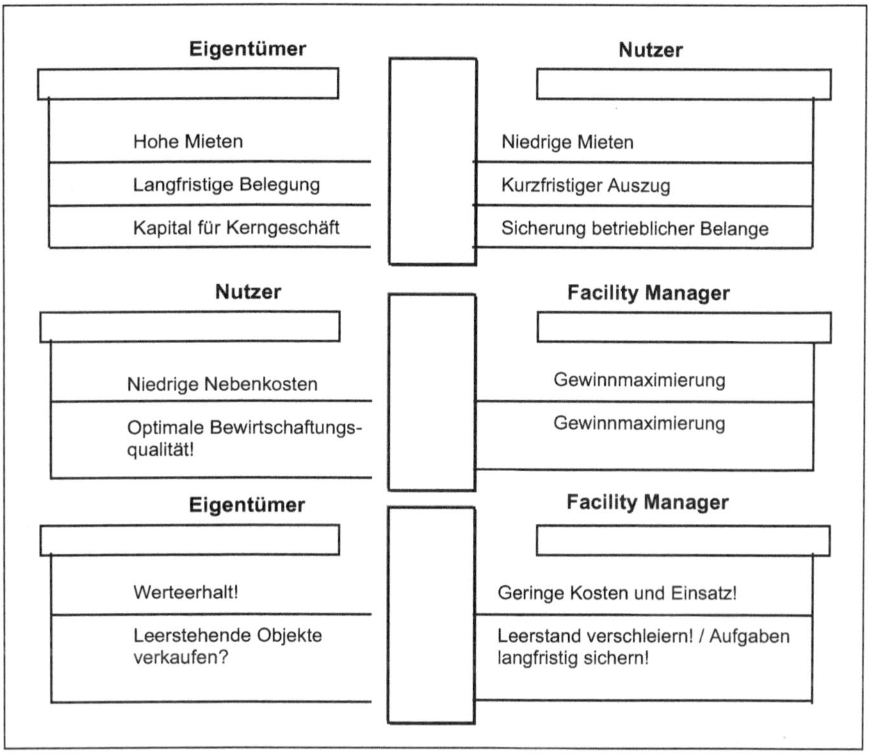

Abbildung 7: Interessenskonflikte im Corporate Real Estate Management[35]

2.3 Verkaufsagenten

2.3.1 Funktionen des Verkaufsagenten

Die Rolle des Verkaufsagenten bei Immobilien-Portfoliotransaktionen wird auch als Real Estate M&A-Berater bezeichnet.[36] Damit wird eine Parallele zur Rolle des klassischen M&A-Beraters bei Unternehmenstransaktionen gezogen. Genau wie in diesem Umfeld, handelt es sich aber nicht um eine neugeschaffene, abgrenzbare Funktion, die durch neu auf dem Markt auftretende spezialisierte Dienstleister besetzt wird. Vielmehr übernehmen mehrere bereits am Markt tätige Dienstleistergruppen entsprechende Aufgaben, deren ursprüngliche Tätigkeiten sich teilweise ergänzen, die nun aber aufgrund der Übernahme weiterer (neuer) Aufgaben vermehrt im Wettbewerb miteinander stehen.[37] Die ursprünglichen Tätigkeitsschwerpunkte der verschiedenen Beraterty-

35 Eigene Darstellung.

36 Frühmorgen (2003), S. 376.

37 Achleitner (2000), S. 155.

pen und eine sich daraus erschließende Abgrenzung der Schwerpunkte untereinander soll im Folgenden versucht werden.
Die Funktionen des Verkaufsagenten entsprechen aber grundsätzlich denen des M&A-Beraters bei Unternehmenstransaktionen, da Immobilien- insbesondere Portfoliotransaktionen eine Sonderform von Unternehmenstransaktionen darstellen:

– Prozess-Steuerung

Kernaufgabe des Verkaufsagenten ist die Steuerung des Transaktionsprozesses. Diese übt er von Anfang bis Ende der Transaktion aus. Prozesse dieses Umfangs erfordern in der Regel den Einsatz von Teams, die aus Mitarbeitern verschiedener Abteilungen des Verkäuferunternehmens als auch von Dienstleistungsunternehmen bestehen.[38] Die Zusammenarbeit muss zunächst organisiert werden. Dies geschieht durch eine detaillierte Zeitplanung des Prozessablaufs mit ebenfalls detaillierter Planung des Ressourceneinsatzes, um die Aufgabenverteilung zu optimieren.[39] Idealerweise greift der Verkaufsagent dabei auf einen großen Erfahrungsreichtum mit vergleichbaren Transaktionen zurück und kann daraus die erforderlichen Zeitdauern zur Bearbeitung der Einzelaufgaben ableiten.[40]
Im Verlauf der Transaktion liegt dann ein Schwerpunkt der Aufgabe auf der Überwachung der Schnittstellen zwischen den beteiligten Personengruppen, um die Transaktionsdauer zu verkürzen. Eine gezielte Kommunikation stellt dabei das wesentliche Instrument dar, um Schnittstellenpro-bleme ansprechen und kurzfristig lösen zu können. Nur so kann eine Transaktion kurzfristig erfolgreich abgeschlossen werden.[41]

– Einbringen spezieller Fachkompetenzen

Aus ihrer Transaktionserfahrung verfügen die Verkaufsagenten über weitere Fachkenntnisse, die dem Verkäufer regelmäßig fehlen. So können sie Anregungen zur steuerlichen, gesellschaftsrechtlichen oder finanzierungstechnischen Optimierung der Verkaufsgestaltung geben, die dem Verkäufer nicht bekannt sind.[42] Beispielhaft seien hier Gestaltungsmöglichkeiten zur Verringerung der Steuerbelastung genannt.

– Identifizierungsfunktion

Das wichtigste Knowhow, das der Verkaufsagent dem Verkäufer bieten kann, ist jedoch seine Marktkenntnis. Immobilien-Portfoliotransaktionen zählen für die verkaufenden Unternehmen nicht zum Tagesgeschäft. Wird mit einer Transaktion das gesamte Immobilienvermögen ausgegliedert, so ist es sogar ein einmaliges Ereignis für den Verkäufer und seine Mitarbeiter.
Daher fehlen dem Verkäufer wichtige Informationen über den Immobilienmarkt, insbesondere über interessierte Käufergruppen.[43] Der Verkaufsagent dagegen verfügt aus seiner Erfahrung über eine gute Marktsicht, persönliche Kontakte und Erfahrungen mit den Marktteilnehmern.

---

38 Achleitner (2000), S. 153.
39 Wirtz (2003), S. 99.
40 Frühmorgen (2003), S. 383.
41 Frühmorgen (2003), S. 383.
42 Achleitner (2000), S. 154 und Wirtz (2003), S. 99.
43 Achleitner (2000), S. 154.

– Sparringspartner- und Objektivierungsfunktion
Durch seine externe Sichtweise kann der Verkaufsagent zur Objektivierung von Entscheidungen beitragen. Dabei kann er neue Ideen einbringen und vom Verkäuferunternehmen entwickelte Entscheidungen kritisch hinterfragen.[44] Darüber hinaus kann er bei der Strategiefindung unterstützen, indem er als neutrale Instanz zwischen den Interessen verschiedener interner Gruppen vermittelt und somit eine schnellere Entscheidung herbeiführt.[45] Bei den späteren Vertragsverhandlungen mit dem Käufer kann der Verkaufsagent aufgrund seiner externen Stellung häufig weniger emotional verhandeln.[46]

– Ausgleich personeller Kapazitätsengpässe beim Kunden
Verfügt der Verkäufer in der Regel erfahrungsbedingt nicht über die geeigneten Mitarbeiter zur Prozesssteuerung, so kann auch die vorhandene Mitarbeiterzahl für die kurzfristig anfallenden Aufgaben nicht ausreichen.[47] In diesem Fall bieten Mitarbeiter des Verkaufsagenten die Möglichkeit, benötigtes und entsprechend qualifiziertes Personal kurzfristig in Form von gemischten Teams bereitzustellen.[48]

– Blitzableiterfunktion
In kritischen Verhandlungssituationen kann der M&A-Berater als „Blitzableiter“ für seinen Mandanten agieren,[49] indem er zum Beispiel für den Mandanten aggressive Forderungen stellt, die bei Ablehnung vom Kunden als alleiniger Vorschlag des Beraters dargestellt werden können.[50]

Mögliche Verkaufsagenten sind:
- Der klassische Immobilienmakler
- Mergers & Acquisitions-Berater (Lead Advisory)

2.3.2 Der klassische Immobilien-Makler

Als klassische Verkaufsagenten agieren Makler im Immobilienmarkt. Werden Portfoliotransaktionen zunächst als Immobilienverkäufe aufgefasst, so werden Makler zunächst als Vertriebspartner in Frage kommen. Im Folgenden sollen die Funktionen des klassischen Immobilienmaklers dargestellt werden, um ihn von dem M&A-Berater abzugrenzen.
Die Tätigkeit des Maklers besteht grundsätzlich in der Vermittlung von Angebot und Nachfrage für Immobilien. Entlohnt wird er mit einer Provision, die ihm gemäß § 652 BGB für den Nachweis eines durch sein Zutun zustande gekommenen Vertragsabschlusses zusteht. Detaillierte Zugangs- und Qualitätsvoraussetzungen existieren nicht.[51]

---

44 Wirtz (2003), S. 99.
45 Frühmorgen (2003), S. 383.
46 Achleitner (2000), S. 154.
47 Frühmorgen (2003), S. 383.
48 Achleitner (2000), S. 154 und Wirtz (2003), S. 99.
49 Wirtz (2003), S. 99.
50 Frankel (2004), S. 149.
51 Frühmorgen (2003), S. 378.

Die deutsche Rechtsprechung definiert Vermittlung als „Einwirkung auf die Willensentscheidung des anderen Vertragspartners“.[52] Das Aufgabenspektrum des Maklers ist jedoch breiter und umfasst die folgenden Aufgaben:[53]

– Vermittlung (Such- und Nachweisfunktion)
Ein Makler pflegt Dateien (Bestandsnachweis) der derzeit angebotenen Objekte (Objektdatei) und der derzeit an einem Kauf interessierten Nachfrage (Kundendatei). Im institutionellen Immobilienmarkt umfasst die Kundendatei insbesondere die häufiger investierenden institutionellen Investoren. Kann er nun einem Verkäufer aus seiner Kundendatei einen Käufer vermitteln, so handelt es sich um seine Nachweisfunktion. Findet sich kein geeigneter Käufer und der Makler vermittelt einen Käufer, den er zunächst suchen musste, so handelt es sich um die Suchfunktion. Der Umfang seiner Bestandsdateien ist also ein entscheidendes Kriterium für die Qualität des Maklers.[54]

– Bewertung (Informationsfunktion)
Die zweite wesentliche Aufgabe des Maklers ist die Bewertung des Verkaufsobjektes im Hinblick auf den erzielbaren Preis. Dies ist in der Regel die wichtigste Information für den Verkäufer. Um die Objekte mit tatsächlich realisierbaren, marktgerechten Preisen bewerten zu können, sind besonders im gewerblichen Bereich dafür Spezialkenntnisse notwendig. Insbesondere ist die Drittverwendungsmöglichkeit von Objekten zu beleuchten, die auch erst durch Umbaumaßnahmen hergestellt werden kann. Dazu benötigt der Makler vielfältige Kenntnisse im technischen und juristischen Bereich.[55]

– Beratungsfunktion
Die Beratung erstreckt sich über die verschiedenen Phasen des Verkaufs – von der Kontaktaufnahme über die Objektbewertung und – besichtigung bis zum Vertragsabschluss. Insoweit handelt es sich um eine Querschnittsfunktion. Der Makler kommt damit dem Wunsch des Kunden nach weiterer Unterstützung und Entscheidungssicherheit nach.[56] Beratungsthemen sind mögliche Umnutzungen und Umbaumaßnahmen sowie juristische und steuerliche Themen.[57] In diesem Sinne entwickeln sich große Maklerhäuser auch mehr zum Berater (Consultant), insbesondere auch im Hinblick auf die Durchführung von Portfoliotransaktionen.

– Begleitung von Verkaufsverhandlungen (Interessenvertretung des Verkäufers)
Nach der Vermittlung eines Käufers kann der Makler den Verkäufer auch bei den Verkaufsverhandlungen unterstützen und in seltenen Fällen sogar vertreten.[58] Da seine Entlohnung an einen erfolgreichen Abschluss gebunden ist, verfolgt der Makler bei der Verhandlung jedoch Eigeninteressen. Einerseits ist er an einem schnellen Abschluss interessiert, wodurch die detaillierte Regelung bestimmter Sachverhalte im Vertrag erschwert werden kann. Andererseits ist er an einem möglichst hohen Kaufpreis als

---

[52] Pauk (1994), S. 66.
[53] Gantenbein (1999), S. 97.
[54] Pauk (1994), S. 67.
[55] Pauk (1994), S. 68.
[56] Pfeil (2003), S. 104.
[57] Pauk (1994), S. 68.
[58] Pauk (1994), S. 68.

Grundlage seiner Provisionsberechnung interessiert, was wiederum dem Verkäufer zugute kommt.
Zusammengefasst bietet der Makler bereits die wesentlichen Beratungsleistungen im Rahmen einer Immobilientransaktion. Diese sind jedoch nicht in diesem Maße auf die besonderen Anforderungen von großvolumigen und straff organisierten Transaktionen zugeschnitten wie die Beratungsleistungen des M&A-Beraters, die im Folgenden vorgestellt werden.

2.3.3 Mergers & Acquisitions-Berater (Lead Advisory)

2.3.3.1 Unterschiedliche Beratergruppen

Mergers & Acquisitions-Berater (M&A-Berater) übernehmen in Verkaufstransaktionen die Projektsteuerung für den Verkäufer (Lead Advisory).[59] Allerdings umfasst diese Aufgabe nicht nur die Projektsteuerung, sondern betrifft eine Mischung unterschiedlicher Dienstleistungen.[60]

Dabei wird die Aufgabe der Lead Advisory von unterschiedlichen Beratergruppen wahrgenommen, die sich zudem in der Abdeckung des Aufgabenspektrums des klassischen M&A-Beraters unterscheiden. Ein erstes Unterscheidungskriterium ist dabei die betreute Transaktionsgröße (siehe Tabelle 1).

		Transaktionsvolumen in Mio. EUR	
Beratergruppe	**Name**	**Von**	**Bis**
Investmentbanken	Deutsche Bank AG	> 500	
	Goldman Sachs	100	> 500
	Lazard & Co. GmbH	100	> 500
	Merrill Lynch	k. A.	> 500
Wirtschaftsprüfer	Arthur Andersen[61]	25	100
	Deloitte & Touche	25	100
	Ernst & Young	25	500
	KPMG	25	500
Rechtsanwälte	k. A.	k. A.	k. A.

Tabelle 1: Spannbreiten des Transaktionsvolumens (Unternehmenstransaktionen)[62]

– Investmentbanken

Unter Investmentbanken versteht man die großen anglo-amerikanischen Spezialbanken und entsprechende Abteilungen großer europäischer, insbesondere deutscher Universalbanken.[63] Investmentbanken verfügen über mehrere Geschäftsfelder. Immobilien-Portfoliotransaktionen werden im Geschäftsfeld Mergers and Acquisitions (M & A) betreut. Spezialisierte Anbieter verfügen dabei über Teams, die sich ausschließlich mit Immobilientransaktionen befassen (Real Estate M&A). Diese Einheiten verbinden die klassischen Methoden der Unternehmensbewertung mit Immobilienberatungs- und

[59] Lüdke / Frien (2001), S. 17.
[60] Lüdke / Frien (2001), S. 10.
[61] Heute Bestandteil von Ernst & Young.
[62] Lüdke / Frien (2001), S. 28.
[63] Achleitner (2000), S. 155.

Analysemethoden.[64] Da aber nicht nachgewiesen werden kann, dass alle Investmentbanken über spezialisierte Einheiten verfügen, ist davon auszugehen, dass in Portfoliotransaktionen auch „allgemeine“ M & A-Einheiten aktiv sind, die Transaktionen mit Immobilien bzw. Immobiliengesellschaften als eine Form von Unternehmenstransaktionen auffassen.

– Wirtschaftsprüfer

Wirtschaftsprüfer beschäftigen sich neben Prüfung und prüfungsnaher Beratung auch mit Steuerberatung, Corporate Finance, Unternehmensrestrukturierung und Unternehmensberatung. Der Wirtschaftsprüfungsmarkt ist dabei von einer Konzentration auf fünf große, international tätige Gesellschaften geprägt.[65] Deswegen wird das Leistungsspektrum von Wirtschaftsprüfungsunternehmen üblicherweise durch Vergleich dieser großen Player abgebildet.[66] Die Aufgabe des Lead Advisory bei Immobilien-Portfoliotransaktionen übernehmen dabei die Corporate Finance-Bereiche der Wirtschaftsprüfer. Diese können auch eine Gruppe von Mitarbeitern beinhalten, die auf die Durchführung von Transaktionen spezialisiert sind (Transaction Advisory). Wiederum kann nicht nachgewiesen werden, dass es ausschließlich auf Immobilientransaktionen spezialisierte Einheiten bei den fünf großen Wirtschaftsprüfern gibt. Aufgrund der im Gegensatz zu Investmentbanken üblichen Ausgliederung von Spezialleistungen in eigenständige Gesellschaften, kann dies jedoch für ausgewählte Anbieter nachgewiesen werden. Existiert eine solche Immobilieneinheit, so wird sich in der folgenden Betrachtung darauf bezogen. Liegt eine solche Organisation nicht vor, wird davon ausgegangen, dass Immobilientransaktionen durch die allgemeine Corporate Finance-Einheit betreut werden, die auf Unternehmenstransaktionen spezialisiert ist.

– Rechtsanwälte

Rechtsanwälte übernehmen die Durchführung aller juristischen Aufgaben innerhalb der Transaktion sowie die Beurteilung der juristischen Konsequenzen.[67] Als externer Dienstleister sind sie dabei Ansprechpartner für die interne Rechtsabteilung des Verkäuferunternehmens. Je nach Größe und Spezialisierung dieser internen Ressourcen, dienen Anwaltskanzleien als Bereitsteller von personellen Kapazitäten und Spezialwissen während der Transaktion. Darüber hinaus verfügen auf Transaktionen spezialisierte Anwaltskanzleien über Erfahrung aus einer Vielzahl von unterschiedlichen Verkaufsprozessen, über die interne Anwälte in der Regel nicht verfügen.[68]

– Vergleich der Leistungsprofile

Im Folgenden werden die Ergebnisse einer Umfrage aus dem Jahr 2001 unter 95 M&A-Beratern zu ihrem Leistungsspektrum dargestellt (siehe Tabelle 2). Da die Bestimmung der genauen Verteilung der Leistungen nicht im Mittelpunkt dieser Arbeit steht, wird nachrichtlich auf eine beispielhafte Befragung verwiesen. Dass die Umfrage bereits im Jahr 2001 stattfand, kann dabei vernachlässigt werden, da nach 2001 die Transaktionsvolumina von M&A-Transaktionen in Europa stark einbrachen und der

[64] Frühmorgen (2003), S. 378.
[65] Hachmeister (2001), S. 295.
[66] Wirtz (2003), S. 103.
[67] Wirtz (2003), S. 103.
[68] Frankel (2004), S. 140.

Markt stagnierte.[69] Dennoch sind Aufbau, Durchführung und Gütekriterien der Umfrage nicht bekannt. Aus diesem Grund werden die verschiedenen Beratergruppen im Folgenden näher beleuchtet.

2.3.3.2 Strategiefindung

– Investmentbanken

Investmentbanken haben sich traditionell auf die Abwicklung der Transaktion konzentriert. Der steigende Wettbewerbsdruck am M & A-Markt durch den Eintritt anderer Beratergruppen zwang sie jedoch auch zur Übernahme von Aufgaben der Strategiefindung.[70] Inzwischen durchsuchen Investmentbanken selbst den Markt nach potenziellen Verkäufern und Partnern für erfolgsversprechende Transaktionen.[71] Dadurch können Trans-aktionen auch durch die Initiative des Verkaufsagenten ausgelöst werden.[72]

		Strategiefindung				**Verhandlungsführung**		**Transaktionsstrukturierung**		
	M&A-Berater	Strateg.-Entw.	Suche	Profilerstellung	Bewertung	Kontaktaufnahme	Verhandlung	Vertragsgestaltung	Finanzierung	Integration
Investmentbanken	Deutsche Bank AG	X	X	X	X	X	X	X	X	X
	Goldman Sachs	X	X	X	X	X	X	X	X	
	Lazard & Co. GmbH	X	X	X	X	X	X	X	X	
	Merrill Lynch	X			X	X	X	X	X	
Wirtschaftsprüfer	Deloitte & Touche	X	X	X	X	X	X	X		
	Ernst & Young	X	X	X	X	X	X	X	X	
	KPMG	X	X	X	X	X	X	X	X	X
Rechtsanwälte	Clifford Chance Pünder						X	X	X	X
	Hengeler Müller	X					X	X		X
	Linklaters Oppenhoff & Rädler	X			X		X	X	X	
	Lovells						X	X		

Tabelle 2: Leistungsprofil der M&A-Berater[73]

– Wirtschaftsprüfer

Als eigenständige Beratungsleistung bieten Wirtschaftsprüfer die Entwicklung und Umsetzung von Kapitalmarkstrategien für Immobiliengesellschaften und – portfolios

69 Roland Berger (2003), S. 4: 2000: EUR 1,6 Mrd. / 2001: EUR 758 Mio. / 2002: EUR 563 Mio.
70 Achleitner (2000), S. 155.
71 Frankel (2004), S. 169.
72 Achleitner (2000), S. 156.
73 Lüdke / Frien (2001), S. 20 – 21.

an. Unter Kapitalmarktstrategien wird die Finanzierung und kapitalmäßige Nutzung von Immobilien verstanden.[74] Beispielhafte Strategien sind Fondskonzepte und Sale und Leaseback-Strukturen. Somit handelt es sich u. a. um die Planung von Portfoliotransaktionen von Selbstnutzern.

Bei der Transaktionsvorbereitung erstellen sie für den Verkäufer Marktanalysen und schlagen geeignete Käufergruppen vor.[75] Darüber hinaus bieten Wirtschaftsprüfer bei allgemeinen Unternehmenstransaktionen eine die Transaktion vorbereitende Analyse der Rahmenbedingungen zur Ableitung einer zieladäquaten Strategie an.[76]

– Rechtsanwälte

Insbesondere sehr erfahrenen Anwälten kann auf Basis eines langjährigen Vertrauensverhältnisses zum Mandanten eine Rolle als strategischer Berater zukommen. Dies ist aber regelmäßig nur eine Randaktivität zum Tagesgeschäft und erfolgt nicht in strukturierter Form.[77]

2.3.3.3 Prozesssteuerung (Projektmanagement)

– Investmentbanken

Investmentbanken übernehmen in M&A-Transaktionen in der Regel die Projektsteuerungsfunktion. Sie erstellen eine detaillierte Ablaufplanung und kontrollieren im Prozessverlauf die Einhaltung der Meilensteine.

Umfangreiche Transaktionen verlangen die Einbindung externer Experten. In einer Matrixorganisation werden diese in gemischten Teams je Aufgabe mit internen Experten organisiert.

Die Kompetenzverteilung innerhalb des Teams und die Schnittstellen nach außen werden genau definiert, um Konflikten vorzubeugen. Die Kommunikation im Team selbst ist offen, um über formelle Kommunikationswege keine Zeit zu verlieren.[78]

Sollten im Laufe des Transaktionsprozesses weitere Aufgaben entstehen, für die nicht vorgeplant wurde, so bieten Investmentbanken zusätzliche personelle Ressourcen auf, um die Lücken zu schließen.[79]

– Wirtschaftsprüfer

Wirtschaftsprüfer mit spezialisierten Teams zur Begleitung von Immobilientransaktionen übernehmen die Rolle des Prozesssteuerers, der für die Planung, Vorbereitung, Durchführung und Abschluss von Bieter- und Verkaufsverfahren verantwortlich ist.[80]

Bei Unternehmenstransaktionen haben sich Wirtschaftsprüfer insbesondere bei kleineren Transaktionen als Konkurrenten der Investmentbanken etabliert. Sie übernehmen die umfassende Aufgabe des Prozesssteuerers. Ziel ist wiederum die Minimierung der Abstimmungsprozesse, die Strukturierung und Beherrschung des Prozesses und die Erarbeitung von umsetz- und kontrollierbaren Abläufen.[81] Dazu werden alle Schritte

74 Ernst & Young (2005), S. 4.
75 PWC Real Estate (2005), S. 1.
76 BDO (2005), S. 3 und Müller-Stewens / Spickers / Deiss (1999), S. 57.
77 Frankel (2004), S. 143.
78 Achleitner (2000), S. 165.
79 Frankel (2004), S. 168.
80 KPMG (2005), S. 1.
81 BDO (2005), S. 3.

und Phasen des Transaktionsprozesses laufend koordiniert und abgestimmt, um Engpässe und Hürden frühzeitig zu erkennen. Gegenüber Investmentbanken heben sich Wirtschaftsprüfer durch die regelmäßig niedrigeren Kosten ab und eignen sich dabei besonders für kleinere Transaktionen.[82]

– Rechtsanwälte
Bei Transaktionen im Mittelstand kann es vorkommen, dass Rechtsanwälte aufgrund ihrer langjährigen Vertrauensstellung zum Verkäufer Transaktionen ohne weitere Berater abwickeln. Dies beinhaltet dann auch die Prozesssteuerung. Solche Aktivitäten sind aber reine Randaktivitäten des Tagesgeschäfts und kommen bei größeren Transaktionen nicht vor.[83]
Wird aber in die Verhandlungsphase eingetreten, so kommt den Anwälten regelmäßig die Aufgabe der Prozesssteuerung für die Verhandlungen zu. Ihre Aufgabe ist dabei insbesondere die Dokumentation, nachzuhalten, welche Einigungen erreicht wurden und diese abschließend in einem Vertragswerk zusammenzufassen.[84]

2.3.3.4 Bewertung

– Investmentbanken
Eine weitere Aufgabe der Investmentbank ist die Bewertung der zu veräußernden Vermögensgegenstände. Unabhängig von der Art des Assets werden zwei grundsätzliche Typen von Bewertungsverfahren unterschieden. Einzelbewertungsverfahren ermitteln die Einzelwerte der Vermögensgegenstände.[85] Gesamtbewertungsverfahren berechnen den Wert einer Investition in die Gesamtheit der zu veräußernden Vermögensgegenstände.[86] Bei Unternehmensbewertungen existieren jeweils mehrere Verfahren, wobei der Discounted-Cash-Flow-Methode als Gesamtbewertungsverfahren die größte Bedeutung zukommt. Die Entscheidung für ein Verfahren ist fallabhängig bzw. werden mehrere Verfahren zur gegenseitigen Plausibilisierung angewendet.

– Wirtschaftsprüfer
Wirtschaftsprüfer bieten als eigenständige Dienstleistung die Erstellung von Sachverständigengutachten über den Wert eines oder mehrerer Objekte an. Diese Aufgabe übernehmen sie auch im Rahmen von Transaktionen, dabei auch als Einzeldienstleistung.[87]
Neben den im Rahmen von Sachverständigengutachten üblichen traditionellen deutschen Bewertungsverfahren (Ertragswert-, Sachwert- und Vergleichswertverfahren) wird die Discounted-Cash-Flow-Methode angewendet, die von Wirtschaftsprüfern bei der Bewertung von Renditeliegenschaften inzwischen bevorzugt wird.[88]

---

82 Frankel (2004), S. 187.
83 Müller-Stewens / Spickers / Deiss (1999), S. 58.
84 Frankel (2004), S. 148.
85 Achleitner (2000), S. 170.
86 Achleitner (2000), S. 172.
87 KPMG (2005), S. 1 und Müller-Stewens / Spickers / Deiss (1999), S. 56.
88 Prien (2003), S. 20.

Neben der Wertermittlung für die zu verkaufenden Immobilien, stellen Wirtschaftsprüfer auch Analysen der Auswirkungen des Verkaufs auf die Konzernrechnungslegung (Shareholder Value Analyse) an.[89]

– Rechtsanwälte
Die Bewertung des Verkaufsobjekts ist nicht Aufgabe von Anwälten. Allerdings verfügen große Anwaltskanzleien auch über Wirtschaftsprüfer bzw. entsprechende Tochterunternehmen. Diese übernehmen dann als Wirtschaftsprüfer die Bewertungsaufgaben.[90]

2.3.3.5 Vendor Due Diligence (Profilerstellung)

– Investmentbanken
Mit Unterstützung der externen Experten (Wirtschaftsprüfer, Steuerberater, Rechtsanwälte und weitere Sachverständige) stellt die Investmentbank die notwendigen Informationen zusammen, bereitet sie für den Datenraum auf und begleitet die Prüfung durch den Käufer.[91] Bei der vorgeschalteten Due Diligence für den Verkäufer (Vendor Due Diligence) übernimmt die Investmentbank die Rolle eines Netzwerk-Brokers. Zunächst unterstützt sie den Verkäufer bei der Auswahl der geeigneten Berater. Während der Due Diligence vermittelt sie zwischen den verschiedenen Parteien.

– Wirtschaftsprüfer
Wirtschaftsprüfer übernehmen für den Verkäufer die gesamte Aufbereitung der Verkaufsobjekte für die Prüfung durch den Käufer (Vendor Due Diligence). Dabei können sie die finanzwirtschaftlichen, steuerlichen, rechtlichen und bilanziellen Analysen mit eigenen Experten durchführen.[92] Darüber hinaus bieten ausgewählte Wirtschaftsprüfer auch Technik- und Umweltanalysen an.[93]
Alle gesammelten Unterlagen, Informationen und Analyseergebnisse werden zu einer umfassenden Dokumentation der Verkaufsobjekte zusammengefasst und in einem Datenraum gesammelt. Im nächsten Schritt überwachen Wirtschaftsprüfer auch die Prüfungen des Käufers im Datenraum. Als eigenständige Dienstleistung wird zudem nur die Prüfung der Qualität eines bereits eingerichteten Datenraums angeboten.[94]

– Rechtsanwälte
Rechtsanwälte übernehmen als gesonderte Dienstleistung die Datenzusammenstellung für das Verkaufsobjekt. Der Schwerpunkt liegt dabei auf allen rechtlichen Vertragsunterlagen im Zusammenhang mit dem Verkaufsobjekt.[95]

---

89 BDO (2005), S. 5.
90 Müller-Stewens / Spickers / Deiss (1999), S. 58.
91 Achleitner (2000), S. 182.
92 PWC (2005), S. 1 und Müller-Stewens / Spickers / Deiss (1999), S. 57.
93 BDO (2005), S. 5/ KPMG (2005), S. 1.
94 PWC (2005), S. 1.
95 Frankel (2004), S. 145.

2.3.3.6 Verhandlungsführung

– Investmentbanken

Häufig übernimmt die Investmentbank auch die Verhandlungsführung für den Verkäufer. Einerseits kann eine ergebnisorientierte Verhandlungsführung durch einen externen Berater besser verwirklicht werden.[96] Interessensgegensätze und Verhandlungsblockaden können durch den externen Berater eher aufgelöst werden, da er emotional weniger involviert ist. Andererseits können Verkäufer die wirtschaftlichen Auswirkungen von Vertragsgestaltungen häufig nicht einschätzen bzw. quantifizieren. Zudem haben Verkäufer im Hinblick auf Verhandlungstaktik wenig Erfahrung, da Verkaufsverhandlungen seltene Ereignisse sind, wohingegen Investmentbanken spezielle Expertise darin entwickelt haben.

– Wirtschaftsprüfer

Die führenden Wirtschaftsprüfungsunternehmen betreiben ebenfalls große Kanzleien für Wirtschaftsrecht. Diese werden regelmäßig in Transaktionsprozesse eingebunden.[97] Einerseits übernehmen sie die Durchführung der rechtlichen Due Diligence. Andererseits übernehmen die Anwälte die Begleitung der Vertragsverhandlungen analog zur Darstellung unter Rechtsanwälte.[98]

– Rechtsanwälte

Aufgaben der Anwälte während der Verhandlung sind Abschluss von Grundsatzvereinbarungen über die Verhandlungsführung an sich, Auslegungsgrundsätze und Datenaustausch, die Prüfung von Statuten, möglicher Haftpflicht und Anfechtungsprozesse, die Prüfung der Verträge auf Übereinstimmung mit Verhandlungsergebnissen.[99] Auch die Rolle des Blitzableiters für den Mandanten wird von Anwälten in Verhandlungen übernommen.[100] Darüber hinaus zeichnen sich Anwälte in Verhandlungen durch ihre emotionslose und rationelle Herangehensweise aus.[101]

2.3.3.7 Transaktionsstrukturierung und Finanzierung

– Investmentbanken

Parallel übernehmen Investmentbanken die Strukturierung der Transaktion. Einerseits beschäftigen sie sich mit der Ausgestaltung des Verkaufsgegenstandes. Diesem Thema ist im weiteren Verlauf ein separates Teilkapitel gewidmet.

Andererseits bieten Investmentbanken insbesondere bei Kaufmandaten auch die Akquisitionsfinanzierung (Übergangsfinanzierung, engl. Bridge Financing) mit an. Ähnliche Dienstleistungen sind auch bei Verkaufsmandaten möglich, wenn die Akquisitionsfinanzierung für den Käufer durch die beratende Investmentbank bereitgestellt wird (Stapled Finance).[102] Dabei sind die Investmentbankabteilungen von Geschäftsbanken im Vorteil, da reine Investmentbanken Bankkredite erst kurzfristig anbieten.[103]

---

96 Achleitner (2000), S. 183.
97 Müller-Stewens / Spickers / Deiss (1999), S. 57.
98 BDO (2005), S. 5.
99 Reicheneder (1992), S. 72.
100 Frankel (2004), S. 149.
101 Frankel (2004), S. 148.
102 Achleitner (2000), S. 198.
103 Allen / Jagtiani / Peristiani / Saunders (2004), S. 198.

– Wirtschaftsprüfer

Wirtschaftsprüfer übernehmen mit ihren Steuerberatungseinheiten insbesondere die steuerliche Strukturierung der Transaktion.[104] Im Gegensatz zu den Investmentbanken können aber weder Bankkredite selbst begeben werden, noch der Zugang zum Kapitalmarkt als Wertpapierhändler ermöglicht werden.

– Rechtsanwälte

Rechtsanwälte übernehmen bei der Transaktionsstrukturierung den Entwurf der entsprechenden Vertragswerke. Gleiches gilt für Vereinbarungen hinsichtlich der Finanzierung.[105]

2.4 Sonstige Verkäuferberater

2.4.1 Bewertung

– Verkehrswertgutachter

Zur Ermittlung der Verkehrswerte der Verkaufsobjekte, können unter Umständen auch externe Wertgutachter hinzugezogen werden. Diese erstellen dann zu jedem Objekt ein Wertgutachten, das dem Verkäuferunternehmen auch zur Plausibilisierung der vom Verkäuferagenten genannten Marktpreise dienen kann.

– Makler (als professionelle Marktteilnehmer im Sinne einer 2nd Opinion)

Im gleichen Sinne können auch Makler als erfahrene Marktteilnehmer hinzugezogen werden. Deren durch ständigen Marktkontakt aktuelle Preiseinschätzung kann zur weiteren Prüfung von definierten Verkaufspreisen eingesetzt werden.

2.4.2 Vendor Due Diligence (Profilerstellung)

– Facility Manager

Bei Selbstnutzern von Immobilien pflegen die Immobilienverwaltungseinheiten in der Regel die Daten- und Dokumentenbestände. Das Facility Management kann auch schon durch Outsourcing an einen dritten Dienstleister übertragen worden sein. Bei der Zusammenstellung der notwendigen Unterlagen für den Datenraum und die Käuferprüfung kommt ihnen dabei die Hauptaufgabe zu. Sie müssen die Dokumente in ihren Archiven sammeln und vervollständigen.

– Ingenieurbüros

Ingenieurbüros unterstützen den Verkäufer bei der Aufbereitung der Verkaufsobjekte, indem sie die technische Due Diligence des Käufers vorbereiten bzw. diese Prüfungen bereits für den Verkäufer durchführen, damit dieser auf mögliche Risiken seiner Objekte aufmerksam wird.

Dabei wird das bestehende Objekt auf seine Übereinstimmung mit den Vorgaben der Baugenehmigung und anderer technischer Vorschriften (z. B. Brandschutz) untersucht. Darüber hinaus wird die Qualität der Objekte beurteilt im Hinblick auf ihre Funktionalität und Raumflexibilität als Grundlage für die Einschätzung der Drittverwendungsfä-

[104] Müller-Stewens / Spickers / Deiss (1999), S. 57.

[105] Müller-Stewens / Spickers / Deiss (1999), S. 57 und Frankel (2004), S. 139.

higkeit. Abschließend wird der Instandhaltungszustand der Objekte festgestellt und möglicher Rückstau identifiziert und quantifiziert.
Zudem bieten sich auch Ingenieurbüros als Dienstleister zur Zusammenstellung von Datenräumen an. Ein großer Teil des Aufwands dafür fällt ohnehin durch das Sammeln und Vervielfältigen von Planunterlagen an, so dass die Ingenieurbüros als darauf spezialisierter Dienstleister begonnen haben, das Datenmanagement für die restlichen Unterlagen mit zu übernehmen.

– Umweltgutachter

Besonders große Risiken von Immobilien gehen von der möglichen Belastung mit Altlasten aus. Umweltgutachter untersuchen diese Risiken und quantifizieren den Sanierungsaufwand. Dabei kann zwischen zwei Arten der Untersuchung unterschieden werden. In der orientierenden Untersuchung werden öffentliche Altlastenkataster und andere Dokumentationen auf mögliche Altlastenhinweise untersucht. Die eigentliche Altlastenuntersuchung ist in der Regel mit einer Bodenbohrung und anschließender Laboruntersuchung verbunden. Häufig wird eine orientierende Untersuchung der Bohrung vorangestellt, um beim Fehlen von Hinweisen unnötigen Bohraufwand zu vermeiden.

2.4.3 Verhandlungsführung

– Facility Manager

Während der Verhandlungsphase mit potenziellen Käufern werden in der Due Diligence-Phase Objektbesichtigungen durchgeführt. In der Regel werden diese durch das Facility Management-Personal in den Objekten begleitet, die auch Auskunft über den Zustand des Objektes geben können.

2.5 Käufer

2.5.1 Zwischeninvestoren

2.5.1.1 Investitionsstrategien

Bei den Käufern von Portfolios von Selbstnutzern finden sich die beiden Käufergruppen von Unternehmenstransaktionen wieder: Finanzinvestoren (Zwischeninvestoren) und strategische Investoren (Endinvestoren) (siehe Tabelle 3).

Zwischeninvestoren kaufen Portfolien nicht um sie als Anleger zu halten, sondern um sie zu bearbeiten und mit Gewinn weiterzuverkaufen. Dabei werden zwei Ansätze unterschieden:[106]

- Wholesale-to-Retail-Strategie: Ziel ist es Immobilien im Paket günstiger einzukaufen und dann mit Gewinn an Endinvestoren weiterzuverkaufen. Voraussetzung ist die Eignung der Objekte als Anlageobjekt für Endinvestoren. Der Gewinn wird als Break-Up Value oder Aufteilergewinn bezeichnet.

---

106 Kiesl (2003), S. 332.

	Finanzkäufer (Zwischeninvestoren)	Strategische Käufer (Endinvestoren)
Motivation	Bewertungsdiskrepanz (Finanzlogik)	Strategisches Interesse (Industrielogik)
Ziel	(kurzfristige) Maximierung von Shareholder Value	(langfristige) Optimierung der „Stakeholder Interests“
Zeithorizont	Wiederveräußerung nach 3 bis 7 Jahren	Langfristige Integration in bestehendes Geschäft
Mehrwert	Finanical Engineering (Kapitalstruktur, Asset Stripping, Exit-Strategie)	Business Engineering (z. B. Technologietransfer, Kosteneinsparung, Vertriebssynergien)
Kapitalgeber	Institutionelle Investoren, Banken, Kapitalmarkt ➢ Markt für Risikokapital	Aktionäre, Banken, Kapitalmarkt ➢ klassische Unternehmensfinanzierung
Zahlungsart	Cash, Bonds, Warrants	Cash oder Aktien
Bevorzugte Unternehmen	Wachstumsunternehmen, „Corporate Orphans“, Turnaround-Situationen	Industrielle Logik im Vordergrund
Katalysatoren	„Raiders“, Junk Bond Markt, Arbitrageure	Nachfolgeprobleme, strategische Berater
Vorwiegende Ausprägung	Angelsächsisch, national, (oft) unfreundlich	Kontinentaleuropäisch, grenzüberschreitend, (meist) freundlich

Tabelle 3: Charakteristika der unterschiedlichen Käufergruppen (Unternehmenstransaktionen) [107]

- Redevelopment-Strategie: Ziel dieser Strategie ist die Wertentwicklung von bestehenden Objekten durch Ergreifen gezielter Maßnahmen. Beispielhafte Maßnahmen sind Sanierung, Modernisierung und Instandsetzung sowie die Entwicklung neuer Nutzungskonzepte und die Ausnutzung von Baureserven. Nach Abschluss der Maßnahmen werden die Objekte zu einem höheren Preis an Endinvestoren verkauft. Der Gewinn wird als Upside Potential oder Entwicklergewinn bezeichnet.

2.5.1.2 Real Estate Private Equity Funds

Real Estate Private Equity Funds können in Opportunity Funds und Projektentwicklungsfonds unterschieden werden. Während letztere Projektentwicklungen akquirieren, investieren Opportunity Funds rein nach Renditegesichtspunkten (siehe Tabelle 4 für die größten Opportunity Funds in Europa). Somit haben sie in der Regel freie Hand bei der Auswahl eines Kaufobjektes.[108]
Rechtlich handelt es sich bei Opportunity Funds um Limited Partnerships (ähnlich der deutschen Kommanditgesellschaft). Lebensdauer und Anlagefokus wird vorab bestimmt[109]. Da das Mindestanlagevolumen sehr hoch ist, kommen als Investoren nur

[107] In Anlehnung an Müller-Stewens / Spickers / Deiss (1999), S. 6.
[108] Rottke (2004a), S. 56.
[109] Rottke (2004a), S. 56.

institutionelle Investoren (internationale Pensionsfonds, Versicherungen, Stiftungen und andere) und vermögende Privatkunden in Frage.[110]

Der Kauf von Immobilien-Portfolien von Selbstnutzern gehört zum Kerngeschäft von Opportunity Funds.[111] Damit verfolgen sie eine ihrer Wertschöpfungsstrategien: Wertschöpfung durch Abschlagsgeschäfte. Neben Portfolios von Unternehmensimmobilien werden darin auch Portfolien von notleidenden Krediten und börsennotierte Immobiliengesellschaften mit einem Abschlag zum Marktwert akquiriert, um sie später zum Marktwert oder darüber mit Gewinn wiederzuveräußern.[112] Dabei investieren sie auch in problematische Objekte.[113] Die Gesamtrendite für den Fonds ist dennoch gesichert, da in der Regel besonders gute Anlagen die Verluste in anderen Anlagen wieder mehr als ausgleichen.[114]

Name	Parent / Manager	Investitionsvolumen
MSREF	Morgan Stanley	EUR 23 Mrd.
Whitehall	Goldman Sachs	EUR 18 Mrd.
Lehman	Lehman Brothers	EUR 9 Mrd.
Blackstone	Blackstone	EUR 5 Mrd.
Deutsche Bank	Deutsche Bank	EUR 5 Mrd.

Tabelle 4: Größte Opportunity Funds in Europa[115]

Bei der Weiterveräußerung nach in der Regel drei bis sieben Jahren nutzen Opportunity Funds zudem verschiedene Möglichkeiten:[116]

- Einzelverkauf: Die Objekte können in kleineren Portfolien oder einzeln weiterveräußert werden.
- Portfolioverkauf: Das Portfolio wird in Gänze weiterverkauft.
- Refinanzierung: Bietet sich eine sehr günstige Möglichkeit, so werden Objekte auch refinanziert und im Bestand gehalten. Da die Lebensdauer von Opportunity Funds begrenzt ist, ist eine solche Maßnahme nur zu Beginn der Lebensdauer möglich.
- Verbriefung: Die Immobilien können in eine Sonderzweckgesellschaft eingebracht werden, deren Kapital durch Ausgabe von durch die Immobilien besicherten Anleihen erbracht wird.

2.5.1.3 Aufteiler

Bei Aufteilern in Deutschland handelt es sich in der Regel um mittelständische Unternehmen, die im Hinblick auf ihre Kapitalbeschaffung über eine geringe Investorenbasis verfügen. Sie konzentrieren sich auf Wohnungsportfolios und sind in der Regel

110 Murer (2002), S. 30.
111 Linneman (2002), S. 434.
112 Rottke (2004a), S. 133 f.
113 Hofmann / Haugwitz (2004), S. 425.
114 Linneman (2002), S. 435.
115 Piani (2004), S. 8.
116 Rottke (2004a), S. 114 f.

nicht im gewerblichen Markt, insbesondere nicht bei Portfoliotransaktionen von Selbstnutzern aktiv.[117]

2.5.1.4 Projektentwickler

Projektentwickler treten in der Regel als Zwischeninvestoren auf, wenn die Wertschöpfung eines Portfolios an die Durchführung von komplexen Entwicklungsprojekten gebunden ist.[118] An Portfoliokäufen von Selbstnutzern sind sie daher als Einzelinvestor weniger interessiert, da bei vom Verkäufer angemieteten Bestandsobjekten („Rückmietobjekte") in der Regel keine Entwicklungsmaßnahmen möglich sind, die sich auf das ganze Objekt beziehen. Darüber hinaus sind Projektentwickler häufig nur regional in Deutschland aktiv und verfügen nicht über die flächendeckende Organisation, um überregionale Portfolien alleine zu bearbeiten. Abschließend liegen die Investitionsvolumina bei den betrachteten Portfoliotransaktionen in der Regel über den typischen Investitionsvolumina von Projektentwicklern.[119]

In ihrer Rolle als Dienstleister sind Projektentwickler aber auch kapitalmäßig an der Akquisition von Portfolien beteiligt. Um einen schnellen Markteintritt zu erreichen, sind opportunistische Investoren auf lokale Partner angewiesen, um nicht eigene Netzwerke bilden und eigenes Personal aufbauen zu müssen.[120] Für regional tätige Projektentwickler bietet sich so auch die Möglichkeit, durch Netzwerke und Allianzen ihre räumliche Geschäftstätigkeit auszudehnen.[121]

Projektentwickler füllen in der Zusammenarbeit mit ausländischen Investoren ihre Funktion des Service-Developers aus, die sie in Kooperation z. B. mit Industrieunternehmen entwickelt haben.[122] Dabei übernehmen sie das Projektmanagement als Service Leistung. Die Vergütung erfolgt in Form von Beratungshonoraren, die in der Regel geringer sind als der Entwicklungsgewinn. Dafür übernimmt der Service-Developer auch nicht das Entwicklungsrisiko.[123]

In dieser Funktion ergibt sich die Beteiligung an Akquisitionsvorhaben von Portfolien von Selbstnutzern in der Regel dann, wenn der opportunistische Investor eine Kapitalbeteiligung des Service-Developers in Höhe von 5 bis 10 % als so genanntes „hurt money" fordert. Diese Kapitalbeteiligung dient der Angleichung der Interessen zwischen Auftraggeber und – nehmer.[124]

2.5.1.5 Immobilienhandelsunternehmen

Diese Unternehmen sind vornehmlich im Wohnungsbereich vertreten. Ihr Ziel ist es ein sehr großes Portfolio von Bestandsobjekten aufzubauen. Größere Portfoliokäufe können sie dann über die Einnahmen aus ihrem Bestand finanzieren. Im Gewerbebereich sind sie in der Regel nicht aktiv, da Zahlungsströme in diesem Bereich, die im

[117] Kiesl (2003), S. 333.
[118] Kiesl (2003), S. 333.
[119] Kiesl (2003), S. 334.
[120] Scharmanski (2006), S. 38.
[121] Scharmanski (2006), S. 46.
[122] N.N. (2006), S. 9.
[123] Pitschke / Bone-Winkel (2005), S. 40.
[124] Rottke (2004b), S. 9.

Fall von Portfolios von Selbstnutzern nur von einem Mieter kommen, nicht die Stabilität und Diversifikation aufweisen, die sie für ihre Finanzierungszwecke benötigen.[125]

2.5.2 Endinvestoren

2.5.2.1 Überblick und Investitionsstrategien

Die Gruppe der Endinvestoren umfasst die institutionellen Immobilieninvestoren. Diese kaufen Immobilien und halten sie mittel- bis langfristig im Bestand (siehe Tabelle 5). Ein Teil der Investoren begreift dabei die Anlage in Immobilien als Alternative zu den übrigen Asset-Klassen wie Aktien und Anleihen. Der andere Teil investiert nur in Immobilien und bildet selbst als Anlageobjekt für die anderen Investoren eine Alternative zur indirekten Anlage in Immobilien.
Dabei verfolgen sie in der Regel eine fest definierte Anlagestrategie, die sich nach Präferenzen im Hinblick auf Lage, Objekttypen und Mieterbonitäten und – diversifikation abgrenzen lässt.[126] Im Hinblick auf Portfoliotransaktionen ist auch das vorhandene Investitionsvolumen von Interesse. Das Akquisitionsvolumen von Portfoliotransaktionen kann so hoch sein, dass es die verfügbaren Mittel von Investoren übersteigt.

Jahr	in Mio. EUR	Geschl. Fonds	Offene Immobilien-		Versicherungen / Pensionskassen
			Publikumsfonds	Spezialfonds	
1986		1.585	337	-	1.416
1987		1.943	634	-	1.493
1988		2.045	1.150	-	1.800
1989		1.943	793	-	2.209
1990		1.892	281	-	2.399
1991		2.045	736	-	2.783
1992		4.090	1.457	-	3.193
1993		6.545	3.778	-	2.967
1994		8.078	3.768	-	2.643
1995		9.970	2.556	-	2.401
1996		7.567	4.213	-	2.226
1997		9.663	1.825	-	2.166
1998		9.099	1.227	508	2.494
1999		7.372	3.349	1.185	2.107
2000		6.613	3.170	1.313	1.653
2001		3.784	2.630	1.214	2.804
2002		3.873	4.400	1.573	3.493
2003		4.515	3.162	1.358	2.590

Tabelle 5: Immobilien-Neuanlagen institutioneller Investoren[127]

Die Anlagestrategie drückt aber nur ein Suchprofil nach geeigneten Objekten für die jeweilige Investorengruppe aus. Die Eignung eines bestimmten Objekttyps – wie in

125 Kiesl (2003), S. 334.
126 Kiesl (2003), S. 334.
127 BulwienGesaAG (2005).

unserem Fall gewerbliche Rückmietobjekte in Paketverkäufen – lässt sich am besten anhand der Rendite- und Risikoanforderungen der Investorengruppen darstellen.

Zunächst soll in einem Exkurs kurz auf die relevanten Eigenschaften der so gehandelten Rückmietobjekte eingegangen werden, die später Grundlage zur Beurteilung für deren Eignung für die Investorengruppen darstellen.[128] Da die Eigenschaften der bisher in Portfoliotransaktionen von Selbstnutzern gehandelten Immobilien nicht im Fokus dieser Arbeit stehen, wird auf eine eigenständige Untersuchung verzichtet. Stattdessen wird an dieser Stelle die Einschätzung eines Branchenanalysten übernommen:

<u>Chancen</u>

- Langfristige, bonitäre Mietverträge mit guten Mietern und 10 bis 18 Jahren Laufzeit
- Die sichere Miete ermöglicht kalkulierbare Ausschüttungen.
- Anschlussvermietungschancen an Konzern für das Gesamtobjekt oder große Teile, wenn das Objekt während der Nutzungszeit immer an die Bedürfnisse des Mieters angepasst wird.
- Konzern-Immobilien sind meist gut erhaltene, oft bekannte Immobilien mit regelmäßig gutem Pflegezustand.
- Nominale Rückzahlung des Anlegerkapitals kann über Mietvertragslaufzeit sichergestellt werden.
- Hohe Fremdfinanzierung durch Mietsicherheit ermöglicht „Steuerkick“
- Der Mieter versichert regelmäßig, an einer langfristigen Nutzung über die reine Vertragslaufzeit hinaus interessiert zu sein.

<u>Risiken</u>

- Oft fehlende Maßstäblichkeit der Immobilien bezogen auf den Standort in quantitativer und qualitativer Hinsicht
- Single Tenant (Einzelmieter)-Immobilie
  - Eine Nachvermietung ist nicht ohne Sanierung möglich, aber eine Finanzierung der Sanierung ist nicht ohne Nachvermietung möglich.
  - Hohes Nachnutzungs- und Nachvermietungsrisiko
  - Sale and Lease Back-Konstruktionen beinhalten hohes Selbstkontrahierungspotential.
  - Die vereinbarten Mieten liegen manchmal unter Berücksichtigung der Immobilieneigenschaften oberhalb möglicher Marktmieten.
  - Bei Neuaufteilung und Sanierung für spätere Nachmieter „verschwinden“ leicht 10 bis 15% der Flächen gegenüber dem Einzelmietvertrag.
  - Kleinflächige, standortadäquate Aufteilung durch fehlende Erschließungskerne oft nicht möglich.
  - Ein Vermietungsstand von 90 bis 95% der nach Umbau noch vorhandenen Flächen entspricht oft späterer Maximal-/Vollvermietung.
  - Bei großflächigen Unternehmensimmobilien an zweiten Standorten bzw. in Klein- und Mittelstädten, die kleinteilig nachvermietet werden müssen, sind leicht 5 Jahre Vermarktungsdauer zu kalkulieren.

[128] Siehe Loipfinger / Rohmert (2004), S. 20 für folgende Inhalte.

    - Immobilien mit Unternehmensnamen sind schwer zu vermieten, da sie dem neuen Mieter kein Identifikationspotenzial bieten.
    - Immobilienarchitektur und Ausstattung oft an Ursprungsnutzer angelehnt
- Immobilienverkauf des eigenen Bestandes ist oft ein Zeichen für Schwächen im Kerngeschäft. Dies senkt die Bonitätserwartung.
- Gründe für Verkauf sind oft Kapitalbedarf oder Ausnutzen von Immobilienchancen. In beiden Fällen ist dies zum Nachteil des Käufers.
- Es kommen niemals oder erst in extremer Not unternehmensstrategisch wichtige Gebäude auf den Markt. Das Unternehmen ist deshalb später immer in der besseren Verhandlungsposition, da es Alternativen einkalkuliert hat.

Betrachtet man nun die Auswirkungen dieser Eigenschaften auf Risiko und Rendite des Käufers und Endinvestors, so empfiehlt sich eine weitere Untergliederung beider Komponenten:

Risiko

Das klassische Immobilienrisiko lässt sich in Wertverfallsrisiko, Liquiditätsrisiko und Ertragsrisiko untergliedern. Nun stellt sich die Frage, ob eines oder mehrere dieser Risiken bei Rückmietobjekten stark ausgeprägt sind (siehe Tabelle 6):

- Wertverfallsrisiko: Ein hohes Risiko des Wertverfalls von Rückmietobjekten besteht nicht. Die Objekte sind in der Regel vom Selbstnutzer in hochwertiger Qualität errichtet worden und befinden sich in gutem Pflegezustand
- Liquiditätsrisiko: Rückmietobjekte verfügen in der Regel über ein hohes Liquiditätsrisiko. Einerseits befinden sie sich häufiger in Nebenstandorten und haben dort eine stark überdurchschnittliche Größe, was die Weitervermietung und Weiterveräußerung erschwert. Darüber hinaus kann die vom ehemaligen Selbstnutzer gezahlte Miete über dem Marktniveau liegen, so dass ein nachhaltiger Verkehrswert unter dem Kaufpreis auf Basis des lang laufenden Mietvertrages liegen kann
- Ertragsrisiko: Das Ertragsrisiko ist gering, da das Ausfallrisiko der üblichen Mieter mit guter Bonität gering ist und die Erträge über lang laufende Mietverträge gesichert sind

	X bei hohem Risiko		
	Wertverfallsrisiko	**Liquiditätsrisiko**	**Ertragsrisiko**
Rückmietobjekt		**X**	

Tabelle 6: Risikostruktur Rückmietobjekte[129]

Rendite

Die Rendite von Immobilien lässt sich in drei Komponenten untergliedern:
- Cash-Flow-Rendite: Ist die Rendite, die sich aus den laufenden Einnahmen im Vergleich zum Anlagekapital ergibt
- Wertänderungsrendite: Ist die Rendite, die sich aus den Steigerungen des Marktwertes im Vergleich zum Anlagekapital ergibt

129 Eigene Darstellung.

- Realisationsrendite: Ist die Rendite, die sich aus dem durch Verhandlungsgeschick erreichten Mehrerlös zum Marktwert beim Verkauf ergibt. Da Endinvestoren an langfristigen Haltedauern der Objekte interessiert sind, wird davon ausgegangen, dass die mögliche Realisationsrendite noch nicht abgeschätzt werden kann und daher nicht in die Überlegungen beim Kauf einfließt

Im Folgenden soll nun beurteilt werden, inwieweit Rückmietobjekte über die verschiedenen Renditekomponenten verfügen (siehe Tabelle 7):

- Cash-Flow-Rendite: Die Cash-Flow-Rendite ist in der Regel bei allen nicht selbst genutzten Immobilien vorhanden, die sich nicht im Leerstand befinden. Im Falle von Rückmietobjekten werden die Erträge aus den Mieteinnahmen aus lang laufenden Mietverträgen gewonnen
- Wertänderungsrendite: Steigerungen des Marktwertes während der Haltedauer lassen sich bei Rückmietobjekten in der Regel nicht erreichen. Die Mieterträge aus dem Rückmietvertrag können sogar über Marktniveau liegen, so dass nach Auszug ein Wertverlust möglich ist. Darüber hinaus liegen die Objekte oft an Nebenstandorten und haben dort einen sehr hohen Flächenanteil am Markt bei geringer Nachfrage. Das daraus entstehende Vermietungs- und Veräußerungsrisiko verhindert ebenfalls eine Marktwertsteigerung.

	X wenn Renditebestandteil vorhanden	
	Cash-Flow-Rendite	**Wertänderungsrendite**
Rückmietobjekt	X	

Tabelle 7: Renditestruktur Rückmietobjekte[130]

Eignung (Risiko / Rendite) für Investorengruppen
Die Eignung von Rückmietobjekten für eine Investorengruppe wird im Folgenden anhand der beschriebenen Eigenschaften im Hinblick auf Risiko und Rendite beurteilt. Dabei wird von zwei grundsätzlichen Annahmen ausgegangen. Zunächst wird davon ausgegangen, dass aufgrund von Konstruktionsunterschieden und Vorschriften die Investorengruppen unterschiedlich gut mit dem Liquiditätsrisiko von Rückmietobjekten umgehen können. Darüber hinaus unterscheiden sich die Investorengruppen in der Möglichkeit, Marktwertsteigerungen abzubilden. Ist dies jedoch der Fall, so wird angenommen, dass geeignete Objekte auch über ein entsprechendes Aufwertungspotenzial verfügen sollten, um für die Investorengruppe interessant zu sein.[131]

Im Folgenden erfolgt nun die Beurteilung der Eignung von Rückmietobjekten für institutionelle Investorengruppen:

2.5.2.2 Versicherungen / Pensionskassen

Die Anlage von Versicherungen in Immobilien erfolgt zu drei unterschiedlichen Zwecken.[132]

130 Eigene Darstellung.
131 Berry / McGreal / Sieracki / Sotelo (1999), S. 440.
132 Gantenbein (2005), S. 271.

- Gesellschafter / Aktionär (renditegetriebene, indirekte Anlage in Spezialfonds)
- Finanzinvestor (renditegetriebene direkte Anlage)
- Selbstnutzer (Immobilien als Teil der unternehmerischen Infrastruktur)

Für diese Betrachtung kommen Versicherungen und Pensionskassen nur als direkte Finanzinvestoren in Betracht. Anlagen auf den übrigen Ebenen reduzieren aber das verfügbare Kapital für Direktinvestitionen. Insbesondere der Anteil am gebundenen Kapital für Selbstnutzung kann noch hoch sein, wie an ausgewählten Lebensversicherungen gezeigt werden kann (siehe Tabelle 8). Allerdings gibt es wie bei allen Selbstnutzern auch hier den Trend zur Ausgliederung der selbstgenutzten Immobilienbestände.[133]

	Buchwert (in Mio. EUR)	**Zeitwert (in Mio. EUR)**	**Anteil Eigennutzung in %**
Allianz	2.410	4.318	5,5
Hamburg Mannheimer	1.367	2.099	17,8
Alte Leipziger	820	1.206	4,9
Gerling	713	754	0
Württembergische	652	769	0,1
Victoria	640	1.140	2,2
DBV-Winterthur	634	894	***23,7***
Deutscher Herold	587	750	5,6
Volksfürsorge	521	782	***28,5***
R+V	501	808	***21,3***
Aachener und Münchener	488	501	1,2
Iduna	468	504	4,5
Karlsruher	329	673	15,4
AXA	317	488	1,8
Deutscher Ring	317	k. A.	***24,5***
Sparkassenversicherung	288	k. A.	***28,2***
WWK	243	k. A.	***62,0***
Swiss Life / Rentenanstalt	240	315	1,5
Thuringia-Generali	197	400	16,5

Tabelle 8: Immobilienbesitz der Lebensversicherungen 2002[134]

Bei Versicherungen und Pensionskassen wird in den letzten Jahren eine Abkehr von der direkten Anlage hin zur indirekten Anlagen in Immobilien über Spezialfonds festgestellt. Allerdings betrifft dies insbesondere Bestandshalter mit kleinerem Immobilienvermögen, für die die Fixkosten einer eigenen Immobilienverwaltung zu hoch wä-

[133] Pfister / Knoll (2001), S. 69.
[134] BulwienGesaAG (2004b).

ren.[135] Dies stellt eine grundsätzliche Einschränkung für die Eignung als Käufer der untersuchten Immobilienportfolien dar.

Gegen die Eignung als Käufer der untersuchten Immobilienportfolien spricht weiterhin, dass die jährlichen Direktanlagevolumina aller Nicht-Lebensversicherungsunternehmen unter 500 Millionen Euro liegen (siehe Tabelle 9). Somit werden Einzelunternehmen dieser Sektoren nicht zum Kauf größerer Portfolien in der Lage sein.

Neben diesen einschränkenden Bemerkungen zur Eignung von Versicherungen als Portfoliokäufer erfolgt nun die Beurteilung im Hinblick auf Risiko (siehe Tabelle 10) und Rendite (siehe Tabelle 11).

In Mio. EUR	1999	2000	2001	2002	2003
Lebens-versicherungen[136]	834	938	1.639	2.370	1.341
Kranken-versicherungen[137]	128	123	202	219	213
Schadens-versicherungen[138]	422	203	273	284	379
Rück-versicherungen[139]	187	171	170	290	306

Tabelle 9: Brutto-Neuzugang an Kapitalanlagen in Grundstücke und grundstücksgleiche Rechte (Versicherungen)[140]

Risiko

Wertverfalls- und Ertragsrisiko sind für Versicherungen – wie auch für alle anderen Investorengruppen kritisch. Beide Risiken gefährden die Cash-Flow-Rendite, deren Erzielung Anlass der Kapitalanlage ist. Darüber hinaus sind Objekte mit einem hohen Liquiditätsrisiko für Versicherungen ungeeignet. Einerseits fordert der Gesetzgeber von Versicherungen, dass sie jederzeit in der Lage sein müssen, ihr Sicherungsvermögen zu liquidieren.[141] Andererseits ist der möglicherweise wegen des Liquiditätsrisikos geringere nachhaltige Verkehrswert des Rückmietobjekts im Vergleich zum Kaufpreis wegen der lang laufenden Mietverträge kritisch. Denn Versicherungen müssen in diesem Fall den niedrigeren Verkehrswert ansetzen. Der Mehrkaufpreis wäre „verschwendet“ und fände keine Berücksichtigung im Sicherungsvermögen.[142] Somit sind Rückmietobjekte mit Liquiditätsrisiko als Anlageobjekt für Versicherungen nicht geeignet.

135 Reichel (2003).
136 GDV (2004), S. 28.
137 GDV (2004), S. 38.
138 GDV (2004), S. 63.
139 GDV (2004), S. 68.
140 Siehe Einzelfußnoten in der Tabelle.
141 VAG § 54 (1).
142 VAG § 66 (3a).

	X bei hohem Risiko		
	Wertverfallsrisko	**Liquiditätsrisiko**	**Ertragsrisiko**
Risiko vorhanden bei Rückmietobjekten		X	
Problematische Risiken für Versicherungen / Pensionskassen	X	X	X

Tabelle 10: Eignung der Risikostruktur von Rückmietobjekten für Versicherungen[143]

Rendite

Versicherungen können aufgrund der gesetzlichen Vorschriften die Wertänderungsrendite nicht abbilden. Der Marktwert muss den Buchwert / Kaufpreis der Immobilie um 100 % übersteigen, damit eine Aufwertung vom Buchwert zum Marktwert erfolgt.[144] Im Hinblick auf Rückmietobjekte erscheint dies unwahrscheinlich. Rein auf die Rendite beschränkt eignen sich Rückmietobjekte somit für Versicherungen, da ihre fehlende Wertänderungsrendite unkritisch für Versicherungen ist.

Zusammenfassend sind Rückmietobjekte dennoch keine geeignete Anlage für Versicherungen und Pensionskassen:

- Das Investitionsvolumen größerer Portfoliotransaktionen übersteigt den Anlagebedarf von Versicherungen
- Das Liquiditätsrisiko von Rückmietobjekten ist ungeeignet für Versicherungen

	X wenn Renditebestandteil vorhanden	
	Cash-Flow-Rendite	**Wertänderungsrendite**
Vorhandene Renditekomponenten von Rückmietobjekten	X	
Abbildbare Renditekomponenten von Versicherungen	X	

Tabelle 11: Eignung der Renditestruktur von Rückmietobjekten für Versicherungen[145]

2.5.2.3 Offene Immobilienpublikums- und spezialfonds

Offene Fonds eignen sich nicht für die Anlage in Rückmietobjekten, da sie einerseits nicht mit deren teilweise hohen Liquiditätsrisiken umgehen können. Grund dafür ist das tägliche Rückgaberecht von Anteilen an den Offenen Fonds. Um diesem Bank-Run-Risiko zu begegnen, dürfen ihre Objekte kein Liquiditätsrisiko aufweisen (siehe Tabelle 12).[146] Sie müssen sehr schnell liquidierbar sein.[147] Darüber hinaus werden die Immobilien der Offenen Fonds jährlich von Gutachtern bewertet. Der so ermittelte

143 Eigene Darstellung.
144 VAG § 66 (3a).
145 Eigene Darstellung.
146 Berry / McGreal / Sieracki / Sotelo (1999), S. 440.
147 Focke (2005), S. 236.

Verkehrswert ist Basis für die Ermittlung des Fondsvermögens.[148] Liegt der Kaufpreis eines Rückmietobjekts aufgrund des über dem Marktniveau liegenden Mietzinses nun über dem Verkehrswert, so findet er dennoch langfristig keine Berücksichtigung im Fondsvermögen, der Mehrkaufpreis wäre verschwendet.

	X bei hohem Risiko		
	Wertverfallsrisko	**Liquiditätsrisiko**	**Ertragsrisiko**
Risiko vorhanden bei Rückmietobjekten		X	
Problematische Risiken für Offene Fonds	X	X	X

Tabelle 12: Eignung der Risikostruktur von Rückmietobjekten für Offene Fonds[149]

Andererseits zeigt sich die fehlende Eignung von Rückmietobjekten im Fehlen einer Wertänderungsrendite (siehe Tabelle 13). Aufgrund der jährlichen Marktwertermittlungen ist Offenen Fonds deren Abbildung jedoch möglich.[150] Dieser Renditekomponente kommt sogar eine besondere Bedeutung zu. Da die Cash-Flow-Rendite nur einen Teil der Gesamtrendite abbilden muss, so kann in sehr teure Objekte mit niedriger Cash-Flow-Rendite aber auch sehr niedrigem Liquiditätsrisiko investiert werden. Letzteres ist in der Regel mit einer ausgeprägten Wertänderungsrendite verbunden („Prime Locations").[151]

	X wenn Renditebestandteil vorhanden	
	Cash-Flow-Rendite	**Wertänderungsrendite**
Vorhandene Renditekomponenten von Rückmietobjekten	X	
Abbildbare Renditekomponenten von Offenen Fonds	X	X

Tabelle 13: Eignung der Renditestruktur von Rückmietobjekten für Offene Fonds[152]

Gegen die Eignung von Offenen Fonds spricht weiterhin, dass sie vermehrt im Ausland investieren und nur noch selektiv in Deutschland aktiv sind. Somit reduziert sich ihr räumliches Anlagegebiet auf die größten deutschen Investmentstandorte. Rückmietobjekte befinden sich häufig aber auch in Nebenstandorten, die für Offene Fonds ausscheiden. Die räumliche Einschränkung ist für Spezialfonds aber weniger stark ausgeprägt.

148 KAGG § 27c.
149 Eigene Darstellung.
150 Berry / McGreal / Sieracki / Sotelo (1999), S. 440.
151 Berry / McGreal / Sieracki / Sotelo (1999), S. 441.
152 Eigene Darstellung.

Eine Aussage zur Eignung von Offenen Fonds für die hohen Transaktionsvolumina der Portfoliotransaktionen ist nicht möglich.

2.5.2.4 Geschlossene Immobilienfonds

Geschlossene Immobilienfonds haben sich unter den Endinvestoren als Hauptnachfrager nach langfristig vom Nutzer zurückgemieteten Objekten etabliert.[153] Da sie entgegen Versicherungen / Pensionskassen und Offenen Fonds nicht in ihrer Anlage gesetzlich reglementiert bzw. rechenschaftspflichtig sind und ihre Anleger nicht aus dem Investment aussteigen können,[154] können sie spezifischere Risiken wie die Konzentration auf einen Mieter und Standorte mit illiquidem Investmentmarkt eingehen.

Risiko

Geschlossene Fonds eignen sich zur Anlage in Rückmietobjekte, da deren Liquiditätsrisiko unproblematisch ist (siehe Tabelle 14). Weil die Anleger der Geschlossenen Fonds ihr Kapital nicht durch Rückgabe der Anteile abziehen können, müssen die Objekte nicht schnell liquidierbar sein. Dass sich der Wert bei Rückmietobjekten (insbesondere an unattraktiven Standorten) vornehmlich aus dem lang laufenden Mietvertrag ableitet und sich dadurch Abweichungen zum tatsächlichen Marktwert der Objekte ergeben können, ist auch unerheblich. Geschlossene Fonds können diese Abweichung akzeptieren, da der Wert der Anlage nicht wie bei Offenen Fonds jährlich durch Wertgutachter festgestellt wird. Bei lang laufenden Mietverträgen kann die nominale Rückzahlung des Anlegerkapitals noch während der Mietvertragslaufzeit sichergestellt werden, so dass der Wertunterschied keine Auswirkungen hat.

Rendite

Da der Marktwert der Objekte nicht jährlich ermittelt wird, ist die fehlende Wertänderungsrendite von Rückmietobjekten auch unproblematisch für Geschlossene Fonds (siehe Tabelle 15).[155] Die Wertänderung kommt dem Anleger der Geschlossenen Fonds erst beim späteren Verkauf zugute.

	X bei hohem Risiko		
	Wertverfallsrisiko	**Liquiditätsrisiko**	**Ertragsrisiko**
Risiko vorhanden bei Rückmietobjekten		X	
Problematische Risiken für Geschlossene Fonds	X		X

Tabelle 14: Eignung der Risikostruktur von Rückmietobjekten für Geschlossene Fonds[156]

[153] Schneiders / Pfirsching (2005), S. 342.
[154] Berry / McGreal / Sieracki / Sotelo (1999), S. 439.
[155] Focke (2005), S. 239.
[156] Eigene Darstellung.

	X wenn Renditebestandteil vorhanden	
	Cash-Flow-Rendite	**Wertänderungsrendite**
Vorhandene Renditekomponenten von Rückmietobjekten	X	
Abbildbare Renditekomponenten von Geschlossenen Fonds	X	

Tabelle 15: Eignung der Renditestruktur von Rückmietobjekten für Geschlossene Fonds[157]

Konnte so die grundsätzliche Eignung von Rückmietobjekten für Geschlossene Fonds nachgewiesen werden, so kommen sie dennoch nicht als Käufer für große Portfolien in Frage. Ihnen stehen pro Jahr in der Regel weniger als eine Milliarde Euro für Akquisitionen in Deutschland zur Verfügung. Dieses Anlagevolumen werden sie zudem in verschiedene Fonds über unterschiedliche Mieter diversifizieren. Somit kommen deutsche Geschlossene Fonds höchstens als Investoren für kleinere Pakete in Frage. Vor allem werden sie aber Abnehmer von Objekten von den Zwischeninvestoren bleiben (Einzelobjekte und kleine Pakete).

2.5.2.5 Internationale Immobilienaktiengesellschaften

Das Spektrum der international beheimateten und tätigen Immobilienaktiengesellschaften ist so groß und heterogen, dass im Folgenden nicht auf Gesellschaften aus einem abgegrenzten Sektor eingegangen werden kann.
Immobilienaktiengesellschaften werden für diese Betrachtung als börsennotierte Immobilieninvestoren definiert. Auf Unterschiede zwischen Gesellschaften verschiedener Herkunftsländer im Hinblick auf Ausgestaltung und steuerliche Behandlung wird nicht eingegangen.

<u>Risiko</u>

Im Hinblick auf ihr Risiko eignen sich Rückmietobjekte bedingt als Anlageobjekte für Immobilienaktiengesellschaften. Einerseits sind Immobilienaktiengesellschaften eine geeignete Anlageform zur Übernahme von Immobilienrisiken. Durch den organisierten Zweitmarkt der Börse, kann ihnen kein bereits investiertes Kapital entzogen werden, so dass kein Bank-Run-Risiko besteht.[158] Allerdings ist die mögliche Differenz bei Rückmietobjekten zwischen dem nachhaltigen Marktwert und dem Kaufpreis auf Basis des lang laufenden Mietvertrags nachteilig für die Immobilienaktiengesellschaften. Wiederum sollte der gezahlte Mehrkaufpreis über dem Marktwert nicht in den am Kapitalmarkt bestimmten Wert der Gesellschaft und ihrer Immobilien einfließen (siehe Tabelle 16).

---

157 Eigene Darstellung.

158 Berry / McGreal / Sieracki / Sotelo (1999), S. 440.

	X bei hohem Risiko		
	Wertverfallsrisko	**Liquiditätsrisiko**	**Ertragsrisiko**
Risiko vorhanden bei Rückmietobjekten		X	
Problematische Risiken für Immobilien-AGs	X	(X)	X

Tabelle 16: Eignung der Risikostruktur von Rückmietobjekten für Immobilienaktiengesellschaften[159]

	X wenn Renditebestandteil vorhanden	
	Cash-Flow-Rendite	**Wertänderungsrendite**
Vorhandene Renditekomponenten von Rückmietobjekten	X	
Abbildbare Renditekomponenten von Immobilien-AGs	X	X

Tabelle 17: Eignung der Renditestruktur von Rückmietobjekten für Immobilienaktiengesellschaften[160]

Rendite

Die börsentägliche Bewertung von Immobilienaktiengesellschaften spricht allerdings gegen deren Eignung zur Abbildung der vorhandenen Renditebestandteile von Rückmietobjekten (siehe Tabelle 17). Da die börsennotierten Gesellschaften die Wertänderungsrendite ihrer Immobilien auch in ihrer Marktkapitalisierung abbilden können, eignen sich Rückmietobjekte nicht als Anlageobjekte für sie. Bei letzteren fällt der Marktpreis in der Regel sogar mit Ablauf der Rückmietverträge, da Weiterverkauf und – vermietung der überdurchschnittlich großen Objekte an Nebenstandorten schwierig ist.

Zu Beginn der Betrachtung von Immobilienaktiengesellschaften wurde die Börsennotierung als wesentliche Voraussetzung für die Zugehörigkeit zu dieser Gruppe genannt. Damit wird ein bedeutender internationaler Akteur nicht betrachtet, der sich selbst als REIT bezeichnet.[161] Bei diesem Investor handelt es sich um eine nicht börsennotierte Immobilienaktiengesellschaft. Gerade dieser Umstand spricht gegen die Betrachtung in der gerade beschriebenen Gruppe. Vielmehr bietet sich eine parallele Betrachtung zu deutschen Geschlossenen Fonds an. Denn bei nicht börsennotierten Aktiengesellschaften ist ein Verkauf der Anteilsscheine auch nur dann möglich, wenn sich – in der Regel nach Vermittlung durch die Gesellschaft selbst – ein Käufer dafür findet. Wie bei Geschlossenen Fonds gibt es (noch) keinen organisierten Zweitmarkt

159 Eigene Darstellung.
160 Eigene Darstellung.
161 Die US-amerikanische Gesellschaft WP Carey ist spezialisiert auf den Kauf von Portfolien mit Rückmietobjekten und ist auch in Deutschland aktiv.

für Anteile. Abschließend weisen nicht börsennotierte Aktiengesellschaften ebenfalls eine Parallele zu Geschlossenen Fonds auf, da keine Ermittlung des Werts der Gesellschaft und ihrer Immobilien während des Anlagezeitraums stattfindet.

Diese Ausführungen werden gestützt durch den aktuellen Stand der Diskussion zur Einführung von Real Estate Investment Trusts (REITs) in Deutschland. Unternehmensimmobilien eines Selbstnutzers werden als nicht REIT-fähig angesehen, da es sich um einen und somit homogenen Nutzer handelt bei heterogenen Nutzungsformen. Der Kapitalmarkt sucht jedoch heterogene Nutzer bei homogenen Nutzungsformen. Daher ist die Empfehlung, Unternehmensimmobilien zunächst in nicht börsennotierte REITs zu überführen. Dort sind die Objekte so zu bündeln und zu restrukturieren, dass aus mehreren nicht börsennotierten REITs mit homogenen Nutzer und heterogenen Nutzungsformen mehrere börsenfähigke REITs mit heterogenen Nutzer und homogenen Nutzungsformen gebildet werden können.[162] Die nicht börsennotierten REITs agieren dabei wie bereits ausgeführt vergleichbar wie Geschlossene Fonds.

2.5.2.6 Privatinvestoren

Eine Betrachtung von Privatinvestoren auf Grundlage des angewandten Beurteilungsschemas von Risiko und Rendite ist schwierig, da sie keinen Beschränkungen durch den Gesetzgeber und Anteilseigner unterliegen. Daher kann von einer grundsätzlichen Eignung von Rückmietobjekten als Anlageobjekt für Privatinvestoren ausgegangen werden. Denn, wenn die Rendite des lang laufenden Rückmietvertrages attraktiv ist, aufgrund der guten Bonität des Mieters mit geringem Risiko behaftet und die Rückzahlung des eingesetzten Kapitals während des Mietvertrags möglich ist, so werden das Liquiditätsrisiko und die fehlende Wertänderungsrendite von Rückmietobjekten nicht gegen den Kauf sprechen. Einschränkend ist jedoch zu bemerken, dass das notwendige Eigenkapital für den Kauf größerer Portfolien nur von einer sehr kleinen Gruppe von Privatinvestoren aufgebracht werden kann.

2.5.2.7 Strategische Investoren

Strategische Investoren sind auch Endinvestoren von Immobilien, in dem Sinne, dass sie die Immobilien dauerhaft im Bestand behalten. Allerdings ist das Ziel nicht die Kapitalanlage. Vielmehr sollen geeignete Immobilien das operative Geschäft erweitern oder abrunden.[163] Gegen die Eignung strategischer Investoren als Käufer aus Sicht des Verkäufers spricht auch, dass ein Teil der Kontrolle an den selbstgenutzten Immobilien nicht an einen Konkurrenten gehen soll.
Somit sind strategische Investoren in der Regel nicht als Käufer von Rückmiet-Portfolien geeignet.

2.5.2.8 Zwischenfazit

Aus der Gruppe der institutionellen Immobilienendinvestoren sind selbstgenutzte Portfolios nur geeignete Anlageprodukte für Geschlossene Fonds und nicht börsennotierte Immobilienaktiengesellschaften. Voraussetzung ist aber, dass sie den hohen Kaufpreis des Portfolios aufbringen können. Für deutsche Geschlossene Fonds erscheint der

---

162 ZEW / EBS (2005), S. 131.
163 Eisele / Walter (2003), S. 4.

Kaufpreis aber zu hoch. Davon abgesehen eignen sich Geschlossene Fonds aber für den Kauf von Portfolien. Nicht börsennotierte Immobilienaktiengesellschaften eignen sich ebenfalls, da sie sich im Hinblick auf Risiko und Rendite ähnlich den Geschlossenen Fonds verhalten.

2.6 Fremdkapitalgeber

2.6.1 Definition

Als Fremdkapitalgeber werden die Transaktionsteilnehmer definiert, die dem Käufer aus dessen Sicht Fremdkapital zur Verfügung stellen. Dies beinhaltet sowohl die Finanzierung des Kaufs (Akquisitionsfinanzierung) als auch die spätere Refinanzierung über die Erträge der Kaufobjekte (Endfinanzierung). Für die Betrachtung interessant sind dabei die Anforderungen der Fremdkapitalgeber an den Käufer und Verkäufer, die somit Auswirkungen auf den Verkaufsprozess und das spätere Mieter-Vermieter-Verhältnis haben. Beschränkt wird sich dabei auf die Akteure auf Seiten der Fremdkapitalgeber, die in direktem Kontakt zum Käufer oder Verkäufer stehen und somit aktiv am Transaktionsprozess teilnehmen. Die von ihnen gestellten Anforderungen können aber auch Bedürfnissen weiterer, indirekter Fremdkapitalgeber nachkommen, die hier nicht weiter beschrieben werden sollen (z. B. Zeichner von Mortgage-Backed Securities).

2.6.2 Typen von Fremdkapitalgebern

Somit können Fremdkapitalgeber nach verschiedenen Typen der Fremdfinanzierung des Käufers unterschieden werden:

- Einzelkredit

Unter Einzelkredit wird im beschriebenen Zusammenhang die Vergabe eines oder mehrerer klassischer Bankkredite durch ein einziges Institut verstanden. Somit ist diese Bank der Fremdkapitalgeber des Käufers.

- Syndizierung

Bei der Syndizierung tritt eine Bank als einziger Fremdkapitalgeber auf, indem sie einen oder mehrere Kredite vergibt. Allerdings tritt sie im Nachgang Teile des Kredits an andere Banken ab. Diesen Vorgang der nachträglichen Ausplatzierung von Kreditanteilen bezeichnet man als Syndizierung.[164] Davon erfährt der Käufer als Kreditnehmer in der Regel nicht. Einzig ist die Syndizierungsklausel im Kreditvertrag notwendig. Dadurch wird die Bank vom Bankgeheimnis gegenüber den an der Syndizierung beteiligten Banken befreit.[165]

- Konsortialdarlehen

Bei Konsortialdarlehen begeben mehrere Banken als Gruppe ein oder mehrere Darlehen (engl. Club Deal). Die Bankengruppe ist in der Regel als BGB-Gesellschaft strukturiert. Der geschlossene Konsortialvertrag kann die Unterscheidung in Konsortialfüh-

---

[164] Linder et al (2005), S. 16.
[165] Linder et al (2005), S. 15.

rer, Konsorten und Unterbeteiligte regeln. Gegenüber dem Käufer als Kunden tritt allerdings nur der Konsortialführer auf:[166]

Der Konsortialführer (engl. Lead Manager, Bookrunner, Lead Bank) übernimmt die Zusammenstellung des Konsortiums sowie die Strukturierung und Verhandlung der Finanzierung mit dem Kreditnehmer. Konsortialführer können auch mehrere Banken sein (engl. Managing Group). Die weiteren Banken übernehmen dann die Funktion eines Co-Managers.[167]

Konsorten sind die weiteren am Konsortium beteiligten Banken neben dem Konsortialführer. Im Gegensatz zur nachträglichen Syndizierung haben sie jedoch Einfluss auf die Ausgestaltung des Kreditvertrags.[168]

Unterbeteiligte sind Teil einer Konsortialfinanzierung, wenn einer der Konsortialpartner (Konsortialführer oder Konsorten) mit ihnen eine Syndizierung durchführt. Als stiller Syndizierungspartner haben sie keinen Einfluss auf die Ausgestaltung des Kreditvertrags, sind nicht Teil des Konsortialvertrags und sind in der Regel den anderen Konsortialpartnern nicht bekannt.[169]

- Verbriefung

Die Bereitstellung des Fremdkapitals erfolgt durch Ausgabe von so genannten Mortgage-Backed Securities an Kapitalmarktinvestoren. Diese Anleihen werden von einer Sonderzweckgesellschaft emittiert, die Eigentümer der Immobilien (True Sale) ist. Die Bedienung der Anleihen erfolgt aus den Erträgen der Immobilie. Somit ist die Sonderzweckgesellschaft im Falle der Verbriefung Fremdkapitalgeber. Da die Sonderzweckgesellschaft in der Regel personenlos ist, werden ihre Interessen aber durch die initiierende Bank wahrgenommen. Verbriefungen eignen sich nur zur Endfinanzierung, da die Strukturierung der Verbriefungstransaktionen eine längere Zeit in Anspruch nimmt (3 bis 6 Monate),[170] als während der Transaktion üblicherweise zur Verfügung steht.

Neben der echten Verbriefung bedienen sich deutsche Banken derzeit noch überwiegend des so genannten „Synthetic Sale“. Dabei werden nur die Kreditrisiken mittels Garantievereinbarung auf den Investor übertragen. Für diese Betrachtung ist dies jedoch nicht relevant, da keine Sonderzweckgesellschaft als Fremdkapitalgeber entsteht.[171]

2.6.3 Risiken aus Sicht des Fremdkapitalgebers

- Geschäftspartnerrisiko

Basis für die Prüfung im Vorfeld und die Strukturierung der Finanzierung ist die Bestimmung der Risiken der Finanzierung. Dabei unterscheiden Banken mehrere Arten von Risiken.

Obgleich es sich bei dem Käufer und Kreditnehmer in der Regel um eine eigens gegründete Objektgesellschaft handelt, deren Vermögen einzig aus den gekauften Objekten besteht und die Bank keinen Zugriff auf den Initiator hat (engl. Non-recourse), wird dessen Erfahrung und Verlässlichkeit durch den Kreditgeber geprüft.

[166] Linder et al (2005), S. 15.
[167] Linder et al (2005), S. 20.
[168] Linder et al (2005), S. 21.
[169] Linder et al (2005), S. 21.
[170] Linder et al (2005), S. 48.
[171] Linder et al (2005), S. 47.

Zunächst werden die gesellschaftsrechtliche Konstruktion der Käufergesellschaft und ihr Steuerkonzept geprüft. Ist der Käufer Zwischeninvestor, so wird er eine bestimmte Weiterveräußerungsstrategie verfolgen. Diese muss er in Form eines Business Plans der Bank vorlegen. Indikatoren für das Risiko sind die Ansätze für Miethöhen, Abverkaufserlöse sowie Bewirtschaftungs- und Modernisierungskosten.[172]

– Vermietungsrisiko

Einfluss auf das Vermietungsrisiko hat zunächst das Ausfallrisiko des Mieters. Dieses kann durch mehrere Mieter diversifiziert werden. Das Ausfallrisiko des Mieters kann über die Bonität eingeschätzt werden, sofern diese bekannt ist.

Darüber hinaus hat die vertragliche Ausgestaltung der Mietverträge Auswirkungen auf das Risiko. Außerordentliche Kündigungsrechte und kurze Restlaufzeiten führen zu einer Erhöhung des Risikos. Weitere Risiken können aus der Verteilung der Bewirtschaftungskosten sowie Rückbauregelungen bei Auszug entstehen.[173]

– Verwertungsrisiko aus Banksicht

Im Falle des Ausfalls des Kreditnehmers sind Banken einem weiteren Risiko ausgesetzt. Dann gilt es die Objekte selbst zu verwerten. Hier ist die Drittverwendungsfähigkeit und Marktgängigkeit der Objekte zu beleuchten.[174]

– Zinsänderungsrisiko

Ein weiteres Risiko der Bank ist das Zinsänderungsrisiko. Um diesem zu begegnen, verfügt die Bank über Zinssicherungsmechanismen. Allerdings wird die Absicherung bei Zwischeninvestoren erschwert, da die Reduktion des Kreditbetrags vom Abverkaufserfolg des Käufers abhängt.[175]

– Syndizierungsrisiko

Abschließend sind Banken insbesondere bei größeren Transaktionen mit dem Risiko konfrontiert, keine Syndizierungs- oder Konsortialpartner zu finden, an die Kreditteile ausplatziert werden können.[176]

2.6.4 Transaktionsprozess der Fremdkapitalgeber

Parallel zum Verkaufsprozess durchlaufen Banken auf dem Weg zur Kreditvergabe einen zweiten Prozess, der bis zum Vertragsabschluss abgeschlossen sein muss. Dieser Prozess zerfällt in drei Phasen:

– Objekt-Analyse (Due Diligence)

Als Basis für ihre Analyse und Kreditprüfung sind die Banken auf die Analysen und Ergebnisse der Due Diligence angewiesen. Die Prüfungsinhalte sind identisch mit denen des Käufers. Gutachter der Bank beurteilen zudem den Markt- und Beleihungswert der Objekte.[177]

---

172 Bickart (2004), S. 13.
173 Bickart (2004), S. 14.
174 Linder et al (2005), S. 71.
175 Linder et al (2005), S. 72.
176 Bickart (2004), S. 18.
177 Kiesl (2003), S. 336.

– Cashflow-Analyse

Die Cashflow-Analyse basiert auf den Ergebnissen aus der Due Diligence und untersucht das Geschäftspartnerrisiko des Kreditengagements. Dazu wird der Business Case des Käufers analysiert. Einerseits werden die Annahmen des vom Käufer vorgelegten Business Case (Investment Case) im Hinblick auf die Ergebnisse aus der Due Diligence plausibilisiert. Darüber hinaus wird in einem so genannten Bank Case der gleiche Business Plan aus Sicht des sicherheitsorientierten Fremdkapitalgebers erneut gerechnet. Aus der Differenz der beiden Berechnungen identifizieren die Banken das Geschäftspartnerrisiko.[178]

– Kreditvergabe (Underwriting)

Der Transaktionsprozess des Kreditgebers schließt ab mit der Kreditvergabe, dem so genannten Underwriting. Dazu wird ein Kreditvertrag geschlossen, in dem die Strukturierung der Transaktion (siehe unten) detailliert beschrieben ist.[179]

2.6.5 Strukturierung der Finanzierung

2.6.5.1 Tranchierung

In Abhängigkeit von der Stabilität der Cash Flows des Bank Case und der Höhe des vom Kreditnehmer eingebrachten Eigenkapitals wird nun die Finanzierung strukturiert.[180] Dabei versucht das Kreditinstitut die Finanzierung möglichst flexibel auf die Bedürfnisse des Investors zuzuschneiden.[181] Die Strukturierung beinhaltet dabei mehrere Komponenten:

Zunächst kann im Sinne einer Investmentbank-orientierten Betrachtungsweise das notwendige Fremdkapital in unterschiedliche Tranchen mit unterschiedlichem Finanzierungszins unterteilt werden (siehe Tabelle 18). Dies gibt den Kreditinstituten die Möglichkeit, höhere Risiken nicht mehr mitzuübernehmen.[182]

Finanzierungsbestandteil	**Anteil am Gesamtfinanzierungsvolumen**
Eigenkapital	10 bis 20 %
Mezzanine	10 bis 20 %
Fremdkapital	60 bis 80 %

Tabelle 18: Bandbreiten der Kapitalstruktur[183]

- Seniordarlehen (A-Note)

Bei Seniordarlehen handelt es sich üblicherweise um erstrangig besicherte Hypothekendarlehen. Sie umfassen üblicherweise 60 bis 70 % der Gesamtinvestition bis 70 % des Beleihungswertes. Die Kreditmarge beträgt normalerweise zwischen 0,9 und 1,25 %.[184]

---

178 Kiesl (2003), S. 338.
179 Müller (2004), S. 42.
180 Lauer (2004), S. 8.
181 Müller (2004), S. 42.
182 Lauer (2004), S. 9.
183 Kiesl (2003), S. 340.
184 Linder et al (2005), S. 5.

- Juniordarlehen (B-Note)

Juniordarlehen werden von Kreditinstituten oder Investoren zur Verfügung gestellt. Sie sind nachrangig besichert. So kann geregelt sein, dass der Kreditnehmer der B-Note vor Einleitung einer Zwangsvollstreckung zunächst den Kreditgeber der A-Note ablösen muss.[185]

Das Juniordarlehen dient zum Schließen der Finanzierungslücke bei geringem Eigenkapitaleinsatz. Die Höhe beträgt üblicherweise zwischen 5 und 15 % der Gesamtinvestitionskosten bis 90 % des Beleihungswertes (in Ausnahmefällen bis 100 %). Das höhere Risiko drückt sich in der erhöhten Kreditmarge von 1,5 bis 2,5 % aus.[186]

- Mezzanine

Mezzanine ist die Bezeichnung für Kreditbausteine, die nachrangig zu Fremdkapital jedoch vorrangig zu Eigenkapital besichert sind. Dabei kann es die folgenden rechtlichen Ausgestaltungen haben:[187]

  - Nachrangige Darlehen
  - Partiarische Darlehen
  - Genussscheine
  - Wandel- und Optionsanleihen
  - Stille Beteiligung mit bevorzugter Stellung gegenüber Eigenkapital

	Eigenkapital	**Mezzanine**	**Fremdkapital**
Charakter	Quotale Beteiligung am Nominalkapital	(verzinsliche) Kapitalüberlassung auf Zeit, keine Beteiligung am Nominalkapital	(verzinsliche) Kapitalüberlassung auf Zeit, keine Beteiligung am Nominalkapital
Bilanzausweis	Als echtes Eigenkapital	In der Regel als Verbindlichkeit	Als Verbindlichkeit
Kapitalgeber wird	Gesellschafter	Kein Gesellschafter, aber gesellschaftsnaher Partner	Gläubiger der Gesellschaft, nicht Gesellschafter
Kapitalgeber hat	Volle gesellschafts-rechtliche Position	Vertraglich vereinbarte Mitwirkungs- und Kontrollrechte sowie Informationsrechte	Lediglich Gläubigerrechte (keine Infor-mations-/ Mitwir-kungsrechte)
Kapitalbedienung / Rendite	Über Gewinnausschüttung und Wert-zuwachs	Feste Verzinsung, gewinnabhängige Verzinsung	In der Regel feste Verzinsung
Dauer / Beendigung	Laufzeit unbegrenzt (bis Anteilsverkauf)	Laufzeit ca. 5 bis 10 Jahren (Beendigung durch Rückzahlung)	Laufzeit frei zu vereinbaren (Beendigung durch Rückzahlung)

Tabelle 19: Einordnung Mezzanine[188]

[185] Lauer (2004), S. 10.
[186] Linder et al (2004), S. 5.
[187] Lauer (2004), S. 11.

Die Stellung von Mezzanine als Zwischen- und Mischform zwischen Eigen- und Fremdkapital zeigt sich auf verschiedenen Ebenen (siehe Tabelle 19).

2.6.5.2 Tilgung

Quelle für Tilgungszahlen bilden die Mieteinnahmen der Objekte. Handelt es sich bei dem Kreditnehmer um einen Zwischeninvestor, so erfolgen Tilgungszahlungen in der Regel auch aus Verkaufserlösen.
Neben starren klassischen Tilgungsraten ist auch die Vereinbarung einer Cashflow-abhängigen Tilgung gängig. In diesem Fall werden auf Basis der detaillierten Cashflow-Planungen des Business Case individuelle Tilgungsbeträge für jede Periode festgelegt.[189]
Um der Gefahr zu begegnen, dass sich durch einen schnelleren Verkauf der guten Objekte die Portfolioqualität und das Risiko für die Bank verschlechtern, wurde das Release Pricing zur Tilgungsberechnung entwickelt.[190] Dabei werden jedem Objekt auf Basis der Objektwerte (Objekt- und Standortqualität), der Kaufpreisanteile und Mieteinnahmen Darlehens- und Grundschuldanteile zugeordnet. Auf dieser Basis wird für jedes Objekt ein risikoadjustierter Tilgungsbetrag festgelegt.[191] Die Mieteinnahmen werden dazu periodisch auf ein Sperrkonto eingezahlt. Nach Berechnung und Zahlung der Tilgung wird der überschüssige Betrag für den Kreditnehmer freigegeben.[192]

2.6.5.3 Besicherung

Portfoliotransaktionen werden idealerweise durch Grundschulden besichert, um Hypothekenbanken die Refinanzierung mit Pfandbriefen zu ermöglichen. Grundschulden sind jedoch nur bei Asset Deals möglich, da dabei das Eigentum an den Objekten erworben wird. Bei Syndizierung und Konsortialfinanzierungen muss es sich zudem um Briefgrundschulden handeln. Dabei wird neben der Eintragung im Grundbuch auch ein Grundschuldbrief erteilt, der durch privatschriftliche Abtretungserklärung ohne Vollzug im Grundbuch übertragen werden kann. Somit haben auch Syndizierungspartner und Konsorten die Möglichkeit der Pfandbriefdeckung ihrer Kreditteile.[193]
Bei Portfoliotransaktionen verlangen Kreditgeber zudem in der Regel Verbandsgrundschulden. Dadurch entsteht eine dingliche Querhaftung der Objekte. Erfolgt der Ankauf in neue Objektgesellschaften, so wird auch eine Haftung unter diesen Gesellschaften verlangt.[194] Handelt es sich aber um einen Share Deal, so ist bei der Akquisitionsfinanzierung keine Besicherung über Grundschulden möglich, da die zu kaufende Gesellschaft Eigentümer der Objekte ist und bleibt. Deswegen müssen die Kreditgeber auf andere Sicherheiten zurückgreifen, deren Sicherheitenwert jedoch geringer ist als von Grundschulden.[195] Mögliche Sicherheiten sind die Verpfändung von Gesellschaftsanteilen an der zu erwerbenden Gesellschaft, die Abtretung der Rechte an Kauf-

188 Linder et al (2005), S. 7.
189 Linder et al (2005), S. 56.
190 Bickart (2004), S. 19.
191 Bickart (2004), S. 20.
192 Linder et al (2005), S. 58.
193 Linder et al (2005), S. 36.
194 Kiesl (2003), S. 343.
195 Kiesl (2003), S. 344.

und Mietverträgen sowie die Verpfändung von Mietkonten und von Kaufpreisansprüchen bei Weiterverkäufen.[196]

[196] Bickart (2004), S. 22.

3 Verkaufsobjekt

3.1 Gestaltung des Nutzungsüberlassungsvertrags

Verkäufe betriebsnotwendiger Immobilien durch Selbstnutzer werden in Abhängigkeit von der Nutzungsvertragsgestaltung in Sale-and-Leaseback und Sale-and-Rentback Transaktionen unterschieden. In der Praxis wird aber häufig Sale-and-Leaseback synonym für beide Formen verwendet. Dennoch unterscheiden sich beide Vertragsvarianten.

3.1.1 Leasingverträge (Sale-and-Leaseback)

Leasingverträge orientieren sich in ihrer Ausgestaltung an Miet- und Pachtverträgen, unterscheiden sich aber in wesentlichen Punkten von diesen. Es handelt sich um eine Form der Investitionsfinanzierung, die durch den Nutzer ausgelöst wird. Der Leasinggeber errichtet die Immobilie mit dem Ziel, durch die Leasingraten den Kapitaldienst und seinen eigenen Verdienst erlösen zu können.[197] Daher handelt es sich bei den Leasingraten um reine Finanzierungs- bzw. Kostenmieten ohne Marktbezug.[198] Die Laufzeit des Leasingvertrages beträgt in der Regel zwischen 20 und 30 Jahren.[199] Das komplette Management der Immobilien verbleibt beim Verkäufer und späteren Mieter (Triple-Net-Verträge).[200] Verträge können zudem ein Ankaufsrecht für den Leasingnehmer enthalten.

3.1.2 Mietverträge (Sale-and-Rentback)

Mietverträge in Sale-and-Rentback Transaktionen haben dagegen einen direkten Marktbezug. Einerseits orientiert sich das Nutzungsentgelt nicht am Kapitaldienst des Leasinggebers sondern am Marktniveau. Andererseits werden wie marktüblich die Instandhaltungskosten für Dach und Fach in der Regel vom Eigentümer getragen. Die Vertragslaufzeiten sind zudem deutlich kürzer und können bei werthaltigen Objekten unter fünf Jahren liegen. Dennoch besteht die Möglichkeit eines Ankaufsrechts für den Mieter.[201]

3.1.3 Bilanzielle Auswirkungen

Von besonderem Interesse sind die bilanziellen Auswirkungen eines Verkaufs von Immobilien mit anschließender Anmietung durch den Verkäufer. Diese unterscheiden sich in den für deutsche Unternehmen wesentlichen Rechnungslegungsstandards HGB, US-GAAP und IFRS. Ziel aus Verkäufersicht ist es, die Immobilienwerte bzw. Barwerte der Nutzungsentgelte (engl. Finance lease) nicht mehr aktivieren zu müssen. Erst durch die Berücksichtigung als reiner Aufwand in der Gewinn- und Verlustrechnung (engl. Operating lease) werden die Bilanzverkürzung und die damit verbundenen positiven Bilanzeffekte erreicht.
In allen drei Standards ist dieser „Off-Balance-Sheet“-Effekt an verschiedene Voraussetzungen gebunden:

197 Haarmann / Busch (1998), S. 411.
198 Schäfers / Gier / Wiffler (2004), S. 540.
199 Hansen (2003), S. 18.
200 Schäfers / Gier / Wiffler (2004), S. 540.
201 Hansen (2003), S. 18.

– Handelsgesetzbuch (HGB)
Ein Leasing-Objekt ist nur dann bei dem Leasingnehmer zu bilanzieren, wenn ihm die vorhersehbaren Wertsteigerungschancen zustehen, er die Wertminderungsrisiken aus der Substanz des Objektes trägt und ihm der laufende Ertrag (nahezu vollständig) zusteht.[202]

– US-GAAP
In der US-amerikanischen Rechnungslegung wird ein Objekt dem Nutzer nicht zugerechnet (Operating Lease, außerhalb der Bilanz), wenn keines von vier Zurechnungskriterien erfüllt ist (siehe Tabelle 20).

Tests		Kriterien
Englische Bezeichnung	**Deutsche Übersetzung**	
Transfer of Ownership	Eigentumsübergang	Der Leasingnehmer wird nach Ende des Leasingvertrags Eigentümer des Leasinggegenstands
Bargain Purchase Option	Günstige Kaufoption	Der Leasingnehmer hat nach Ende des Leasingvertrags das Recht, den Leasinggegenstand zu einem günstigen Preis zu erwerben und wird dieses Recht wahrscheinlich ausüben
Economic Life Test	Wirtschaftliche Nutzungsdauer	Der Leasingvertrag hat eine Laufzeit von 75 % oder mehr der geschätzten Restnutzungsdauer des Leasinggegenstands. Beträgt die Restnutzungsdauer weniger als 25 % der Gesamtnutzungsdauer so entfällt dieser Test
Recovery of Investment Test	Amortisation der Investition	Der Barwert der Mindest-Leasingzahlungen einschließlich Garantiezahlungen beträgt mindestens 90 % des Marktwerts des Leasinggegenstands bei Leasingbeginn. Beträgt die Restnutzungsdauer weniger als 25 % der Gesamtnutzungsdauer so entfällt dieser Test

Tabelle 20: US GAAP-Off-Balance-Sheet Tests[203]

– IFRS
Die Einordnung als Operating Lease ist an das Bestehen von fünf Tests gebunden. Trifft eine der in den Tests genannten Bedingungen zu, so kann das Nutzungsentgelt nicht bilanzneutral als Operating Lease ausgewiesen werden (siehe Tabelle 21).

3.1.4 Beurteilung der beiden Bereitstellungsvarianten
Weiterhin erfolgt eine Übersicht über die Vor- und Nachteile von Leasing- gegenüber Mietverträgen als reine Bereitstellungsform aus Sicht des Nutzers (siehe Tabelle 22).

202 Schimmelschmidt / Happe (2004), S. 2.
203 Schimmelschmidt / Happe (2004), S. 8.

Tests		
Englische Bezeichnung	**Deutsche Übersetzung**	**Kriterien**
Transfer of Ownership	Eigentumsübergang	Am Ende der Vertragslaufzeit geht das zivilrechtliche Eigentum an dem Leasinggegenstand auf den Leasingnehmer über
Bargain Purchase Option	Günstige Kaufoption	Der Leasingnehmer hat das Recht eine Kaufoption auszuüben, die es ihm gestattet, den Leasinggegenstand zu einem Wert zu erwerben, der erheblich unter dem Marktwert bei Ausübung der Option liegt, so dass bei Leasingbeginn mit hinreichender Wahrscheinlichkeit von einer Ausübung durch den Leasingnehmer auszugehen ist.
Recovery of Investment Test	Amortisation der Investition	Der Barwert aller voraussichtlichen Leasingzahlungen einschließlich Garantien (engl. Minimum Lease Payments) entspricht im Wesentlichen dem Marktwert (> 90 % des Marktwerts) des Leasinggegenstands zu Beginn des Leasingvertrags
Economic Life Test	Wirtschaftliche Nutzungsdauer	Der Leasingvertrag ist über den größten Teil der wirtschaftlichen Nutzungsdauer (> 75 % der Nutzungsdauer) des Leasinggegenstands abgeschlossen
Special Lease Test	Spezialleasing	Der Leasinggegenstand kann aufgrund seines speziellen Zuschnitts nur vom Leasingnehmer genutzt werden

Tabelle 21: IFRS-Off-Balance-Sheet Tests[204]

3.1.5 Zwischenfazit zur Art der Nutzungsüberlassung

Grundsätzlich stehen bei Portfoliotransaktionen von Selbstnutzern beide Gestaltungsvarianten des Nutzungsüberlassungsvertrags zur Verfügung. Aus bilanziellen Gründen zur Vermeidung von Finance Leases wird in der Regel aber immer eine Sale-and-Rentback-Konstruktion angestrebt, auch wenn beide Varianten häufig synonym als Sale-and-Leaseback bezeichnet werden. Aber je stärker das Nutzungsüberlassungsentgelt und somit auch der Objektwert vom Marktmietzins abweicht, um einen hohen Verkaufserlös zu erreichen und je länger und starrer die Nutzungsüberlassungsdauer gewählt wird, umso mehr stellt sich auch bei Sale-and-Rentback-Konstruktionen die gleiche bilanzielle Wirkung (Finance Lease) wie Sale-and-Leaseback ein.

3.2 Immobilien- und Nutzungsarten

3.2.1 Überblick

Die fokussierten Selbstnutzer können Industrie-, Dienstleistungs- oder Handelsunternehmen sein. Aus dem Universum der Immobilienarten nutzen diese die folgenden Immobilienarten (siehe Abbildung 8):

[204] Schimmelschmidt / Happe (2004), S. 5.

Bereitstellungsformen	Vorteile	Nachteile
Leasing	– Gestaltung der Immobilie nach Vorstellungen des Nutzers – Herstellungsrisiko bei Leasinggeber – Transparenz über Kosten der Immobilie – Verteilung der Investitionskosten über Nutzungsdauer – Längere Finanzierungslaufzeit – Sicherung der betrieblichen Belange durch Ankaufsrecht	– Lange Nutzungsverpflichtung – Eingeschränkte Möglichkeit für Ersatz- oder Erweiterungsmaß-nahmen – Leerstandsrisiko / - kosten – Möglicherweise On-Balance
Miete	– Kurzfristige Reduktion der bereitgestellten Flächen durch Kündigung – Geringerer Kapitalbedarf – Wettbewerbswaffe im Handel, wenn Parallelstandorte zunächst ebenfalls angemietet werden – Keine Immobilienrisiken (Dach und Fach) – Off-Balance	– Geringerer Einfluss auf Gestaltung der Immobilie – Konfliktpotenzial mit Vermieter

Tabelle 22: Vor- und Nachteile von Leasing und Miete[205]

3.2.2 Gewerbeimmobilien

Gewerbeimmobilien stellen die Immobilienart dar, die der Funktion von Immobilien als direktem Produktionsfaktor entsprechen. So handelt es sich um Flächen zur Fertigung und Erbringung von Dienstleistungen (Produktion) sowie Distributions- und Logistikflächen (Absatz).

– Büroimmobilien

Unter den Gewerbeimmobilien können Büroimmobilien nicht eindeutig einer Phase im betrieblichen Leistungserstellungsprozess zugeordnet werden. Sie werden in allen Phasen benötigt.
Büroimmobilien werden nach ihrem Standort (City, City-Rand, Bürozentrum / Backoffice-Standort, übriges Stadtgebiet oder Umland) unterschieden. Weitere Unterscheidungskriterien sind Größe, Teilbarkeit, Flexibilität, Alter und Ausbauzustand sowie Serviceangebote[206]. Darüber hinaus können Büroimmobilien nicht in weitere eindeutige Cluster unterschieden werden.

---

[205] Schäfers (1998), S. 230ff.
[206] Schulte (2005), S. 123.

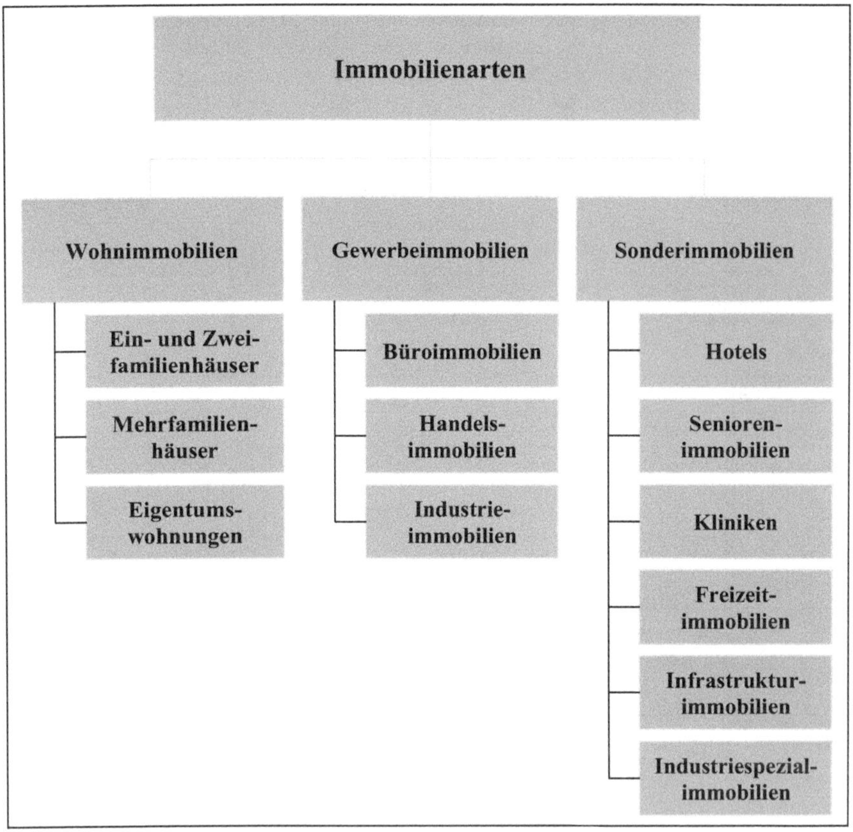

Abbildung 8: Immobilienarten[207]

– Handelsimmobilien
Dahingegen existieren für Handelsimmobilien eindeutige Kriterien zur Unterteilung in Unter-Cluster (siehe Abbildung 9).

Im Hinblick auf einen Selbstnutzer, der als Verkäufer im Rahmen von Immobilien-Portfoliotransaktionen auftritt, sind die drei Handelsimmobilienarten gesondert zu bewerten:

- Geschäftshaus

Da Handelsflächen in Geschäftshäusern nur im Erdgeschoss und gegebenenfalls in einem Obergeschoss (Ladenflächen) untergebracht sind, ist hier von einem hohen Anteil von anderen Nutzern auszugehen. Handelt es sich bei Geschäftshäusern um ältere Gebäude in gewachsenen Einzelhandelslagen (insbesondere Innenstadt), so wird es

[207] Schulte (2005), S. 120.

sich bei den anderen Nutzern vornehmlich um Wohnungsmieter und Praxen bzw. kleinere Büroflächen mit geringer Flexibilität handeln. Wenn der Anteil der selbstgenutzten Flächen im Vergleich zu den Restflächen geringer ist, so wird der Selbstnutzer sie in der Regel nicht im Eigentum halten.[208]

Art	**Größe**	**Lage**
	Geschäftshaus	
Ladenfläche	Bis ca. 500 m²	Nicht spezifiziert
Ladenpassage	Nicht spezifiziert	Innenstadt
	Shopping Center	
Nahversorgungs-Zentrum	3.000 – 5.000 m² VK-Fläche	Stadtteil / Wohngebiet
Galerie / Passage	10.000 – 20.000 m² VK-Fl.	Innenstadt
Regionales Einkaufszentrum	Über 15.000 m² VK-Fläche	Nicht spezifiziert
	Großflächige Handelsimmobilien	
Kaufhaus	3.000 – 5.000 m² VK-Fläche	Innenstadt
Warenhaus	Ab 5.000 m² VK-Fläche	Innenstadt
Supermarkt	800 – 1.500 m² VK-Fläche	Nicht spezifiziert
Verbrauchermarkt	1.500 – 5.000 m² VK-Fläche	Peripherie / Umland
SB-Warenhaus	Ab 5.000 m² VK-Fläche	Peripherie / Umland

Abbildung 9: Handelsimmobilienarten[209]

- Shopping Center

Definitionsgemäß werden Shopping Center einheitlich geplant, entwickelt, finanziert und verwaltet.[210] Dazu wird zunächst ein Projektentwickler benötigt, der nach Projektabschluss die Immobilie in der Regel an einen Investor veräußert, der sie als Renditeobjekt hält. Auf der Nutzerebene gibt es dagegen eine Vielzahl von Nutzern. Aufgrund dieser Konstellation erscheint es unwahrscheinlich, dass es für einen Shopping Center einen gewerblichen Selbstnutzer gibt, der diesen im Rahmen einer Portfoliotransaktion veräußert und zu einem signifikanten Teil wieder anmietet.

- Großflächige Handelsimmobilien

Kauf- und Warenhäuser, Super-, Fach- und Verbrauchermärkte sowie SB-Warenhäuser können dagegen mit großer Wahrscheinlichkeit Teil einer Portfoliotransaktion durch einen Selbstnutzer werden. Denn sie zeichnen sich in der Regel nur durch einen Nutzer aus. Häufig werden sie von diesem auch im Eigentum gehalten.[211] Dafür

[208] Allerdings zeigt das Beispiel Salamander, dass auch diese Flächen Teil einer Portfoliotransaktion werden können.
[209] Schulte (2005), S. 127.
[210] Schulte (2005), S. 129.
[211] Vgl. Metro-Portfoliotransaktion sowie Ankaufbemühungen von Discountern.

spricht auch ihre Eigenschaft als strategisches oder spezielles Objekt (mit eingeschränkter Drittverwendungsfähigkeit), wenn es sich um nicht-duplizierbare Einzelhandelslagen handelt oder ein wesentlicher Teil der Marke durch das Aussehen der Immobilie geprägt wird.

– Industrieimmobilien

Industrieimmobilien können in Produktions-, Lager- und Werkstättengebäude sowie Distributionszentren und Industrieparks unterteilt werden.[212] Allerdings werden sie nur Gewerbeimmobilien zugerechnet, wenn sie über eine ausreichende Drittverwendungsfähigkeit verfügen. Trifft dies nicht zu, so handelt es sich um Industriespezialimmobilien.[213]

Ist dies jedoch der Fall, so sind und waren Industrieimmobilien auch schon Teil von Portfoliotransaktionen.

3.2.3 Sonderimmobilien

Sonderimmobilien werden für einen bestimmten Nutzer errichtet und sind auf dessen Anforderungen zugeschnitten. Sie werden auch als Betreiberimmobilien bezeichnet.[214] Daher ist ihre Drittverwendungsfähigkeit stark eingeschränkt bzw. nicht gegeben. Dies spricht grundsätzlich gegen ihre Eignung als Verkaufsgegenstand von Portfoliotransaktionen. Dennoch gibt es ausgewählte Typen von Sonderimmobilien, die für Portfoliotransaktionen in Frage kommen

– Hotels

Hotels sind Betreiberimmobilien. Bei besonders großen Immobilien, die von renommierten internationalen Hotelbetreibern genutzt sind diese aber in der Regel nicht Eigentümer. Die Objekte befinden sich im Eigentumsbestand von institutionellen Investoren. Allerdings bilden insbesondere die internationalen Hotelketten eine homogene Nutzergruppe. Dies erleichtert dem Eigentümer den Austausch des Betreibers. Insbesondere besonders bekannte Hotel(-gebäude), die man als strategische Objekte der Hotelbranche bezeichnen kann, wechseln häufiger die Betreibergesellschaft.[215] Somit kann man bei diesen Häusern zumindest von einer eingeschränkten Drittverwendungsfähigkeit ausgehen, die sich allerdings auf die Nutzergruppe Hotelbetreiber beschränkt. Daher waren Hotels im Ausland auch schon Gegenstand von Portfoliotransaktionen von Selbstnutzern.[216] Allerdings verkaufen Hotelbetreiber inzwischen Immobilie und Personal und werden dann als Betreiber reiner Dienstleister des Eigentümers (engl. Sale and Manageback-Transaktion). In diesem Fall kann man aber nicht mehr von Immobilien- sondern von Unternehmenstransaktionen sprechen.[217]

212 Gondring (2004), S. 34.
213 Schulte (2005), S. 137.
214 Schulte (2005), S. 138.
215 Siehe mehrfache Betreiberwechsel des Hotels Grosvenor House, Park Lane, London.
216 Snel (2004), S. 1.
217 EuroProperty (2005a), S. 1.

– Seniorenimmobilien
In Deutschland waren Seniorenimmobilien (Verkäufer Marseille-Kliniken AG, mit dem Schwerpunkt Intensivpflege) bereits Gegenstand von Immobilien-Portfoliotransaktionen.

– Infrastrukturimmobilien
Infrastrukturimmobilien sind Gebäude, die der Allgemeinheit im Rahmen der so genannten Vorsorgeverwaltung dienen.[218] Beispiele sind Einrichtungen für Verkehr und Beförderung (Bahnhöfe, Flughäfen), für Fernsprech- und Fernmeldewesen, Gas-, Wasser- und Elektrizitätsversorgung, Bildung und Kultur, Krankheitsvorsorge und Krankenbehandlung.
Auch hier ist die Eignung für den Verkauf durch den Selbstnutzer an die Drittverwendungsfähigkeit gebunden. Während bei Kraftwerken nur eine sehr geringe Anzahl von alternativen Nutzern vorhanden ist,[219] ist die Drittverwendungsfähigkeit bei Fernmeldevermittlungsstellen gegeben. Aufgrund von Lage und Konzentration der Fernmeldekabel hin zu den Zentren von Großstädten, handelt es sich bei den zentralen Vermittlungsstellen häufig um hochwertige Büroimmobilien, in denen Teilflächen zur Unterbringung von Vermittlungstechnik genutzt werden. Würde diese Technik entfernt, wäre die Drittverwendungsfähigkeit für Büronutzung unmittelbar gegeben.

3.3 Bedeutung der Immobilien im Unternehmen (Strategisches Risiko)

3.3.1 Funktionen der Immobilie im Unternehmen

Immobilien, die sich im Eigentum eines Selbstnutzers befinden, erfüllen für diesen mehrere Funktionen:

– Produktionsfaktor von Non-Property-Unternehmen
Die Objekte dienen als Potenzialfaktoren im betrieblichen Leistungserstellungs- und Leistungsverwertungsprozess.[220] Als Betriebsmittel bilden sie eine notwendige technische Voraussetzung der betrieblichen Leistungserstellung[221] ohne als Repetitierfaktoren im Leistungserstellungsprozess unterzugehen.[222] Der Leistungserstellungsprozess lässt sich in drei Teilschritte mit unterschiedlichen Immobiliennutzungen gliedern:[223]

▪ Beschaffung
Beschaffung ist der Teil der betrieblichen Leistungserstellung vom Einkauf von Rohstoffen bis zum Beginn der Produktion. Der Beschaffungsprozess endet mit der Wa-

---

218 Duden (1996), S. 1592.
219 Tatsächlich ist das Gebiet der Bundesrepublik jedoch in vier Überlandnetze / Gebiete mit Kraftwerken von drei Betreibern (E.On, RWE, Vattenfall) aufgeteilt, wobei jeweils in einem Gebiet nur ein Nutzer aktiv ist.
220 Thommen / Achleitner (1999), S. 34.
221 Hens (1999), S. 76.
222 Crommen (2001), S. 34.
223 Gondring (2004), S. 40.

renannahme und Einlagerung. Vor Produktionsbeginn sind die Vorprodukte ein- bzw. zwischenzulagern. Dies geschieht in Lagerimmobilien.[224]

- Produktion:

Produktion im engeren Sinne ist als Fertigung zu verstehen. Darunter versteht man die Be- und Verarbeitung von Rohstoffen zu Halb- und Fertigfabrikaten.[225] Als Produktionsfaktor bilden Immobilien für diese Tätigkeit den Rahmen und werden mit anderen Faktoren wie Arbeit, Maschinen und Werkstoffen kombiniert.[226] Solche Immobilien können Fertigungshallen von Industrieanlagen aber auch Vermittlungsstellen von Telekommunikationsunternehmen sein.
Darüber hinaus müssen Produkte nach der Fertigung zunächst eingelagert werden. Dazu sind wiederum Lagerimmobilien notwendig.

Absatzorgan	**Benötigter Immobilientyp**	**Benötigter Immobilientyp**
Mitglieder der Geschäftsleitung	Büro	
Verkäufer im Außendienst	Büro	
Verkaufsniederlassung	Büro	Lager
Handelsvertreter (Agent)	Büro	
Kommissionär	Büro	Lager
Makler	Büro	
Großhandel	Büro	Lager
Einzelhandel	Einzelhandel	Call Center in Verbindung mit Lager

Tabelle 23: Absatzorgane und ihre Immobilien[227]

- Absatz:

Unter Absatz oder Distribution versteht man die Gestaltung und Steuerung der Überführung eines Produktes vom Produzenten zum Käufer.[228] Dabei können unterschiedliche Absatzorgane aktiv sein, die wiederum unterschiedliche Immobilien nutzen (siehe Tabelle 23).

– Materieller Vermögensgegenstand

Unternehmen investieren Teile ihres Kapitals in die von ihnen genutzten Immobilien. Somit handelt es sich um eine Kapitalanlage, die nach drei Kriterien mit unterschiedlichen Zielen beurteilt wird:

---

224 Thommen / Achleitner (1999), S. 325.
225 Thommen / Achleitner (1999), S. 347.
226 Gondring (2004), S. 40.
227 Eigene Darstellung in Anlehnung an Thommen / Achleitner (1999), S. 217 / 218.
228 Thommen / Achleitner (1999), S. 209.

▪ Performance (Ziel: Maximierung)
Die Performance ist der Gesamtertrag oder Total Return, den der Investor in einer bestimmten Periode t mit einer Anlage erzielt. Sie setzt sich zusammen aus dem Nettoertrag und der Marktwertveränderung.[229]

▪ Risiko (Ziel: Minimierung)
Risiko kann als (quantifizierbare) Möglichkeit des Abweichens von geplanten Größen verstanden werden.[230] Diese Abweichungen betreffen zunächst die geplante Größe der Performance (Nettoertrag und Marktwertveränderung). Darüber hinaus handelt es sich um die klassischen Immobilienrisiken.[231]

▪ Liquidität (Ziel: Maximierung)
Liquidität bezeichnet die Eigenschaft einer Anlage, jederzeit in beliebiger Menge oder Größe ohne Beeinflussung des Preises getauscht werden zu können.[232] Dies ist in Märkten selten möglich und ist unter den klassischen Immobilienrisiken als Liquiditätsrisiko bereits berücksichtigt worden.

– Immaterieller Vermögensgegenstand
Abschließend erfüllen Unternehmensimmobilien noch eine weitere Funktion. So dienen sie zur Entwicklung einer Marke (z. B. durch einheitliches Aussehen der Gebäude) oder zur Erhaltung der Unternehmenskultur (z. B. der Campus eines Software-Unternehmens mit Anbindung an Forschungseinrichtungen einer renommierten Universität).[233]

3.3.2 Strategische Risiken aus Immobilien

Die Bedeutung der Immobilien mit ihren beschriebenen Funktionen für das Unternehmen lässt sich über ihren Einfluss auf das strategische Risiko des Unternehmens ermitteln. Strategisches Risiko lässt sich definieren als „unerwartetes Ereignis oder Gruppe von Umständen, die in bedeutendem Maße die Möglichkeit der Unternehmensführung einschränkt, ihre geplante Unternehmensstrategie umzusetzen".[234]
Dabei existieren unterschiedliche Quellen für strategische Risiken aus Immobilien:

– Operatives Risiko
Operatives Risiko bezieht sich auf den Ausfall einer operativen Aktivität des Kerngeschäfts. Im Hinblick auf Immobilien kann es sich dabei um die Beschädigung einer wichtigen Produktionsstätte handeln, wodurch die Produktion unterbrochen werden muss und Umsatzausfälle entstehen. Hier wird auch die enge Verbindung zwischen dem Funktionieren von Unternehmensimmobilien und dem unterschiedlichen Ausmaß von Risiken für das Unternehmen deutlich. Tritt ein Schaden in einer wichtigen Produktionsstätte auf, so hat das weit reichende Folgen. Tritt der identische Schaden in

---

[229] Gantenbein (1999), S. 47.
[230] Lausberg (2001), S. 21.
[231] Siehe vorne.
[232] Gantenbein (1999), S. 49.
[233] Gibson / Louargand (2002), S. 3.
[234] Gibson / Louargand (2002), S. 5.

einer obsoleten Produktionsstätte auf, so sind die Auswirkungen für das Unternehmen gering.[235]

– Wertverfallrisiko

Das Wertverfallsrisiko wurde bereits als allgemeines Immobilienrisiko für materielle Vermögensgegenstände vorgestellt. Da Immobilien in Unternehmen auch immaterielle Vermögensgegenstände sind, kommt hier noch eine weitere Dimension des Wertverfalls hinzu.

Insbesondere im Handels- und Freizeit-/ Hotelsektor unterstützen Immobilien die Marke des Unternehmens. Werden die Objekte nicht ausreichend instand gehalten, kann es zu einem Wertverlust für die Marke und somit für das Unternehmen kommen. Andererseits kommen Immobilien Schlüsselfunktionen in der Schaffung der Unternehmenskultur zu. Entspricht das Arbeitsumfeld nicht dieser Kultur, können sich Mitarbeiter deren Annahme widersetzen.[236]

– Konkurrenzrisiko

Konkurrenzrisiken betreffen Veränderungen oder Handlungen von Konkurrenten, dem Gesetzgeber, Kunden oder Zulieferern. Risiken entstehen dann, wenn die Fähigkeit des Unternehmens beeinträchtigt wird, Werte zu schaffen und seine Produkte oder Dienstleistungen von anderen zu differenzieren.[237]

Diese Risiken können auch durch Immobilien entstehen. Einerseits kann ein Konkurrent durch den Kauf einer Immobilie einen strategischen Vorteil erlangen, indem er ein gemeinsames Forschungszentrum auf dem Campus einer führenden Universität errichtet. Andererseits kann der Gesetzgeber durch verkehrspolitische Entscheidungen den Wert eines Handelsstandortes und -gebäudes beeinflussen.

3.3.3 Bedeutung von Immobilien in Unternehmen

Immobilien können nun auf Basis ihrer strategischen Risiken im Hinblick auf die Bedeutung für das Unternehmen nach drei Dimensionen gegliedert werden (siehe Abbildung 10):

– Objekttyp

Die erste Dimension ist der Objekttyp, der wiederum in drei Untertypen unterschieden wird:

▪ Strategische Objekte (engl. Strategic Assets)

Strategische Objekte sind Bestandteil der Unternehmensstrategie. Sie sind einzigartig und charakteristisch für das Unternehmen im Hinblick auf ihre Lage oder ihre Funktion / Aussehen. Strategische Objekte können auch einzigartig im Hinblick auf beide Charakteristika sein.[238]

Ein beispielhaftes Objekt ist wiederum der Forschungscampus eines Unternehmens im Umfeld einer führenden Universität.

---

235 Gibson / Louargand (2002), S. 5.
236 Gibson / Louargand (2002), S. 6.
237 Gibson / Louargand (2002), S. 6.
238 Gibson / Louargand (2002), S. 10.

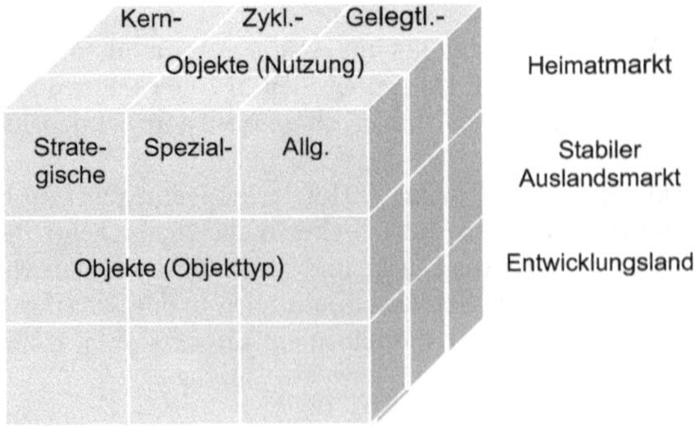

Abbildung 10: Dimensionen für die Bedeutung von Immobilien im Unternehmen[239]

- Spezialobjekte (engl. Specialty Assets)

Spezialobjekte wurden für einen speziellen Zweck errichtet. Sie stellen einen wichtigen Bestandteil der Infrastruktur eines Unternehmens dar, haben aber einen hohen Wert nur für dieses Unternehmen. Aufgrund der eingeschränkten Drittverwendungsfähigkeit können die meist sehr hohen Herstellungskosten nicht mehr beim Verkauf an Investoren erlöst werden.[240]
Beispielhafte Objekte sind Rechenzentren von Internetanbietern.

- Allgemeine Objekte (engl. Generic Assets)

Der größte Teil von Unternehmensimmobilien fällt in die Klasse der allgemeinen Objekte. Hierbei handelt es sich um die klassischen Nutzungsarten Büro, Handel und Logistik. Aufgrund der besseren Drittverwendungsfähigkeit ist das Liquiditätsrisiko dieser Objekte geringer.[241]

– Nutzungsdauer

Weiterhin werden Unternehmensimmobilien im Hinblick auf Zeitraum unterschieden, während dessen sie dem Unternehmen von Nutzen sind. Dabei wird von betriebsnotwendigen Immobilien ausgegangen. Darüber hinaus werden in Portfoliotransaktionen auch nicht mehr betriebsnotwendige Immobilien veräußert (engl. Surplus Assets), die aber der Betrachtung der strategischen Ausgliederung von Unternehmensimmobilienbeständen vernachlässigt werden:[242]

239 Gibson / Louargand (2002), S. 10.
240 Gibson / Louargand (2002), S. 11.
241 Gibson / Louargand (2002), S. 11.
242 Schäfers / Gier / Wiffler (2004), S. 537.

- Kern-Objekte (engl. Core Assets)

Kern-Objekte werden vom Unternehmen langfristig benötigt. Für diese Objekte gibt es kaum Nachfrageschwankungen bei den operativen Nutzern. Die Eigenschaft als Kern-Objekt ist unabhängig von der Bereitstellungsform (Eigentum, Leasing oder Anmietung). Hier sollte die wirtschaftlich optimale Form gewählt werden (Auswahl durch Wirtschaftlichkeitsberechnungen). Unabhängig davon wird der Nutzer gewillt sein, diese Objekte in gutem Zustand zu halten und folglich überdurchschnittlich zu investieren. Ein beispielhaftes Objekt ist die Hauptverwaltung eines Unternehmens oder auch wichtige Produktionsstandorte, die immer benötigt werden.[243]

- Zyklische Objekte (engl. Cyclical Assets)

Die Nutzung und Auslastung zyklischer Objekte hängt von der Nachfrage nach den Produkten und Dienstleistungen des Unternehmens ab. Beispielhafte Objekte sind Büro-Gebäude für Vertriebskräfte, deren Anzahl je nach Marktlage schwanken kann sowie Gebäude, die durch Projektgruppen vorübergehend genutzt werden. Die Bereitstellungsform und – dauer der Flächen sollte sich an der Nutzungsdauer und Auslastung orientieren.[244]

- Gelegentliche Objekte (engl. Casual Assets)

Gelegentliche Objekte werden nur saisonal oder zufällig benötigt. Da ihre Nutzung / Auslastung nicht prognostizierbar ist, sollten diese Flächen nur nach Bedarf von speziellen Flächenanbietern angemietet werden (Serviced-Office-Anbieter oder Konferenzflächenanbieter). Beispielhafte Objekte sind einerseits Büro-Flächen für externe Wirtschaftsprüfer sowie Bildungs- und Trainingszentren, die von Unternehmen nur zeitweise benötigt werden und somit durch ein Unternehmen schwer voll ausgelastet werden können.[245]

– Risikosituation der Umwelt

Eine weitere Dimension der Bedeutung von Immobilien im Unternehmen ist das Land bzw. der Immobilienmarkt, in dem die Objekte liegen. Diese unterscheiden sich nach der rechtlichen und politischen Situation (Eigentumsrecht) sowie Vertrags- und allgemeinem Geschäftsgebaren. Dabei bietet es sich an drei Umwelttypen zu unterscheiden:

- Heimatmarkt (engl. Domestic Market)

Die rechtliche und politische Situation ist bekannt. Alle damit verbundenen Risiken können mit routinemäßigen Prüfungen minimiert werden. Mit Partnern können ohne großen Zeitaufwand bereits bewährte Vertragswerke geschlossen werden. Der gesamte Zeitaufwand für rechtliche Prüfungen ist minimal.[246]

- Stabiler Auslandsmarkt (engl. Stable Economy)

Obwohl die rechtliche und politische Situation stabil ist, entstehen Risiken durch Nicht-Kenntnis des Marktes. Daher müssen diese Umstände zunächst erkundet wer-

---

[243] Gibson / Louargand (2002), S. 12.

[244] Gibson / Louargand (2002), S. 12.

[245] Gibson / Louargand (2002), S. 12.

[246] Gibson / Louargand (2002), S. 13.

den. Ein weiteres Risiko bilden interkulturelle Unterschiede, die bei der Zusammenarbeit beachtet werden müssen.[247]

Heimatmarkt	Nutzungsdauer		
Objekttyp	Kern-Objekte	Zyklische Objekte	Gelegentliche Objekte
Strategische Objekte	Forschungszentrum auf Uni-Campus	„Flagship-Store" eines Mode-Designers (1a-Lage, Großstadt)	Konferenzsäle von Hotels für Marketing-Events
Spezial-Objekte	Zentrale Telekommunikationsvermittlungsstelle	Internet-Rechenzentrum für Kollokation anderer Anbieter	Vorübergehend benötigte Produktionsfläche für Impfstoff-Herstellung
Allgemeine Objekte	Unternehmenshauptverwaltung	Zusätzliches regionales Vertriebsgebäude in Boom-Phase	Reserve-Büros von Serviced-Office-Anbieter

Tabelle 24: Beispielhafte Untergliederung von Unternehmensimmobilien (Heimatmarkt)[248]

- Entwicklungsland (engl. Emerging Economy)

In Entwicklungsländern kommen weitere Risiken hinzu. So kann ein ausländischer Investor politischen Widerstand auslösen, der auch physische Beschädigung der Liegenschaften mit sich bringen kann. Daher haben Sicherheitsdienste eine besondere Bedeutung in diesem Raum. Darüber hinaus kann Errichtung oder Kauf von Objekten durch eine unsichere Rechtssituation behindert werden. Abschließend kann die Vertragstreue von Dienstleistern nicht gegeben sein.[249]

3.3.4 Zwischenfazit

Somit lassen sich Portfolien von Unternehmensimmobilien insbesondere nach Objekttyp und Nutzungsdauer gliedern. Im Folgenden wird dies beispielhaft für ein Portfolio im Heimatmarkt dargestellt (siehe Tabelle 24).

3.4 Qualität als Anlageobjekt: Investment Grade

3.4.1 Investment Grade

Der Begriff Investment Grade entstammt dem Finanzbereich und beschreibt dort die Bonität von Anleihen. Als Investment Grade werden die Anleihen bezeichnet, die nach der Skala von Moody's als Baa oder besser bzw. nach der Skala von Standard & Poor's als BBB oder besser eingeschätzt werden.[250] Diese Anleihen sind dadurch gekennzeichnet, dass die Bonität ihrer Emittenten in der Regel die Rückzahlung von Zins und Grundkapital zulässt.[251] Im Kern drückt das Rating „Investment Grade" jedoch das unterliegende Gesamtrisiko des emittierenden Unternehmens aus.

247 Gibson / Louargand (2002), S. 13.
248 In Anlehnung an Gibson / Louargand (2002), S. 14.
249 Gibson / Louargand (2002), S. 13.
250 Brealey / Myers (2000), S. 1067.
251 Bodie / Kane / Marcus (1999), S. 409.

In Sinne des Gesamtrisikos wird der Begriff „Investment Grade" auch auf Immobilien angewendet. Das klassische Immobilienrisiko kann in drei Komponenten zerlegt werden: Wertverfallsrisiko, Liquiditätsrisiko und Ertragsrisiko. Im Idealfall sollten diese Risiken über entsprechendes Datenmaterial quantifizierbar sein (z. B. durch Volatilitätsbetrachtungen). Da dies im Immobilienbereich in der Regel nicht möglich ist, wurden in den USA alternative Beurteilungskategorien durch die Zuordnung von Merkmalsträgern zu den Teilrisiken geschaffen. Die Zuordnung erfolgt dabei wie folgt:[252]

- Wertverfallsrisiko ➔ Objektqualität
- Liquiditätsrisiko ➔ Lage / Standort (im Hinblick auf Marktqualität)
- Ertragsrisiko ➔ Mieterbonität

Die Anlagevorschriften bestimmter institutioneller Investorengruppen schreiben auch das ausschließliche Investment in Investment Grade-Anlagen vor. Umgekehrt haben sich daraus weitere Merkmale für Investment Grade-Immobilien ergeben, als Voraussetzungen für den Kauf durch institutionelle Investoren. Ein Beispiel ist die Größe.

3.4.2 Objektqualität

Zur Beurteilung der Objektqualität als angemessen für Investment Grade-Immobilien wurden Kriterien zur Einordnung entwickelt. Diese sind technischer Natur und sollen im Folgenden anhand von Kriterien für „Investment Grade Büro" aufgezeigt werden:[253]

- Innerer und äußerer Ausbauzustand
- Zustand der Fassade, Lobby und Verkehrsflächen
- Zuschnitt des Grundrisses
- Vorhandensein einer Klimatisierung
- Vorhandensein von Personen- und Lastenaufzügen
- Vorhandensein eines hauseigenen Haustechnikteams
- Ausreichende Parkplätze
- Gute Erreichbarkeit

3.4.3 Lage

Zur Identifikation von Investment Grade-Immobilien im Hinblick auf das Liquiditätsrisiko erfolgt die Beurteilung über die Qualität des Standortes. Dabei wird zwischen Land, Makrostandort (Stadt) und Mikrostandort (Lage innerhalb der Stadt) unterschieden:

[252] Boon (2003), S. 107.
[253] Boon (2003), S. 107.

– Land

Im Hinblick auf die Lagedimension Land wird die Risikokomponente über die Reife der Volkswirtschaft / des Immobilienmarktes ermittelt. Dabei wird zwischen Core, Core Plus und Emerging Markets unterschieden (siehe Tabelle 25).[254]

Core Markets haben das geringste Risiko. Die Beurteilung erfolgt im Hinblick auf die folgenden Kriterien:[255]

- Politische und Währungsrisiken
- Rechtliche und steuerliche Aspekte
- Beschränkungen von ausländischem Eigentum
- Marktliquidität / Angebots- und Nachfragesituation
- Wachstumspotenzial
- Verfügbarkeit von institutionellen Investoren
- Managementkosten

Da sich laut Schätzung 80 % der Investment Grade-Immobilien in Core-Ländern befinden,[256] ist die Lage in einem dieser Länder ein weiterer Indikator für den Investment Grade-Status.

Core Markets	**Core Plus Markets**	**Emerging Markets**
USA	Hongkong	China
Japan	Singapur	Thailand
Deutschland	Süd-Korea	Indonesien
Vereinigtes Königreich	Taiwan	Malaysia
Frankreich	Griechenland	Philippinen
Kanada	Irland	Tschechische Republik
Niederlande	Portugal	Ungarn
Belgien	Spanien	Polen
Dänemark		Argentinien
		Brasilien
		Chile
		Mexiko

Tabelle 25: Beispiele für Core, Core Plus und Emerging Markets[257]

– Makrostandort (Stadt)

Darüber hinaus findet man Investment Grade-Immobilien nur in bestimmten Städten, deren Marktsituation ein entsprechend niedriges Liquiditätsrisiko bietet. Auch hier kann die Identifikation der geeigneten Standorte nur über Indikatoren erfolgen:[258]

- Die Stadt muss über kritische Masse von Einwohnern, Arbeitnehmern und Wohnraum verfügen, um geschäftliche Investitionen anzuziehen, die die Nachfrage nach Immobilienflächen antreibt.

---

[254] Liang / McIntosh (1998), S. 8.
[255] Liang / McIntosh (1998), S. 8.
[256] Liang / McIntosh (1998), S. 10.
[257] Liang / McIntosh (1998), S. 9.
[258] USC-Lusk Center (2002), S. 1.

- Die Stadt selbst muss in den Ausbau des Verkehrssystems und öffentlicher Sicherheit sowie von Schulen, Freizeiteinrichtungen und anderer öffentlicher Einrichtungen investieren.

- In der Stadt muss bereits ein Pool von Investment Grade-Immobilien mit hoher Auslastung und guten Mietern vorhanden sein.

– Mikrostandort (Lage innerhalb der Stadt)
Die Indikatoren des Makrostandorts lassen sich auch auf die Lage von Investment Grade-Immobilien innerhalb einer Stadt (Mikrostandort) anwenden. Im Allgemeinen handelt es sich für Büroimmobilien um die zentralen Bürolagen (Central Business Districts) sowie um dezentrale Bürostädte mit guter infrastruktureller Anbindung.[259]

3.4.4 Mieterbonität

Das Ertragsrisiko einer Immobilie lässt sich unmittelbar aus der Mieterbonität ableiten, sofern ein Mieterrating vorliegt. Handelt es sich dabei um ein Moody's oder Standard / Poor's Unternehmensrating, so kann die bereits vorgestellte Einordnung von Investment Grade in diese Systematiken übernommen werden.

3.4.5 Merkmale, die sich aus dem Anlageverhalten institutioneller Investoren ergeben

Da bei Anlagen in Anleihen die Anlagevorschriften institutioneller Investoren in der Regel das Investment in Investment Grade-Anleihen im Gegensatz zu Non-Investment Grade-Instrumenten (Junk Bonds) vorschreiben, werden Investment Grade-Produkte auch häufig als die Anlagen verstanden, die von institutionellen Investoren gekauft werden. Dieses Verständnis wird auch auf Immobilienanlagen übertragen. Dabei orientiert sich ein institutioneller Investor bei der Auswahl geeigneter Anlagen an zwei Determinanten: Anlagevorschriften und eigene Erfahrungen bzw. seiner eigenen Anlagestrategie.

– Anlagevorschriften
In Deutschland existieren Anlagevorschriften für die institutionellen Investorengruppen Offene Fonds (KAGG: Gesetz über Kapitalanlagegesellschaften) sowie Versicherungen (VAG: Versicherungsaufsichtsgesetz). Die Vorschriften hinsichtlich der Anlage in Immobilien sind dabei sehr weit gefasst. Sie schreiben lediglich vor, in welche Anlagegruppen investiert werden darf.[260] Um eine ausreichende Diversifikation zu gewährleisten, wird zudem geregelt, bis zu welchem Anteil am Gesamtvermögen in nur eine Immobilie investiert werden darf.

– Anlagestrategie
Einen größeren Einfluss auf die Definition von Investment Grade-Immobilien im Sinne von geeigneten Anlageobjekten für institutionelle Investoren haben konkrete Indikatoren, die sich aus der Anlagestrategie bzw. dem beobachteten Anlageverhalten der

---

[259] Boon (2003), S. 107.

[260] KAGG § 27: Mietwohngrundstücke, Geschäftsgrundstücke und gemischtgenutzte Grundstücke.

Investoren ergeben. Diese Indikatoren sind dabei nicht feststehend und einheitlich, sondern ständig in Veränderung begriffen.
Ein Beispiel ist die Größe im Sinne des Mindesteinzelvolumens für Investments der unterschiedlichen Investorengruppen. Dort kommunizieren die Investoren offen ihre Anforderungen in Form von Anlageprofilen. Darüber hinaus kann diese Information auch aus den vergangenen Ankäufen ermittelt werden

3.5 Transaktionsstruktur: Asset vs. Share Deal

Der Verkauf eines Immobilien-Portfolios kann in der Transaktionsstruktur eines Asset Deals oder eines Share Deals erfolgen (siehe Tabelle 26).

Darüber hinaus ist noch die dem Share Deal ähnliche Struktur des Joint Ventures möglich, die jedoch in dieser Betrachtung unberücksichtigt bleibt, da der Verkäufer die Objekte nicht vollständig verkauft, sondern in eine gemeinsame Gesellschaft mit einem oder mehreren Käufern einbringt, an der er weiter beteiligt bleibt.[261]

Beim Asset Deal handelt es sich um den „tatsächlichen Paketverkauf", mit dem mehrere Einzelimmobilien veräußert werden.[262] Ein Share Deal entspricht dem Verkauf von Anteilen an einer Gesellschaft, die selbst Eigentümer von mehreren Immobilien ist (im Folgenden als „Objektgesellschaft" bezeichnet).[263] Somit handelt es sich um grundlegend verschiedene Transaktionsstrukturen, deren Unterschiede im Hinblick auf wesentliche Parameter nachfolgend dargestellt werden.

- Kaufgegenstand

Gegenstand von Asset Deals ist die Einzelveräußerung von Grundstücken und Gebäuden.[264]
Bei Share Deals werden dagegen Anteile an einer Gesellschaft veräußert, die wiederum Eigentümer der Objekte ist.[265]

- Due Diligence

Der Aufwand der Due Diligence beim Asset Deal bezieht sich rein auf die Untersuchung der Immobilien. Beim Share Deal ist der Aufwand größer. Dort wird eine bereits bestehende Gesellschaft übernommen, deren bisherige Geschäftsbeziehungen samt resultierender Risiken untersucht werden müssen. Dabei bestehen insbesondere Steuerrisiken:[266]

- Nachträgliche Steuerfestsetzungen
- Verdeckte Gewinnausschüttungen
- Zu unrecht erfolgte Teilwertabschreibungen
- Risiken aufgrund des Übergangs zum Halbeinkünfteverfahren

---

261 Busch (2004), S. 11.
262 Busch (2004), S. 5.
263 Stoschek (2004), S. 3.
264 Steinke (2003), S. 1.
265 Stoschek (2004), S. 3.
266 Stoschek (2004), S. 19.

	Asset Deal	Share Deal
Kaufgegenstand	Einzelne Immobilien	Anteile an Objektgesellschaft als Eigentümerin der Immobilien
Due Diligence	Geringer	Umfangreicher, da auch Objektgesellschaft geprüft wird
Übertragung des Veräußerungsobjekts	Auflassung und Eintragung im Grundbuch	Abtreten der Gesellschaftsanteile
Notarielle Beurkundung	Verpflichtend	Nur bei Abtreten von GmbH-Anteilen
Besicherung der Kaufpreisfinanzierung	Grundbuchliche Sicherung von Erwerberdarlehen	Grundbuchliche Sicherung nur für Objektgesellschaft
Leistungsaustausch	Sicherung grundbuchlich und notariell	Sicherung nur durch vertragliche Vereinbarungen
Grunderwerbssteuer	Verpflichtend	Nur wenn mehr als 95 % der Anteile übertragen werden
Besteuerung Veräußerungsgewinn	Einkommens-/ körperschaftssteuerpflichtig	– Bei Kapitalgesellschaft steuerfrei – Bei Personengesellschaft einkommens- / körperschaftssteuerpflichtig
„Buchwert" bei Käufer	Kaufpreis	Buchwert bei Objektgesellschaft, kein Step-Up
Grundbuch / Handelsregister	Eintragung des Eigentümerwechsels für jedes Objekt	– Grundbuchberichtigung bei Übertragung von GbR-Anteilen – Bei Objektgesellschaft als OHG, KG oder GmbH wird Gesellschafterwechsel in Handelsregister eingetragen
Haftung für Altlasten	Verkäufer und Käufer	Objektgesellschaft und u. U. ihre Anteilseigner

Tabelle 26: Transaktionsstruktur: Asset Deal oder Share Deal[267]

- Übertragung des Veräußerungsobjekts

Die Übertragung der Veräußerungsobjekte beim Asset Deal ist eindeutig durch Auflassung und Eintragung des Eigentümerwechsels im Grundbuch geregelt. Dahingegen werden beim Share Deal lediglich Gesellschaftsanteile abgetreten, wobei die Öffentlichkeit nicht unbedingt informiert werden muss.[268]

- Notarielle Beurkundung

Bei Asset Deals besteht die Formvorschrift der notariellen Beurkundung des Kaufvertrags. Der Vertrag bei Share Deals ist jedoch formfrei. Werden allerdings Anteile an einer GmbH übertragen, so besteht die Pflicht zur notariellen Beurkundung. Handelt es

[267] Eigene Darstellung.
[268] Steinke (2003), S. 6.

sich um eine GmbH & Co. KG, so gilt diese Pflicht nur für die Anteile der Komplementär-GmbH.[269]

- Besicherung der Kaufpreisfinanzierung

Die Besicherung von klassischen Bankdarlehen kann beim Asset Deal durch den Käufer direkt über die zu kaufenden Immobilien erfolgen. Erhält er vor Verkauf bereits eine Belastungsvollmacht vom Verkäufer, so kann er bereits vorab die dingliche Sicherung seiner Darlehen veranlassen.

Beim Share Deal wird nicht der Käufer Eigentümer der Immobilien, sondern das Eigentum verbleibt bei der vom Käufer zu erwerbenden Objektgesellschaft. Alternativ hat der Käufer die Möglichkeit, die zu erwerbenden Anteile an der Objektgesellschaft seiner Bank zu verpfänden. Eine Verpfändung wird von Banken jedoch nicht gleichwertig mit einer Grundschuld anerkannt.[270]

- Leistungsaustausch

Die Sicherung von Kaufpreiszahlung und Eigentumsübergang ist beim Asset Deal durch den Notar gewährleistet. Die Kaufpreiszahlung erfolgt häufig vorab auf Notaranderkonten oder treuhänderisch an die Bank des Verkäufers.

Beim Share Deal stützt sich die Sicherung des Leistungsaustauschs einzig auf vertragliche Vereinbarungen. Darin sollten insbesondere die Kaufpreisfälligkeit, aufschiebende und auflösende Bedingungen sowie die Sicherung der Kaufpreiszahlung (durch Bürgschaften, Hinterlegung des Kaufpreises oder Zahlung unter Treuhandauflagen) geregelt werden.[271]

- Grunderwerbssteuer

Beim Asset Deal entsteht Grunderwerbssteuer. Dennoch kann diese Steuerpflicht umgangen werden. Eine Möglichkeit bietet die so genannte atypisch stille Beteiligung, die im Empfehlungsteil dieser Arbeit erläutert werden wird.

Der Eigentumsübergang mittels Share Deal ist jedoch von der Grunderwerbssteuer befreit, sofern weniger als 95 % der Gesellschaftsanteile unmittelbar oder mittelbar auf den Erwerber übertragen werden.[272]

- Besteuerung Veräußerungsgewinn

Beim Asset Deal erfolgt die Besteuerung des Veräußerungsgewinns mit Einkommens- bzw. Körperschaftssteuer.

Beim Share Deal wird unterschieden, ob es sich bei der Objektgesellschaft um eine Kapital- oder Personengesellschaft handelt:[273]

– Kapitalgesellschaft: Die Veräußerung ist steuerbegünstigt (95 % steuerfrei)
– Personengesellschaft: Die Veräußerung ist steuerpflichtig

- „Buchwert“ bei Käufer

Grundlage für die Abschreibung des Käufers beim Asset Deal ist der Kaufpreis.

---

269 Steinke (2003), S. 6.
270 Steinke (2003), S. 8.
271 Steinke (2003), S. 14.
272 Busch (2004), S. 7.
273 Stoschek (2004), S. 4.

Beim Share Deal hingegen bleibt das Eigentum bei der Objektgesellschaft und die Übertragung der Anteile an ihr erfolgt für die Immobilien zum Buchwert. Somit ist kein so genannter Step-Up, die Neubewertung der Immobilien zum Marktpreis möglich.[274]

- Grundbuch / Handelsregister

Der Eigentümerwechsel beim Asset Deal führt eine Umschreibung im Grundbuch nach sich.

Beim Share Deal ist dies nicht immer der Fall. Handelt es sich bei der Objektgesellschaft um eine GbR, so ist im Grundbuch zumindest der Gesellschafterwechsel zu berichtigen. Darüber hinaus sind im Handelsregister bei Share Deals die Gesellschafterwechsel bei OHG oder KG anzuzeigen. Bei GmbHs übernimmt dies der Notar, der den Verkauf der GmbH-Anteile beurkundet.[275]

- Haftung für Altlasten

Die Haftung für Altlasten tragen beim Asset Deal sowohl Käufer als auch Verkäufer (Nachhaftungsregelung).

Beim Share Deal liegt die Haftung bei der Objektgesellschaft als Eigentümer der Immobilien. Der Verkäufer ist nicht haftbar. Dagegen kann es bei unterkapitalisierten Besitzgesellschaften zu einer Durchgriffshaftung auf die Anteilseigner kommen.[276]

3.6 Organisation der Interessentenansprache

Die Interessentenansprache kann auf drei Wegen erfolgen: Exklusiv (bilaterale Verhandlung), als beschränkte Auktion sowie als öffentliche Auktion (siehe Tabelle 27).[277] Bei der exklusiven Ansprache wird nur ein möglicher Käufer kontaktiert und erhält die Möglichkeit zu bieten (Monopolverkauf). Dagegen profitieren Auktionsprozesse vom Wettbewerb zwischen mehreren potenziellern Käufern (Wettbewerbsverkauf).

Bei beschränkten Auktionen spricht der Verkäufer nur einen ausgewählten Kreis potenzieller Käufer an und lädt zum Bieten ein. Die Auswahl der Bieter kann sich nur auf eine sehr kleine Anzahl von Investoren beschränken (nur zwei) ("Bullet shot") oder auf eine größere Gruppe aus dem Käuferuniversum zurückgreifen ("Shot gun").[278]

Öffentliche Auktionen, die bei Verkäufern der öffentlichen Hand in Deutschland üblich sind, beinhalten einen öffentlichen Aufruf zum Bieten (z. B. in Zeitungen). Somit liegt die Entscheidung über die Teilnahme an der Auktion beim interessierten Investor. Deren Identität bleibt dem Verkäufer bis zur Anforderung weiterer Objektinformationen verborgen.

Darüber hinaus kann die Transaktion durch den Käufer selbst (Eigengeschäft) oder aber einen Verkaufsagenten (Agentengeschäft) durchgeführt werden. Folglich ergeben sich sechs Organisationsformen der Investorenansprache:

Bei Portfoliotransaktionen von Selbstnutzern treten in der Regel zwei Verfahren auf. Gängig ist die beschränkte Auktion, da auf diesem Wege Wettbewerb unter den Bie-

---

274 Stoschek (2004), S. 5.
275 Steinke (2003), S. 8.
276 Steinke (2003), S. 5.
277 Frühmorgen (2003), S. 386.
278 Achleitner (2000), S. 207.

tern bei gleichzeitiger Minimierung der öffentlichen Visibilität erreicht werden kann. Darüber hinaus treten auch exklusive Verkäufe auf, die jedoch idealerweise im Vorfeld eines bereits vorbereiteten Auktionsverfahrens durchgeführt werden, wodurch ein hoher Wettbewerbsdruck auf dem Bieter lastet. Für den Verkäufer ist diese Konstellation von Interesse, da ein sehr schneller Verkaufsabschluss möglich ist.

	Monopolverkauf	**Wettbewerbsverkauf**	
	Exklusivität	**Beschränkte Auktion**	**Öffentliche Auktion**
Eigengeschäft	Privatverkauf	Beschränkte Privat-Auktion	Öffentliche Privat-Auktion
Agentengeschäft	Maklerverkauf	Beschränkte Agenten-Auktion	Öffentliche Agenten-Auktion

Tabelle 27: Organisationsformen der Interessentenansprache[279]

Organisationsformen	**Vorteile**	**Nachteile**
Exklusivität (bilaterale Verhandlung)	– Vereinfachtes Verfahren – Hohe Wahrscheinlichkeit, dass Vertraulichkeit gewährleistet ist – Einfache Beendigung des Prozesses	– Führt oftmals nicht zu einer Preismaximierung
Beschränkte Auktion	– Faires Verfahren (gleiche Spielregeln für alle) – Hohe Wahrscheinlichkeit der Preismaximierung – Weitgehende Kontrolle über die Verkaufsbedingungen – Vertraulichkeit bleibt gewahrt	– Schwierigkeit, den Prozess zu beenden
Öffentliche Auktion	– Faires Verfahren (gleiche Spielregeln für alle) – Hohe Wahrscheinlichkeit der Preismaximierung	– Risiko unerwarteter Entwicklungen (z. B. verursacht durch Stakeholder und Medien) – Schwierigkeit den Prozess zu beenden

Tabelle 28: Vor- und Nachteile der Organisationsformen der Interessentenansprache[280]

Der Vollständigkeit halber sollen abschließend die Vor- und Nachteile der genannten Verfahren der Investorenansprache noch einmal zusammengefasst werden (siehe Tabelle 28). Ausführliche Empfehlungen sind aber Teil des Empfehlungsteils dieser Arbeit.

279 Eigene Darstellung in Anlehnung an Pauk (1994), S. 97.
280 Pfister / Knoll (2001), S. 2.

3.7 Bisherige Transaktionen in Deutschland

In Europa wurden große Portfoliotransaktionen bereits häufig von Großunternehmen durchgeführt. Deutschland weist eine geringe Aktivität dieses Marktes auf. Eine größere Anzahl von Transaktionen konnten von kleineren Unternehmen erfolgreich beendet werden, die aber in der Regel nicht börsennotiert sind. Die nachfolgende Tabelle 29 gibt einen Überblick über diesen Markt:

Betrachtet man jedoch die 30 größten DAX-Unternehmen, so stellt man fest, dass nur Deutsche Bank AG (2 Transaktionen, Gesamtvolumen 1,3 Mrd. EUR) und Deutsche Telekom AG (2 Transaktionen, Gesamtvolumen 800 Mio. EUR) Portfoliotransaktionen erfolgreich abschließen konnten. Prägend für den Markt der großen Portfoliotransaktionen waren jedoch die gescheiterten Verkaufsversuche von Metro AG (2,9 Mrd. EUR) sowie Siemens (400 Mio. EUR).
Dieser Gruppe von Unternehmen entstammen aber die zehn größten Immobilienbestandshalter in Deutschland, die alleine Immobilien im Buchwert von mehr als 75 Milliarden Euro auf sich vereinen (siehe Tabelle 30).
Weiterhin wurden in den bisherigen Portfoliotransaktionen der DAX-Unternehmen keine strategischen Objekte verkauft (siehe Abbildung 11). Dies schränkt das Transaktionsvolumen weiter ein und schließt die wichtigsten und wertvollsten Objekte vom Verkauf aus.

Unternehmen	**Jahr**	**Käufer**	**Volumen (Mio. EUR)**
Aareal Bank AG	2001	Deutsche Bank	250
Holtzbrinck	2003	Doughty Hanson	100
Frankfurter Sparkasse	2004	DIC / Morgan Stanley	150
Marseille Kliniken AG	2004	GE Capital	100
Salamander	2005	Curzon	Nicht bekannt
Hornbach Baumärkte	2005	Taurus	200
Auto-Teile-Unger	2005	R. Livingstone und Partner	Nicht bekannt

Tabelle 29: Portfoliotransaktionen von Selbstnutzern außerhalb des DAX-30-Segments[281]

Nur den DAX-Unternehmen sind jedoch aufgrund ihres Immobilienbestandes Portfoliotransaktionen im Wert von mehreren Milliarden Euro möglich. Eine weitere Untersuchung ergab, dass alle deutschen Bestandshalter von Unternehmensimmobilien mittelfristig die Veräußerung von Objekten im Wert von 53 Milliarden Euro planen.[282]

281 Eigene Erhebung, Stand 30.06.2005
282 Pfnür / Armonat (2004): Desinvestment von Unternehmensimmobilien unter besonderer Berücksichtigung der Vermarktungsmöglichkeiten.

Unternehmen	Buchwerte(Mio.€)
E.ON	**12.633**
DTAG	**10.399**
DaimlerChrysler	**9.770**
RWE	**8.865**
Metro	**8.731**
Volkswagen	**6.988**
Deutsche Post	**5.523**
Siemens	**4.830**
Thyssenkrupp	**4.745**
Bayer	**3.358**

Tabelle 30: Die zehn größten Bestandshalter von Unternehmensimmobilien[283]

	Strategische Objekte	Nicht-strategische Objekte	Entbehrliche Objekte
Deutsche Bank		Verkauft	Verkauft
Dt. Telekom		Verkauft	Verkauft
Metro	Zurückgezogen	Zurückgezogen	Zurückgezogen
Siemens		Zurückgezogen	Zurückgezogen

Abbildung 11: Portfoliotransaktionen von DAX-Unternehmen und Bedeutung der Verkaufsobjekte[284]

Da bereits ausgeführt wurde, dass Portfoliotransaktionen der bevorzugte Weg zur Veräußerung von Unternehmensimmobilien sind, wäre die fehlende Nachfrage ebenfalls eine denkbare Ursache für fehlende Aktivität im Markt. Doch dem ist nicht so. Im Gegenteil verfügen die interessierten Käufergruppen über sehr große Mittel und der sehr aktive Markt mit Wohnungspaketen dokumentiert das Interesse dieser Käufer gerade am deutschen Markt.

So kann die Inaktivität des Marktes für gewerbliche Portfoliotransaktionen nur auf Problemen der Marktteilnehmer mit der Transaktionsform Portfoliotransaktionen zurückzuführen sein. Die Vermutung liegt nahe, dass diese Probleme weniger bei den internationalen Investoren liegen, die ähnliche Transaktionen im Ausland schon häufig erfolgreich abschließen konnten. Vielmehr stellen die Transaktionen für den deutschen Verkäufer häufig einmalige Herausforderungen dar. Diese begründen die praktische

283 Schulte / Gier (2005): Das Immobilienvermögen der Corporates.

284 Eigene Darstellung.

Relevanz dieser Arbeit und sollen im Folgenden identifiziert und erklärt werden, um abschließend eine Best-Practice-Empfehlung für die Verkäufer zur Durchführung von Portfoliotransaktionen zu geben.

4 Exploration: Transaktionsprozess und Problemfelder

4.1 Einführung zur Methodik

Im nun folgenden explorativen Teil dieser Arbeit wird zunächst die Auswahl der Interviewform des wenig strukturierten Interviews (offenes Interview, Experteninterview) begründet. Danach werden die Vorgehensweise bei der Interviewführung sowie die Datensammlungstechnik der strukturierenden Inhaltsanalyse vorgestellt, sowie ebenfalls deren Auswahl begründet. Abschließend erfolgt die Darstellung des in der explorativen Befragung von Experten gewonnen Wissen zu Ablauf und Problemfeldern von Portfoliotransaktionen von Selbstnutzern.

4.2 Wahl der Interviewform

4.2.1 Vergleich der Interviewformen

Vor der Auswahl der geeigneten Interviewform wurde ein Literaturvergleich der Unterschiede der beiden wesentlichen Vorgehensweisen - stark strukturiertes Interview und wenig strukturiertes Interview - vorgenommen.

– Anzahl der Befragten

Stark strukturierte oder standardisierte Interviews eignen sich für Interviews mit einer großen Anzahl von Befragten.[285] Wenig strukturierte Interviews wie Leitfaden- oder Expertengepräche eignen sich für kleine und besonders interessante Gruppen.[286]

– Anwendungszeitpunkt

Standardisierte Interviews werden in der Regel in bereits erforschten Themen angewendet. Die grundlegenden Probleme sind bereits bekannt, sollen aber weiter beleuchtet werden. Wenig strukturierte Interviews finden hingegen in wenig erforschten Themen Anwendung und dienen dort vornehmlich zur Exploration der Problemfelder.[287]

– Zielinhalte

Durch standardisierte Interviews werden bereits identifizierte Probleme eingehender untersucht. Insbesondere sollen zeitpunktbezogene Querschnittsinformationen erhoben werden. Dabei wird die quantitative Verteilung und Gewichtung der Merkmale erhoben.[288]

Wenig strukturierte Interviews untersuchen hingegen grundsätzliche Entscheidungsmaximen sowie Erfahrungswissen. Darüber hinaus zielen die Gespräche auf die Sammlung von Wissen aus innovativen Projekten, das noch nicht in bürokratische Strukturen eingeflossen ist bzw. nur wenigen bekannt ist. Abschließend stehen auch Bedingungen im Fokus, die zu systematischen Fehlern geführt haben.[289]

– Offenheit

Standardisierte Interviews verwenden in der Regel geschlossene Fragen, um jeglichen Einfluss des Befragten auf Themen und Fragen zu verhindern.

---

285 Berekoven / Eckert / Ellenrieder (1991), S. 94.
286 Stier (1999), S. 191.
287 Schnell / Hill / Esser (1995), S. 300.
288 Berekoven / Eckert / Ellenrieder (1991), S. 94.
289 Meuser / Nagel (2002), S. 71f.

Offene Gesprächsführung ist hingegen chrakteristisch für wenig strukturierte Interviews, um Einblick in Relevanzstrukturen und Erfahrungshintergründe des Befragten zu gewinnen.[290]

4.2.2 Auswahl der geeigneten Interviewform

Die Entscheidung für qualitative, wenig strukturierte Interviews erscheint eindeutig und stützt sich auf folgende Argumente:

- Die Anzahl der möglichen Befragten ist sehr gering. Bisher wurden in Deutschland acht Transaktionen durchgeführt. Die Anzahl der relevanten Teilnehmer (Verkäufer, Käufer, Verkaufsagenten, Rechtsberater, finanzierende Banken) beträgt in etwa 20.
- Das Fachgebiet ist noch nicht erforscht. Es existieren lediglich vereinzelte Erfahrungsberichte in Form von Konferenzbeiträgen oder Zeitungsartikeln. Vor allem existiert keine konsolidierte Darstellung der Problemfelder. Diese sind daher ausschließlich aus dem Erfahrungshintergrund der bisherigen Transaktionsteilnehmer zu gewinnen.
- Folglich steht die Gewinnung von Erfahrungswissen und Entscheidungsmaximen im Vordergrund. Portfoliotransaktionen stellen aufgrund ihrer geringen Zahl und großen Bedeutung im Hinblick auf Volumen innovative Projekte dar. Die Identifikation systematischer Fehler ist zentrales Ziel der explorativen Studie.

4.3 Methode der Interviewführung

Ziel der Interviews ist die Identifikation der Problemfelder, die zum häufigen Scheitern gerade der großvolumigen Transaktionen führen. Dazu existieren bisher keine systematischen Untersuchungen. Lediglich kann auf wenige Beiträge von Transaktionsakteuren in Zeitungen und Konferenzen zurückgegriffen werden. Es kann nicht davon ausgegangen werden, dass es sich dabei um eine umfassende Darstellung aller Probleme handelt. Daher sind die Interviews möglichst offen zu gestalten, da noch keine Theorie zum Scheitern von Transaktionen existiert, die es in einer quantitativen Auswertung lediglich zu testen gelten würde.

Hinsichtlich der Strukturierung der Experteninterviews gibt es in der Literatur unterschiedliche Meinungen, inwieweit eine Analysematrix zur Datensammlung strukturierend in das Interview eingebunden werden soll bzw. offen gelegt werden soll. Die methodologische Meinung ist dabei wie folgt:

- Dexter (1970) vertritt die Meinung, die Analysematrix nicht einzubeziehen, um die eigene Strukturierung des Gegenstands durch den Befragten zu erfassen.[291]
- Meuser / Nagel (2002) sehen eine teilweise Einbindung des Analyserasters in die Interviewführung, insoweit die thematischen Schwerpunkte des Interviews Vorformulierungen der Kategorien darstellen, die in der Auswertung anzuwenden sind.[292]
- Friebertshäuser (2003) spricht dagegen von einer vollständigen Einbindung der Matrix, so dass Interviews nur zur Sammlung von Informationen zu einem Themenkomplex dienen können.[293]

290 Stier (1999), S. 191.
291 Dexter (1970).
292 Meuser / Nagel (2002), S. 82.

In diesem Fall bietet sich eine Analysematrix aus dem Transaktionsablauf in verschiedenen Phasen und teilweise aus bisherigen Zeitungs- und Konferenzzitaten bekannten Problemkategorien an.

Um die Interviews möglichst offen zu gestalten, sollen sie nur durch den Ablauf der Transaktion strukturiert werden. Diese Vorgehensweise wird wie folgt begründet:

- Spezifische, immer gleiche Fragen z. B. nach Datenproblemen in der Analysephase, in der Dokumentationsphase, usw. werden den Befragten langweilen.
- Die Einschränkung auf bestimmte Problemtypen schließt andere bisher unbekannte Problemtypen aus.
- Für den Befragten unwichtig erscheinende Problemtypen werden überbewertet.
- Von den sehr erfahrenen Experten eine sehr gute Eigenstrukturierung ihrer Ausführungen erwartet wird.

Dies bedeutet, dass die Experten ihre Erfahrungen entlang des chronologischen Ablaufs der Transaktion zu den jeweiligen Phasen nennen sollen. Der globale Aufhänger als Anreiz für das Gespräch lautet dabei in Anlehnung an eine Podiumsdiskussion auf einer führenden Messe im Jahr 2004: „What makes and breaks portfolio transactions".

4.4 Methode der Datensammlung

4.4.1 Auswahl der Methode / Formen der Inhaltsanalyse

Da zugunsten der offenen Interviewführung bewusst auf eine Vor-Codierung durch z. B. geschlossene Fragen mit Auswahlmöglichkeiten verzichtet wurde, muss eine nachcodierende Datensammlungstechnik angewendet werden.

Dabei werden zwei Ansätze unterschieden: Quantitative und qualitative Inhaltsanalyse. Die quantitative Inhaltsanalyse betreibt lediglich eine systematische und objektive Identifizierung von Bedeutungsträgern. Auf das vorliegende Problem bezogen, würde es sich nur um eine Frequenzanalyse der in den Interviews genannten Probleme handeln.[294]
Die qualitative Inhaltsanalyse geht darüber hinaus und erfasst auch subjektive Einschätzungen sowie den Kontext der Aussagen bzw. Textbestandteile.[295]
Die qualitative Inhaltsanalyse erscheint geeignet für den vorliegenden Zweck, da in einem ersten explorativen Schritt die bisher nicht in der Literatur dargestellten Problemfelder von Transaktionen erhoben und beschrieben werden sollen. Außer dem gesammelten Erfahrungswissen der bisherigen Transaktionsteilnehmer existiert keine weitere Quelle für diese Informationen – sie sind zwangsläufig aus den Interviews zu beziehen.
Die qualitative Inhaltsanalyse wird weiter in zusammenfassende, explizierende und strukturierende Inhaltsanalyse unterschieden. Für den vorliegenden Zweck kommt nur die strukturierende Inhaltsanalyse in Frage, da sie bestimmte Aspekte (hier die Probleme von Transaktionen) unter vorher festgelegten Ordnungskriterien aus dem Text

[293] Friebertshäuser (2003), S. 376.
[294] Kromrey (2002), S. 1.
[295] Mayring (2002), S. 114.

herausfiltert, um einen Querschnitt durch das Material zu legen bzw. das Material auf Grund bestimmter Kriterien einzuschätzen.[296]
Diese Ordnungskriterien bilden das Kategoriensystem, anhand dessen das Material untersucht wird. Dieses muss aus der Fragestellung abgeleitet sein und theoretisch begründet werden.[297]

4.4.2 Ablauf der Inhaltsanalyse

Der Ablauf einer strukturierenden Inhaltsanalyse ist wie folgt:[298]

1. Festlegung der berücksichtigten Problemdimensionen (theoriegeleitet)
2. Definition der Kategorien, anhand derer die Problemdimensionen genauer untersucht werden sollen (theorie- und datengeleitet)
3. Zusammenstellung der Kategorien; unter Umständen Bildung einer Matrix
4. Erster Durchlauf durch die Dokumente und Interviewprotokolle: Markierung der Fundstellen für Indikatoren
5. Zweiter Durchlauf durch die Dokumente und Interviewprotokolle: Bearbeitung und Extraktion der Fundstellen, Ausfüllen der Matrix
6. Evtl. Überarbeitung der Kategorien und ihrer Definitionen (Rückkopplung)
7. Aufbereitung der Ergebnisse

Bei der Auswertung der Experteninterviews wird dieser Vorgehensweise gefolgt. Die gesammelten Daten werden in einer Analysematrix gesammelt.

4.4.3 Einbindung eines Kategoriensystems / Analysematrix

Im vorliegenden Fall lässt sich das Kategoriensystem direkt aus der Forschungsfrage ableiten. Ziel ist die Identifikation von Problemen der Transaktionen. Zunächst werden die in der bisherigen Konferenzunterlagen und Pressebeiträgen genannten Probleme gesammelt und deren Nennung in den verschiedenen Quellen gegenübergestellt (siehe Abbildung 12).

Darüber hinaus sind die Problemkategorien offen, aus dem Interviewmaterial sollen weitere ergänzt werden.[299]
Die Analysematrix ergibt sich dann aus den sich kontinuierlich erweiternden Problemkategorien und den Teilnehmergruppen. Da das Material sehr umfangreich ist, bietet sich zudem eine Bestimmung der Häufigkeit der Nennung von Problemkategorien nach Teilnehmergruppen an.[300] Auf eine Weiterverarbeitung dieser quantifizierten Daten mit statistischen Tests zur Theorienbildung wird aber aufgrund des begrenzten Rahmens der Arbeit und der Konzentration auf die Anwendung von Entscheidungsanomalien verzichtet.
Somit existieren als Ergebnis zwei Analysematrizen: eine qualitative mit den extrahierten Textstellen sowie eine quantitative mit Frequenzen der Nennung (siehe Abbildung 13).

---

[296] Mayring (2002), S. 115.
[297] Mayring, Philipp (2003), S. 83.
[298] Neubert (2001), S. 34 und Mayring (2003), S. 84.
[299] Mayring (2003), S. 84.
[300] Arnold (2001), , S. 41 und Neubert (2001), S. 70f.

Problemkategorien	Kühni (Aventis)	Thaler (Sireo)	Schäfers	Mörsdorf (Aurelis)	Meinel (Carlyle)	Lemke (Patrizia)
Wenige Nachfrager / kein marktgängiges Produkt	X		X			X
Finanzierbarkeit durch den Käufer			X			
Geringe Liquidität im Zweitmarkt					X	
Verbriefung zu teuer / keine Nachfrage					X	
Unprofessionelles Projekt-/ Transaktionsmanagement		X	X	X		
Weitere aus Expertengesprächen, z. B.						
Ausschluss von Bieter(n)/ -gruppen						

Abbildung 12: Problemkategorien und Quellen (beispielhaft)

Problemkategorien	Verkäufer	Verkaufs-agenten	Käufer	Anwälte	Banken	Summe
Ausschluss von Bieter-gruppen	0	0	1	0	0	1
Due Diligence Zeitraum für Käufer zu kurz	0	0	1	0	0	1
Einzelobjekt- und Teil-portfoliogebote werden zugelassen	2	0	1	0	0	3
Hohe Preisforderung	2	1	2	1	0	6
Keine Nachfrage / Pro-dukt nicht marktgängig	0	1	0	2	0	3
Unklare Nutzerinteres-sen / Nutzerwiderstand	0	1	1	1	0	3
Objektbesichtigun-gen durch unge-schultes Personal	1	0	2	1	0	4

Abbildung 13: Quantitative Analysematrix (beispielhaft, nach unten abgeschnitten)

4.4.4 Ergebnisdarstellung

Die Darstellung der Ergebnisse in der vorliegenden Arbeit basiert auf den gesammelten Daten aus beiden Analysematrizen.

– Qualitative Matrix (Extrahierte Problembeschreibungen)

Zunächst werden alle von den Experten angesprochenen Probleme der bisherigen Portfoliotransaktionen vorgestellt, indem eine möglichst detaillierte Beschreibung der Probleme erfolgt auf Basis der extrahierten Darstellungen der Transaktionsteilnehmer.

Diese Vorgehensweise entspricht einer zusammenfassenden Inhaltsangabe der Darstellungen der Experten zu einem Problem. Die Inhaltsangabe erfolgt in Textform.

– Quantitative Matrix (Frequenzanalyse)
Abschließend werden die genannten und detailliert beschriebenen Problemfelder im Hinblick auf die Häufigkeit und Streuung ihrer Nennung über die verschiedenen Teilnehmergruppen analysiert. Die Darstellung erfolgt in einer Frequenzmatrix, aus der zu entnehmen ist, welche Probleme für bestimmte Transaktionsgruppen der Anzahl nach die größte Bedeutung haben.

4.5 Nachweis von Gütekriterien

Als Gütekriterien für die qualitative Inhaltsanalyse kommen die einschlägigen klassischen Kriterien in Frage sowie weitere spezifisch inhaltsanalytische.[301]
Wie der Nachweis für die Kriterien beider Gruppen erbracht wird, soll im Folgenden dargestellt werden:

Klassische Gütekriterien:
– Reliabilität:
Für Inhaltsanalysen sind die Inter-Rater- oder Inter-Coder-Reliabilität relevant. Dazu wird für ein kleines Sample der Interviewaufzeichnungen durch einen Dritten der erste Durchlauf der Inhaltsanalyse – das Markieren von Fundstellen – wiederholt und der Übereinstimmungsgrad mit der Arbeit des Forschers in der Dissertation berichtet.[302]
Diese Vorgehensweise ist aber in der qualitativen Inhaltsanalyse umstritten und wird als nicht notwendig angesehen.[303]
Dennoch wurde die Prüfung mit einem Immobilienfachmann für die vorliegende Inhaltsanalyse durchgeführt und ergab eine Übereinstimmungsquote von 63 %.

– Validität
Hier wird der zweite Durchlauf der Inhaltsanalyse durch einen ausgewiesenen Experten für Verkäufe von Unternehmensimmobilien wiederholt. Das heißt, bereits markierte Fundstellen sind Problemkategorien zuzuordnen bzw. neue passende Kategorien zu bilden. Auch hier wird wieder nur ein Textausschnitt von ca. 100 Sätzen betrachtet und der Übereinstimmungsgrad berichtet.
Für die vorliegende Analyse betrug die Übereinstimmungsquote 80 %.

Spezifisch inhaltsanalytische Gütekriterien
- Semantische Gültigkeit: da Probleme mit spezifischen Fachbegriffen beschrieben werden, kann von der semantischen Gültigkeit ausgegangen werden.
- Stichprobengültigkeit: Es handelt sich um eine Vollerhebung.
- Korrelative Gültigkeit: Eine Korrelation zu älteren wissenschaftlichen Untersuchungen ist nicht möglich, da solche nicht existieren. Analysen aus der Praxis (Konferenzunterlagen, Zeitungsartikel) sind in die Bildung des Kategoriensystems eingeflossen.

---

[301] Mayring (2003), S. 111 als diesbezügliche Quelle für die nun folgenden Ausführungen.
[302] Für Koeffizienten-Formeln s. Mayring (2003), S. 113.
[303] Mayring (2003), S. 110.

- Vorhersagegültigkeit: Es werden keine Prognosen angestellt.
- Konstruktvalidität: s. dazu Bemerkungen zur Prüfung der Inter-Coder-Reliabilität
- Stabilität: s. dazu Bemerkungen zur klassischen Reliabilität
- Reproduzierbarkeit: s. dazu Bemerkungen zur klassischen Reliabilität

4.6 Stichprobe

4.6.1 Grundgesamtheit

Verkäufer	Verkaufsagent	Rechtsberater Verkäufer	Käufer	Rechtsberater Käufer	Weitere Bieter
Aareal-Bank	Jones Lang LaSalle	Clifford Chance	Deutsche Bank	Freshfields	
Deutsche Bank AG „Twix“	Deutsche Bank IBD (Jones Lang LaSalle)		Blackstone	Freshfields	GE Capital
Deutsche Telekom AG „Millenium“	Jones Lang LaSalle	Clifford Chance	MSREF	Freshfields	
Deutsche Telekom AG „Magenta“	Sireo, Jones Lang LaSalle	Clifford Chance	Whitehall	Hengeler Müller / Freshfields	
Holtzbrinck	Ernst & Young	CMS	Doughty Hanson	Freshfields	
Metro AG	Lazard	Clifford Chance		Freshfields	Whitehall, MSREF, GE Capital, Corpus, Merril Lynch, Blackstone
Siemens AG	Corpus	Clifford Chance			Doughty Hanson

Tabelle 31: Grundgesamtheit Experteninterviews

Im Rahmen der explorativen Befragung wurden Experteninterviews mit allen Teilnehmergruppen der bisherigen Portfoliotransaktionen angestrebt (Vollerhebung).

Dabei handelt es sich um die folgenden Teilnehmergruppen:

- Verkaufende Unternehmen (Verkäufer)
- Verkaufsagent / Prozesssteurer (Lead Advisory)
- Käufer
- Weitere Bieter (Investoren)
- Rechtsberater / Anwälte
- Finanzierende Banken

Zum Stichtag des Beginns der Expertenbefragungen 31. Oktober 2004 umfasste die Grundgesamtheit die folgenden Transaktionen (siehe Tabelle 31).

4.6.2 Rücklaufquote

In der Zeit vom 01.11.2004 bis 31.03.2005 wurden Experteninterviews mit allen genannten Transaktionsteilnehmern angestrebt. Dabei wurde das Unternehmen und nicht die verantwortliche Person als Transaktionsteilnehmer definiert. Darüber hinaus wurde angestrebt, im Unternehmen den für die Beteiligung an der Transaktion verantwortlichen Ansprechpartner zu befragen.
Natürlich konnten aus Zeit- und auch Vertraulichkeitsgründen nicht Gespräche mit allen Unternehmen der Grundgesamtheit erreicht werden. Der Anteil der befragten Unternehmen an allen Unternehmen der Grundgesamtheit (analog Rücklaufquote bei schriftlichen Befragungen) wird für die Teilnehmergruppen im Folgenden dargestellt:

– Verkäuferunternehmen

Angestrebt wurden Gespräche mit allen sechs Unternehmen der Grundgesamtheit. Tatsächlich zustande kamen drei Gespräche, was einer Quote von 50 % entspricht.

– Käufer sowie weitere Bieter

Alle acht Unternehmen der Grundgesamtheit wurden angesprochen. Zur Befragung bereit waren fünf Unternehmen. Dies entspricht einer Quote von 63 %.

– Rechtsberater

Auf eine Vollerhebung dieser Gruppe wurde verzichtet, da Gespräche mit zwei Kanzleien geführt werden konnten, die jeweils bisher eine dominierende Position auf der Verkäufer- bzw. Käuferseite eingenommen haben.

– Verkaufsagenten

Ziel der Untersuchung war wiederum eine Vollerhebung aller sieben Teilnehmerunternehmen. Realisiert werden konnten dann Gespräche mit fünf Unternehmen, was einer Quote von 71 % entspricht.

– Finanzierende Banken

In dieser Teilnehmergruppe wurde auch auf eine Vollerhebung verzichtet. Stattdessen wurden Gespräche mit drei exemplarischen Instituten Eurohypo, HypoVereinsbank und Westdeutsche Immobilienbank geführt.

4.7 Phasen des Transaktionsprozesses

4.7.1 Herleitung der Phasen des Transaktionsablaufs

Zunächst galt es den genauen Ablauf und die einzelnen Phasen des Transaktionsprozesses aus Verkäufersicht zu identifizieren, der dann im Gesprächsverlauf den Befragten Orientierung für die chronologische Darstellung ihrer Erfahrungen geben soll.
Zurückgegriffen werden konnte dabei auf vollständig übereinstimmende Darstellungen von jeweils mindestens einem Teilnehmer jeder bisherigen Transaktion, der einen ein-

heitlichen Transaktionsablauf in allen bisherigen Transaktionen bestätigte (siehe Abbildung 14).[304]
Darüber hinaus konnte eine absolute Deckungsgleichheit zur Darstellung des Transaktionsprozesses bei Unternehmenstransaktionen festgestellt werden.
Somit konnte die Frage nach einem einheitlichen Ablauf des Transaktionsprozess unmittelbar beantwortet werden, da es diesen bereits in der Praxis gibt. Daher wurde die nachfolgende Darstellung für Unternehmenstransaktionen als einheitlicher Transaktionsprozess übernommen und in ihrer Terminologie auf Immobilienverkäufe entsprechend der Darstellungen der Transaktionsteilnehmer angepasst.

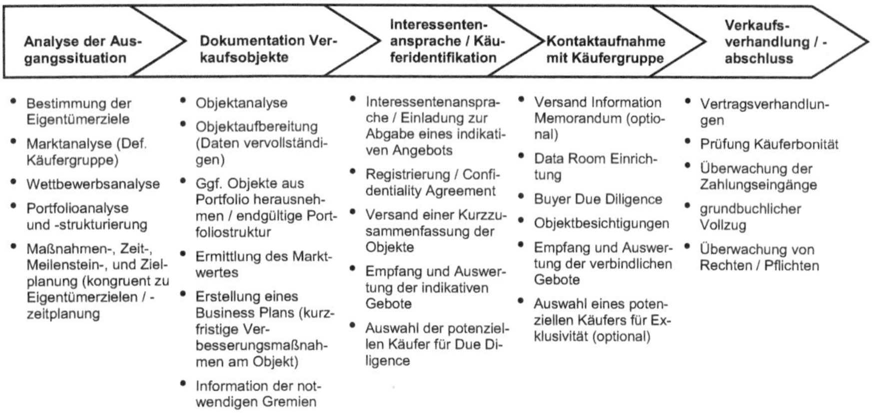

Abbildung 14: Transaktionsprozess Portfoliotransaktionen von Selbstnutzern[305]

4.7.2 Analyse der Ausgangssituation

In der ersten Phase untersucht der Verkäufer zusammen mit seinen Beratern zunächst seine eigenen Ziele, um aus dem Universum der möglichen Transaktionsformen die Portfoliotransaktion als die geeignete für Immobilienverkäufe zu identifizieren.

In einem zweiten Schritt erfolgt die Marktanalyse. Zunächst werden mögliche Nachfrager untersucht und die geeignete Käufergruppe / die geeigneten Käufergruppen identifiziert. Weiterhin wird der Markt auf mögliche Konkurrenzangebote untersucht, die das Interesse der geeigneten Nachfragegruppen vom eigenen Produkt ablenken könnten. Der Verkäufer stützt sich dabei auf das Wissen seiner markterfahrenen Transaktionsberater.
Konnten so die Zielkunden und deren Interesse festgestellt werden, so erfolgt dann die Analyse des eigenen Immobilienportfolios, um ein passendes Verkaufsportfolio in Abhängigkeit der eigenen und Nachfragerinteressen zu strukturieren.

304 Frühmorgen (2003), S. 384; Hamberger (2003), S. 352; Thaler (2004); Henzelmann, (2004); Amlung (2004); Kreikenbohm (2004); Kleine (2004); Wiemann (2004); Dahlmeyer (2004)
305 In Anlehnung an Achleitner (2000), S. 157.

Als letzter Schritt der Transaktionsvorbereitung erfolgt die detaillierte Zeitplanung des Transaktionsablaufs mit konkreten Maßnahmen und Meilensteinen für deren Fertigstellung.

4.7.3 Dokumentation Verkaufsobjekte

Auch in der zweiten Phase der Transaktion besteht noch kein Kontakt zu den Investoren. Zunächst gilt es die Transaktionsfähigkeit der Verkaufsobjekte sicherzustellen. Dazu erfolgt zuerst eine detaillierte Objektanalyse auf Eigenschaften, die gegen den Verkauf der Objekte sprechen könnten. Im nächsten Schritt erfolgt die Aufbereitung der Objekte. Darunter versteht man das Sammeln aller Objektunterlagen, die für die Käuferprüfung und den Verkauf notwendig sind.

Werden dabei nicht transaktionsfähige Objekte identifiziert, so werden diese in der Regel aus dem Verkaufsportfolio herausgenommen; somit die endgültige Portfoliostruktur festgelegt.

Als Grundlage für die Beurteilung der Kaufpreisgebote erfolgt danach die Ermittlung der Marktwerte der Verkaufsobjekte. Aus den Objektanalysen und der Marktwertbetrachtung kann dann noch ein kurzfristiger Business Plan abgeleitet werden, in dem schnell ausführbare Maßnahmen zur Verbesserung der Objekte und ihres Marktwertes geplant und bis zum Verkauf umgesetzt werden.

Die Vorbereitungsphase wird in der Regel mit der Information der unternehmensinternen Gremien (z. B. Vorstand) abgeschlossen, die die Freigabe zur Kontaktaufnahme mit möglichen Käufern geben.

4.7.4 Interessentenansprache / Käuferidentifikation

In den üblichen zweistufigen Auktionsverfahren dient die erste Ansprache der Investoren in der Regel nur zur Abfrage des grundsätzlichen Interesses zur Teilnahme am Bieterwettbewerb. Die potenziellen Käufer haben dann die Möglichkeit, sich als Teilnehmer registrieren zu lassen. Gleichzeitig unterzeichnen sie eine Vertraulichkeitsvereinbarung mit dem Verkäufer.

Im nächsten Schritt erhalten die Investoren eine Kurzzusammenfassung der wesentlichen Objektdaten. Dieser Teaser oder kurzes Information Memorandum dient als Grundlage zur Ermittlung indikativer Gebotspreise durch die Bieter. Diese werden dann dem Verkäufer zur Verfügung gestellt, der sie auswertet und vergleicht. Auf dieser Grundlage wird eine kleinere Gruppe potenzieller Käufer für die zweite Gebotsphase ausgewählt.

4.7.5 Kontaktaufnahme mit Käufergruppe

In der zweiten Phase besteht optional die Möglichkeit, den Bietern eine erweiterte Darstellung der Objekte in Form eines umfangreicheren Information Memorandum zukommen zu lassen. In der Regel möchten diese die Objektdaten aber selbst im Datenraum prüfen. Dazu richtet der Verkäufer einen Datenraum / mehrere Datenräume mit allen preis- und vertragsrelevanten Objektdaten ein. Zu diesem erhalten die Bieter Zutritt und führen ihre Käufer Due Diligence durch. Damit verbunden sind in der Regel auch Besichtigungen der Verkaufsobjekte.

Auf Basis der Erkenntnisse aus der Due Diligence erstellen die Investoren dann verbindliche Angebote, die sie dem Verkäufer zukommen lassen. Nach Auswertung und

Prüfung der Angebote hat der Verkäufer nun die Möglichkeit, einem Käufer Exklusivität zu gewähren.

4.7.6 Verkaufsverhandlung / - abschluss

In der letzten Phase werden die Kauf- und Rückmietverträge mit den möglichen Käufern zu Ende verhandelt und abschließend der Kaufvertrag mit einem Käufer beurkundet. Darüber hinaus muss der Verkäufer nun die Käuferbonität bzw. dessen Möglichkeit zur Aufbringung des Akquisitionskapitals und den Zahlungseingang sicherstellen.
Abschließend ist der grundbuchliche Eigentumsübergang zu vollziehen sowie alle Rechte und Pflichten aus den Vertragswerken zu überwachen.

4.8 Problemfelder von Portfoliotransaktionen

4.8.1 Einführung

Im Folgenden werden nun die Problemfelder beschrieben, die im Rahmen der Experteninterviews als Probleme von Portfoliotransaktionen durch Selbstnutzer genannt wurden. Zunächst werden die Problemfelder auf Basis der aus den Interviews extrahierten Ausführungen beschrieben. Danach erfolgt eine Frequenzanalyse der Nennung der Problemfelder durch die Teilnehmer der bisherigen Transaktionen.

4.8.2 Allgemeine Problemfelder bei Verkäufen von Unternehmensimmobilien

4.8.2.1 Schlechte Datenlage / Unzureichende Vendor Due Diligence

Die allgemein schlechte Datenlage zu den Verkaufsobjekten ist das am häufigsten genannte Problem. Außerhalb der Gruppen Verkäufer und Verkaufsagenten wurde das Problem sogar von jedem Befragten genannt.
Insbesondere wird die fehlende portfoliomanagementorientierte Datenhaltung bemängelt. Darunter versteht man, dass teilweise von Objekten nicht bekannt ist, ob sie Eigentum des Verkäufers sind bzw. ob für die Objekte eine Baugenehmigung vorliegt. Weiterhin liegen keine verlässlichen Angaben zu den Flächen der Verkaufsobjekte vor. Zudem existieren keine Mietverträge mit den operativen Einheiten des Nutzers, die die Identifikation des Umfangs der weitergeführten Nutzung erleichtern würde.
Als Ursache für die schlechte Datenlage wurde einerseits genannt, dass die Objekte häufig schon sehr lange im Bestand gehalten werden und Unterlagen daher nicht mehr auffindbar sind. Andererseits sind genaue Angaben zu Flächen oder gar interne Mietverträge, die die Aufteilung der Nutzung an einem Objekt zwischen den internen Nutzern regeln, in der Regel von nachgeordneter Bedeutung für einen Selbstnutzer.
In den bisherigen Transaktionen erweckte es bei den Käufern und Beratern den Eindruck und wurde von den Verkäufern teilweise auch offen eingestanden, dass die Probleme mit der Datenqualität anfänglich vom Verkäufer unterschätzt wurden. Auf die Durchführung einer detaillierten Vendor Due Diligence zur Verbesserung der Datenlage wurde häufig verzichtet bzw. erst zu spät damit begonnen. Insbesondere bestand seitens der Verkäufer keine Bereitschaft, für die Vendor Due Diligence große Summen für Dienstleister auszugeben.

Die Folgen der schlechten Datensituation sind sehr nachteilig für den weiteren Verlauf einer Transaktion. So wurden in der Regel die Datenprobleme erst im Laufe der

Transaktion erkannt und angegangen. Diese zu spät angestoßenen Maßnahmen zur Vervollständigung der Objektdaten führen in der Regel zu einer Verlängerung der Vorbereitungszeit, um die Objekte transaktionsfähig zu machen. Deswegen musste auch häufig der Zeitplan für den weiteren Verlauf der Transaktion angepasst werden, das bei Käufern den Eindruck eines unprofessionellen und nicht verlässlichen Transaktionsmanagements des Verkäufers hinterließ.
Blieb die Lieferung bestimmter Informationen gänzlich aus, so waren die Käufer zum Treffen von Ersatzannahmen gezwungen. Um ihre Unsicherheit hinsichtlich der Daten zu kompensieren, trafen die Käufer dabei besonders vorsichtige Annahmen, die sich dann nachteilig auf die Höhe ihrer Gebotspreise ausgewirkt haben.
Besonders ungünstig sind die Datenprobleme, die dem Verkäufer zunächst nicht bekannt waren, nach Auftreten jedoch die Verkaufsfähigkeit einzelner Objekte einschränkten. Beispielhaft seien hier Altlasten- oder Baurechtsprobleme genannt, für die im Eigentum Bestandsschutz besteht, die vor dem Verkauf aber zu lösen sind.

4.8.2.2 Verkaufsbereitschaft nicht stabil

Unter diesem Problem wurde verstanden, dass der Verkäufer sich bis zum endgültigen Verkaufsabschluss nicht sicher ist, ob er überhaupt willens zum Abschluss der Transaktion, d. h. zum Verkauf seiner Immobilien ist. Ein Abbruch der Transaktion durch den Verkäufer erscheint jederzeit möglich. Als Folge der fehlenden Entschlossenheit des Verkäufers, die auch häufig den Bietern nicht verborgen bleibt, reduzieren auch diese ihre Anstrengungen bei der Prüfung des Verkaufsportfolios. Diese Zurückhaltung wirkte sich dann auch nachteilig auf die Höhe ihrer Gebotspreise aus, da dort die allgemeine Unsicherheit des Transaktionserfolgs Berücksichtigung fand.
Für das Auftreten dieses Phänomens seitens des Verkäufers gibt es keine einzelne und eindeutige Ursache. Vielmehr wurden zahlreiche Gründe für die Zurückhaltung der Verkäufer genannt.
Zunächst handelt es sich bei der Verkaufsabsicht neben anderen um ein strategisches Ziel des Non-Property Unternehmens. Handelt es sich beim Verkauf eines ganzen Portfolios von Objekten um eine besonders weit reichende Maßnahme, so stößt diese in der Regel auch auf Widerstände und ist in ihrer Umsetzung auf die volle Unterstützung eines wichtigen Entscheiders, normalerweise in der Unternehmensführung, angewiesen. Inwieweit und wie lange nun das Ziel Portfolioverkauf verfolgt wird, hängt vom Bestand und der Unterstützung dieses Ziels ab. Dabei wurde von den Befragten darauf hingewiesen, dass nach ihrem Eindruck die Bestandsdauer eines Eigentümerziels häufig kürzer ist als die notwendige Transaktionsdauer, was auch zum zwischenzeitlichen Abbruch führen kann. Grund für die Veränderung der Ziele war dabei in den bisherigen Transaktionen beispielsweise der Verlust des unterstützenden Entscheiders oder auch die Veränderung der Gesamtsituation des Unternehmens, weswegen eine Transaktion, die einzig zur Liquiditätsbeschaffung ausgelöst wurde, nicht mehr notwendig war.
Des Weiteren bedingen zwei im Folgenden zu beschreibende Problemfelder mittelbar die instabile Verkaufsbereitschaft. Einerseits wirken sich nachteilig der Widerstand und die unsichere zukünftige Verwendung der internen Immobilienbewirtschaftungseinheiten (Facility Manager) aus. Andererseits wird die Verkaufsbereitschaft geschwächt durch den Widerstand der Nutzer und die Unsicherheit über die Sicherung ihrer betrieblichen Belange, die das Kerngeschäft des Unternehmens darstellen. Wur-

den diese im Nachgang beschriebenen Problemfelder nicht vor Transaktionsabschluss gelöst, so nahmen die Transaktionsteilnehmer auf Käuferseite eine starke Tendenz des Verkäufers zu einem Transaktionsabbruch wahr.
Die fehlende Bereitschaft zum Portfolioverkauf zeigte sich dabei in dem Umstand, dass sich die Unternehmensführung in der Regel die endgültige Verkaufsfreigabe bis zum Schluss vorbehält. Ein von Seiten der Käufer eingefordertes frühzeitiges Commitment zum Verkauf gibt es nicht.
Neben dem beschriebenen Konflikt der Eigentümerziele verwiesen die Befragten noch auf zwei zusätzliche Gründe für die instabile Verkaufsbereitschaft. Einerseits wurde auf die hohe emotionale Bindung des Verkäufers zu den Immobilien hingewiesen. Auch zu deren Überwindung wird ein starker Entscheider als Unterstützung benötigt. Andererseits verhält sich der Verkäufer wie jeder Verkäufer opportunistisch. So hat auch er den Eindruck, stets noch zu einem höheren Preis verkaufen zu können und zögert mit der Zustimmung zu einem Angebot.

4.8.2.3 Schlechte Qualität des Datenraums

Als Folge der Datenqualitätsproblematik beschrieben die Transaktionsteilnehmer (auch Teile der Verkäufer und Verkaufsberater) die schlechte Qualität der Datenräume als weiteres Problem der bisherigen Portfoliotransaktionen. Dieses Phänomen ist unmittelbare Folge des bereits beschriebenen Hauptproblems der schlechten Datenlage.
Die Transaktionsteilnehmer auf Käuferseite beschrieben die Probleme mit den vorgefundenen Datenräumen wie folgt. Einerseits wiesen die vorgelegten Unterlagen teilweise gravierende Datenlücken auf. Dies machte Nachlieferungen von Daten notwendig, die die Arbeit der Bieter verzögerten. Darüber hinaus wurden tiefer gehende Fragen der Bieter nicht beantwortet. Weiterhin kam es auch vor, dass die Arbeit der Investoren im Datenraum behindert wurde, indem z. B. das Ausdrucken von Verträgen untersagt wurde, was die anwaltliche Prüfung erleichtert hätte.
Abschließend erhofften sich die Bieter zunehmend Datenräume in elektronischer Form, die den dezentralen Einsatz von Dienstleistern an ihren Heimatstandorten ermöglicht hätte. Dies war bisher selten der Fall.

4.8.2.4 Käuferseitige Variation der preisbeeinflussenden Annahmen

Auf Verkäuferseite wurde als weiteres Problem genannt, dass Käufer bei ihren Geboten häufig die gewünschten preisbeeinflussenden Annahmen der Verkäufer (z. B. Mietvertragslängen, Instandhaltungsregelungen, Mietanpassungen) nicht berücksichtigt hatten und auf Basis ihrer Wunschannahmen Gebotspreise berechnet hatten. Dadurch waren die Angebote für den Verkäufer nicht unmittelbar vergleichbar, was nach Aussage der Verkäufer sogar Intention der Bieter war.

4.8.2.5 Unklare Nutzerinteressen / Nutzerwiderstand

In den bisherigen Transaktionen wurden auch unklare Nutzerinteressen und Nutzerwiderstände von den Transaktionsteilnehmern als Probleme wahrgenommen. Als Ursache wurde zunächst das Fehlen einer Immobilienstrategie in Abhängigkeit von der Flächenplanung der Nutzer identifiziert. Teilweise, so vermuteten die Befragten, konnte eine solche Strategie in den Verkäuferunternehmen erst gar nicht entwickelt werden, da aufgrund der Kurzfristigkeit der Unternehmensstrategie eine langfristige und verbindliche Flächenplanung der Nutzer nicht möglich war.

Als weitere Ursache wurden auch die zu Beginn beschriebenen Interessenskonflikte zwischen dem Verkäufer / Eigentümer (in der Regel der Finanzvorstand) und den operativen Nutzern genannt. Beispielhaft wurden dabei Konflikte über die Höhe der Mieten und Mietanpassungssätze beschrieben.
Darüber hinaus hätten die Nutzer es zum Teil abgelehnt, durch einen unternehmensfremden Immobilieneigentümer fremdbestimmt zu werden.

Als Folgen skizzierten die Befragten den Umstand, dass es Verkäufern dann schwer gefallen wäre, überhaupt den zeitlichen Restbedarf eines Objektes festzustellen. Sollte dies mittels eines zunächst internen Mietvertrag mit dem Nutzer festgeschrieben werden, so weigerten sich letztere zu unterzeichnen.
Abschließend bildete sich in Einzelfällen aus dem Nutzerwiderstand heraus eine interne Opposition gegen den Verkauf, die die Fortsetzung der Transaktion be- oder verhinderte.

4.8.2.6 Unzureichende Objektbesichtigungen / Widerstand des FM-Personals

Des Weiteren berichteten die Befragten, dass sich auch Objektbesichtigungen problematisch gestalteten und in Konsequenz unbefriedigend für die Investoren verliefen. So kam es vor, dass Nutzer Objektbesichtigungen verweigerten, was den Bietern den Eindruck eines potenziell schwierigen Vermieter-Mieter-Verhältnisses vermittelte. Andererseits waren Besichtigungen auch nicht gut vorbereitet, so dass in Einzelfällen die Nutzer darüber nicht informiert wurden.
Darüber hinaus trat hier auch der Widerstand der Facility Management Mitarbeiter des Verkäufers offen zu Tage. Beschrieben wurden hier Beispiele, in denen Hausmeister Objektmängel übertrieben darstellten und dem Investor gar vom Kauf des Objektes abrieten.
Weiterhin löste der anstehende Immobilienverkauf bei den Arbeitnehmervertretern des Nutzers auch Gerüchte aus, dass eine Schließung des ganzen Standorts bevorstünde. Auf diesem Wege bildete sich eine weitere Widerstandsgruppe.
Im Besonderen bemängelten die Vertreter der Käufergruppe jedoch, dass häufig die Begleitteams des Verkäufers nicht ausreichend geschult waren, die Besichtigungen so nicht einheitlich verliefen und wichtige Angaben und Erläuterungen vor Ort nicht gemacht werden konnten.

4.8.2.7 Uneindeutige preisbeeinflussende Annahmen (seitens des Verkäufers)

Transaktionsteilnehmer auf Käuferseite wiesen zudem auf uneindeutige oder fehlende Anforderungen der Verkäufer hinsichtlich seiner preisbeeinflussenden Annahmen hin. In diesen Fällen wurden keine oder nur vereinzelte Angaben zu den zu unterstellenden Instandsetzungsregelungen und Mietanpassungsregelungen vorgegeben. Teilweise war bei Share Deals auch unklar, ob das Fremdkapital mit übernommen werden sollte. Andere Befragte verwiesen auf Inkonsistenzen zwischen Teaser und Datenraum. So wurden beispielsweise unterschiedliche Mietvertragslaufzeiten angegeben.

4.8.2.8 Käuferseitige Ablehnung von Haftungsklauseln der Nutzer

Die befragten Verkäufer und Verkaufsberater verwiesen zudem auf die Ablehnung von Haftungsklauseln der Nutzer durch die Käufer. Beispielhaft seien hier Sicherheitsanforderungen oder auch Konkurrenzschutz genannt. Käufer scheuten diese Regelungen, da die Drittverwendungsfähigkeit der Objekte eingeschränkt wurde. Dies ist dann besonders nachteilig für den Käufer, wenn nur ein Teil der Fläche vom Verkäufer wieder angemietet wird. Dieser Konflikt wird dann zu einem Hemmnis für einen schnellen Vertragsabschluss.

4.8.2.9 Widerstand der Verkäufer zur Garantieübernahme

Eine ähnliche Wirkung auf den Fortschritt der Vertragsverhandlungen hat der folgende Sachverhalt, der von Käufern und ihren Beratern beschrieben wurde. Konnten aufgrund der schlechten Datenlage und den unzureichenden Datenräumen vom Käufer nicht alle Objekteigenschaften geprüft werden, so verlangte er in der Regel Gewährleistungen des Verkäufers für die nicht nachgewiesenen Objektcharakteristika. Die Verkäufer waren aber häufig nicht bereit, entsprechende Garantien zu übernehmen. Für den Käufer sind die Gewährleistungen jedoch Grundlage für die Verlässlichkeit seiner Kalkulation, wohingegen der Verkäufer Folgekosten nach Verkauf zur Beseitigung bei Abschluss unbekannter Objektmängel unbedingt vermeiden möchte. Eine Einigung fiel dabei in der Regel schwer, da beide Seiten einen starken Anreiz zum Beharren auf ihren Positionen hatten.

4.8.2.10 Weitere allgemeine Problemfelder bei Verkäufen von Unternehmensimmobilien

– Gewünschte Vertragsgrundlagen des Verkäufers unklar

Als besonders nachteilig empfanden es die Käufer und ihre Berater, wenn sie im Datenraum keinen Entwurf des Kaufvertrags seitens des Verkäufers vorfanden. Unter diesen Umständen waren sie nicht in der Lage, eine abschließende Kaufpreisfindung durchzuführen, da wesentliche preisbeeinflussende Vertragsinhalte nicht bekannt waren.

– Externe Effekte / höhere Gewalt

Abschließend verwiesen einzelne Käufer und Käuferberater darauf, dass der Abbruch einer Transaktion erfolgen kann, wenn sich durch externe Eingriffe z. B. die Wirtschaftlichkeit einer Transaktion plötzlich verändert. Beispielhaft wurden dabei Änderungen in den Steuergesetzen genannt.

4.8.3 Spezifische Problemfelder von Portfoliotransaktionen

4.8.3.1 Schlechtes Transaktionsmanagement

Das am häufigsten genannte Problem, das speziell nur bei Verkäufen von Unternehmensimmobilien mittels Portfolioverkauf auftritt, bezieht sich auf die eigentliche Organisation und Durchführung des Transaktionsprozesses durch den Verkäufer oder seine Verkaufsberater.

Transaktionsteilnehmer bemängeln dabei insbesondere das Fehlen eines festen, vordefinierten Prozesses inklusive ausführlicher Detailplanung.

Dieses Phänomen hat unterschiedliche Ursachen und Folgen. Zunächst verzögerten sich in einzelnen Fällen Entscheidungen des Vorstands, so dass die bereits an die Bieter kommunizierte Zeitplanung verändert werden musste. In Einzelfällen stand die ursprüngliche Zeitplanung der Transaktion gar im Gegensatz zur Zeitplanung des Vorstands, d. h. ein zeitliches Vorziehen des Transaktionsabschlusses wurde notwendig, das den Bietern nicht ausreichend Zeit zur Prüfung gab. Insgesamt ist es der Eindruck

der Transaktionsteilnehmer, dass in den bisherigen Transaktionen für die Durchführung zu wenig Zeit reserviert wurde.
Als weitere Ursache für das schlechte Transaktionsmanagement wurde zudem identifiziert, dass die Transaktionssteuerung in der Regel ein einmaliges Managementerlebnis für die Verantwortlichen des Verkäufers darstellt. Sie besitzen keine Erfahrung damit und nehmen die Transaktion als eine Art Ausnahmenzustand war. Darüber hinaus wird beschrieben, dass die Verantwortlichen dennoch sehr zögerlich externe Experten einbinden bzw. aufgrund ihrer fehlenden Erfahrung und Marktsicht keine Vorstellung besitzen, wer geeignete Berater sein könnten.
Aus Sicht der Transaktionsteilnehmer ergaben sich in den bisherigen Transaktionen zwangsläufige Folgen. Neben der verbesserbaren Planung und Festlegung eines Transaktionsprozesses, war dies insbesondere die unzureichende Information und Einbindung externer Berater. Diese waren sich häufig gar nicht im Klaren über die Interessen und Erwartungen ihrer Auftraggeber. Als weitere Folge konnte sich das Verkäuferteam auch nicht auf die Erwartungen und Wünsche des Käufers einstellen. In der Regel einfach umzusetzende Maßnahmen wie die Durchführung von Verhandlungen in englischer Sprache wurden deswegen nicht ergriffen. Ein vergleichbarer Sachverhalt waren ebenfalls die aus Sicht der Käufer häufig unangemessen großen Verhandlungsrunden, die einerseits einer gezielten Entscheidungsfindung entgegenstanden und andererseits nicht den Erwartungen der Käufer an eine professionelle Verhandlungsführung entsprachen.

4.8.3.2 Hohe Preisforderung (u. a. wegen Buchwerten) / unzureichende Ermittlung der Marktwerte

Ein weiteres Problemfeld, das Verkäufe von Unternehmensimmobilien im Allgemeinen und insbesondere Portfolioverkäufe im Speziellen betrifft, sind die hohen Preiserwartungen der Verkäufer. Diese sind Folge der unzureichenden Ermittlung der Marktwerte.
Dafür wurden von den Transaktionsteilnehmern mehrere Gründe genannt. Zunächst wurde auf den Einfluss zu hoher Buchwerte verwiesen. Um keine Buchverluste hinnehmen zu müssen, waren die bisherigen Verkäufer im Falle hoher Buchwerte nur bei entsprechend hohen Erlösen zum Verkauf bereit. Ob die Buchwerte überhöht waren, wurde davor bewusst nicht durch Einholung von Gutachten überprüft, um nicht in den Zwang der Abwertung der Buchwerte zu kommen. Sollten dennoch Wertgutachten eingeholt werden, so war dies teilweise aus Zeitmangel nicht mehr möglich; die notwendige Erstellungsdauer von Gutachten wurde nicht berücksichtigt.
Darüber hinaus schürten die operativen Transaktionsverantwortlichen aus Selbstüberschätzung oder Unkenntnis in Einzelfällen überhöhte Verkaufspreiserwartungen gegenüber der Unternehmensleitung, die sie dann nicht realisieren konnten. Ähnliches habe für Verkaufsberater gegolten, die sich mit überhöhten Preisversprechen den Vermarktungsauftrag gesichert hatten.
Weiterhin handelte es sich bei den Objekten aus Paketverkäufen auch häufig um Immobilien, die einerseits nur eingeschränkt drittverwendungsfähig waren und daher ihren Wert vornehmlich aus der langfristigen Anmietung durch den Verkäufer bezogen. Diese Umstände und auch resultierende Klumpenrisiken des Käufers mit Einzelobjekten in Nebenstädten und mehreren Objekten in bestimmten Regionen bezogen die Verkäufer aber nicht in ihre Preiserwartungen ein. Es wurde teilweise keine Portfolio-

sondern mehrere Einzelbewertungen durchgeführt. Dies führte abschließend dazu, dass vom Paketverkauf Erlöse entsprechend der Summe der Erlöse von Einzelverkäufen erwartetet wurden.[306]

4.8.3.3 Keine Nachfrage / Produkt nicht marktgängig

Wurde soeben auf die eingeschränkte Attraktivität von Einzelobjekten hingewiesen, so berichteten die Transaktionsteilnehmer auch von der fehlenden Marktgängigkeit des gesamten Pakets. Gründe dafür sind sehr unterschiedlich und spiegeln sich in verschiedenen Dimensionen wider, dass die angebotenen Objekte häufig den Investitionsanforderungen der Käufer nicht entsprachen.

So wurde darauf verwiesen, dass die bisher an Transaktionen beteiligten Käufer nicht an angebotenen Objekten mit Entwicklungspotenzial interessiert waren, sondern nur ertragsstarke Immobilien suchten, die mit Mietverträgen belegt waren (am besten vom bonitätsstarken Verkäufer), deren Restlaufzeit länger als fünf Jahre betrug.

Zudem bestand kein Interesse an Spezialimmobilien, Objekten mit allgemein eingeschränkter Drittverwendungsfähigkeit sowie Objekten an Nebenstandorten mit schwachem Immobilienmarkt.

Dabei wurde von den Verkäufern nicht berücksichtigt, dass das Verkaufsportfolio als Produkt in der Regel nur auf die Wünsche einer Käufergruppe zugeschnitten werden kann. Vielmehr wurden die unterschiedlichen Wünsche der Käufer bei der Produktkonzeption überhaupt nicht berücksichtigt. Neben den beschriebenen Anlagekriterien betrifft dies auch die vertragliche Vorbereitung der bevorzugten Exit-Strategie des Käufers durch den Verkäufer, was nach Aussage eines Rechtsberaters in der Regel je Verkaufsportfolio nur für eine Käufergruppe möglich ist.

Abschließend verwiesen die Transaktionsteilnehmer auch darauf, dass die Marktgängigkeit des Verkaufspakets auch durch das Paketvolumen bestimmt ist. Verkäufer berücksichtigten zum Teil nicht, dass mit steigendem Volumen die Größe der Nachfragergruppe (und damit der Bieterwettbewerb) abnimmt, die zum Kauf eines Portfolios bestimmter Größe in der Lage ist.

4.8.3.4 Instabiles Portfolio / Herausnahme von Objekten

Als weiteres Problemfeld beschrieben die Transaktionsteilnehmer die fehlende Stabilität des Verkaufsportfolios mit der Gefahr der nachträglichen Herausnahme von Objekten, die den Investoren bereits angeboten wurden. Gründe dafür waren einerseits die gleichzeitige Verfolgung eines Einzelverkaufs, der früher zum Abschluss kam. Andererseits gilt dies auch für die Problematik besonderer Objekte wie Unternehmenssitze, die als „Heilige Kühe" vom Verkauf zurückgezogen werden.

Die Herausnahme von Objekten wirkte sich nachteilig auf den Verkaufsprozess aus. Einerseits mussten die Gebotspreise der Investoren überarbeitet werden, da sich die Struktur des Portfolios geändert hatte. Weiterhin löste dies Frustration bei den Bietern aus, da für die nicht mehr verfügbaren Objekte bereits Prüfungskosten entstanden waren. Abschließend ging in Einzelfällen das Interesse der Käufer an den Immobilien ganz verloren. Dies war einerseits der Fall, wenn attraktive Objekte durch Einzelver-

[306] In der 2005 und 2006 herrschenden Marktsituation hätten Interviewpartner vermutlich auf Preisaufschläge für Portfolioverkäufe hingewiesen.

käufe veräußert wurden. Andererseits wurde das Gesamtportfolio uninteressant, wenn sich das Volumen zu stark reduzierte.

4.8.3.5 Unsichere Finanzierung durch Käufer

Die Transaktionsteilnehmer berichteten auch, dass einerseits die Finanzierung des Käufers teilweise bei Unterzeichnung des Kaufvertrags noch nicht gesichert war. Als Gründe dafür wurde die zu späte Einbindung der finanzierenden Banken genannt, die dann zu wenig Zeit zur gründlichen Kreditprüfung hatten und von der Finanzierung zurückschreckten.
Andererseits verhinderte die schlechte Datenlage in Einzelfällen, dass der Verkäufer die Lastenfreiheit und Finanzierbarkeit einzelner Objekte nachweisen konnte. Folglich konnte bei fehlender Lastenfreiheit der Käufer z. B. nicht auf eine Verbriefung zur Finanzierung zurückgreifen.

4.8.3.6 Mehrfachangebote / zu breite Streuung des Portfolios

Als besonders nachteilig für den Transaktionsprozess und ihr Interesse am Verkaufsportfolio empfanden es die Käufer, wenn das Verkaufsportfolio einerseits zu vielen Bietern angeboten wurde oder ein Bieter das Portfolio mehrmals von unterschiedlichen Vertriebspartnern des Verkäufers angeboten bekam.
Die an Portfoliokäufen interessierten Investoren gaben teilweise zu verstehen, dass sie nur an Bieterverfahren teilnehmen, bei denen sie eine hohe Erfolgswahrscheinlichkeit haben[307]. Diese berechnen sie als einfache Wahrscheinlichkeit aus ihrer Position als ein Bieter gegenüber der Anzahl aller Bieter. Versuchten die Verkäufer aber die Anzahl der interessierten Käufer geheim zu halten, so wurde eine ungefähre Größenordnung in der Regel doch bekannt. War diese einem Investor zu hoch, dann reduzierte er entweder den Prüfungsaufwand und gab ein unrealistisches Angebot ab oder zog sich ganz aus dem Transaktionsprozess zurück.

4.8.3.7 Weitere spezifische Problemfelder von Portfoliotransaktionen

– Geringe Gebotspreise / Paketabschlag

Die Transaktionsteilnehmer berichteten zudem, dass geringe Gebotspreise für die Verkäufer zum Problem wurden. Ein käuferseitiger Paketabschlag hätte in der Regel 15 bis 20 % von der Summe der erwarteten Erlöse im Einzelverkauf betragen. Grund dafür aus Sicht der Käufer und ihrer Berater war das erhöhte Konzentrationsrisiko, das mit der Größe des Portfolios steigt.

– Möglichkeit von Teilportfolio- und Einzelobjektgeboten

Als weiteres Problem empfanden die Käufer die Möglichkeit von Teilportfolio- und Einzelobjektgeboten, die sich mit einem Gesamtgebot überschneiden. Für die am gesamten Portfolio interessierten Bieter sank so die Gewissheit, dass sie das für sie attraktive Gesamtportfolio auch vollständig erwerben können. Wurden zwischenzeitlich Objekte einzeln verkauft, so mussten die Bieter ihre Angebotspreise anpassen. In der Regel wurden die attraktiven Objekte verkauft, so dass das Interesse am Portfolio sank. Käufer berichteten, dass sie von diesen Störungen frustriert waren und sich dies

307 Andere Bieter gaben aber auch zu verstehen, dass die Anzahl der Mitbieter unerheblich ist, da sie gro0es Vertrauen in ihre Durchsetzungsfähigkeit haben.

auch sicher durch schwindendes Interesse negativ auf die Höhe ihrer Gebotspreise ausgewirkt habe.

- Zu viele Käufer in fortgeschrittener Transaktionsphase

Neben der anfänglich breiten Streuung des Portfolios sind auch zu viele Bieter in der Käufer Due Diligence Phase problematisch für die Bieter. Sie erwarten eine Reduktion auf drei bis fünf Bieter, im Idealfall aber Exklusivität für sich selbst. Wurde ihnen das nicht signalisiert, so gingen sie von einer weiteren Selektionsphase aus und führten die Objektprüfung nicht so intensiv wie in einer abschließenden Gebotsphase durch. Auch verstanden sie dies als Signal, dass der Transaktionsprozess noch sehr lange dauern könnte oder der Verkäufer derzeit kein Interesse am endgültigen Verkauf hatte. Diese Signale bewogen die Bieter zum Teil, sich zurückzuziehen und in anderen Transaktionen zu engagieren, bei denen sie bessere Erfolgsaussichten hatten.

- Zu großes Portfolio

Ein Portfolio mit einer größeren Anzahl von Objekten wurde von einem Teil der Käufer und ihrer Berater als problematisch bei der Durchführung der Objektprüfungen und –bewertungen beschrieben, da die sehr große Datenmenge kaum zu beherrschen wäre. Andererseits gab es eine kleine Käufergruppe, für die dies kein Problem darstellte. Die Befragten verwiesen aber auch darauf, dass ein sehr hohes Verkaufsvolumen von z. B. mehr als einer Milliarde Euro nur durch sehr wenige Käufer finanzierbar ist. Als Folge wurde die Nachfrage stark eingeschränkt, was zu geringerem Wettbewerb führte.

- Fehlende Stabilität der Gebotspreise (nachträgliche Reduzierung)

Die Verkäufer und ihre Berater unterstellten den Käufern ein Verhalten, das sie als sehr problematisch ansahen. Es wurde darauf verwiesen, dass bewusst überhöhte indikative Angebote abgegeben wurden, um die Teilnahme an der zweiten Stufe des Bieterverfahrens sicherzustellen. Diese hohen Preise konnten in der zweiten Phase dann nicht bestätigt werden, wodurch die operativen Transaktionsverantwortlichen auf Verkäuferseite die durch die indikativen Gebote geschürten Erwartungen der Unternehmensführung nicht mehr erfüllen konnten.

- Zu kurzer Zeitraum für Due Diligence (aus Sicht des Käufers)

Andererseits verwiesen die Käufer und ihre Berater auf immer kürzer werdende Zeiträume für die Durchführung ihrer Käufer Due Diligence. Dies war für sie problematisch, da nicht alle Objektanalysen abgeschlossen werden konnten und sie stattdessen vorsichtige Annahmen treffen mussten, auf deren Basis ihre Gebotspreise zu gering und unattraktiv für den Verkäufer wurden.

- Käufer lehnen Immobilienrisiken ab (Forderung nach Triple-Net-Verträgen)

Die Verkäufer und ihre Berater verwiesen darauf, dass die Portfoliokäufer als Finanzinvestoren die Übernahme von Immobilienrisiken ablehnten. Diese bestanden grundsätzlich auf so genannte Triple-Net-Verträge, die alle Instandsetzungskosten (einschließlich Dach und Fach) dem Verkäufer und späteren Mieter auflasteten. Die Käufer relativierten jedoch diese grundsätzliche Forderung, dass sie auch durchaus Immobilienrisiken übernommen hätten. Als anfängliche taktische Forderung wären Triple-Net-Verträge aber üblich.

– Unkenntnis der deutschen Rechtslage seitens ausländischer Investoren
Darüber hinaus bemängelten die Verkäufer und ihre Berater die anfängliche Unkenntnis der ausländischen Investoren hinsichtlich der deutschen Rechtslage und Gesetze, wodurch Verhandlungen erschwert wurden.

– Ausschluss von Bietergruppen
Andererseits warfen die Käufer einzelnen Verkäufern vor, dass bei der Auswahl der Investoren sehr selektiv vorgegangen wurde und einzelne Bieter und Bietergruppen bei bestimmten Transaktionen nicht zugelassen wurden.

– Kritik / Widerstand von Rating-Agenturen gegen Transaktion
Darüber hinaus wurde darauf hingewiesen, dass die Durchführung der Transaktion dann ins Stocken geriet, wenn insbesondere Rating-Agenturen die Verkäufer deswegen kritisierten. Hintergrund war häufig, dass Transaktionen aus Liquiditätsgründen durchgeführt wurden (zur Erschließung alternativer Liquiditätsquellen), die Verkäufer sich aber langfristig mit Mietzahlungen belastete.

– Käuferseitige Abweichung von Absprachen / Verhaltensregeln der Transaktion
Weiterhin berichteten Verkäufer und ihre Berater, dass sich Käufer nicht an die detaillierten Verhaltensvorgaben im Transaktionsprozess und an Absprachen gehalten haben. Beispielhaft wurde hier der Versuch der Bildung von Bietergemeinschaften genannt, die eigentlich vom Verkäufer ausgeschlossen wurden.

4.8.4 Frequenzanalyse

Die Frequenzanalyse zeigt, dass die am häufigsten genannten Problemfelder dem Verkäufer als Verantwortlichen zugerechnet werden (siehe Tabelle 32). Erst an achter Stelle der am häufigsten genannten Probleme findet sich mit dem Abweichen der Käufer von den preisbeeinflussenden Vorgaben ein Problemfeld, das dem Käufer zuzurechnen ist.
Am häufigsten wurden die schlechte Datenlage, die instabile Verkaufsbereitschaft des Verkäufers und das schlechte Transaktionsmanagement genannt. Diese Problemfelder wurden von 75 % der Befragten oder mehr angesprochen.

Problemkategorien	Verkäufer	Verkaufs-agenten	Käufer	Anwälte	Banken
Anzahl Interviewte	**3**	**5**	**5**	**2**	**3**
Schlechte Datenlage (Vendor D-D) / Transaktionsfähigkeit nicht gegeben	66,7%	80,0%	100,0%	100,0%	100,0%
Instabile Verkaufsbereitschaft	66,7%	100,0%	80,0%	100,0%	33,3%
Schlechtes Transaktionsmanagement (insbesondere Berater) - kein transparenter, öffentlicher Prozess	33,3%	60,0%	80,0%	100,0%	100,0%
Hohe Preisforderung (z. B. wegen Buchwerte)	66,7%	60,0%	60,0%	50,0%	0,0%
Keine Nachfrage / Produkt nicht marktgängig (keine Marktanalyse)	0,0%	80,0%	20,0%	100,0%	66,7%
Unzureichende Ermittlung der Marktwerte	33,3%	80,0%	60,0%	0,0%	33,3%
Instabiles Portfolio / Herausnahme von Objekten	66,7%	20,0%	60,0%	50,0%	33,3%
Schlechte Dateraumqualität / nicht elektronisch / dezentral	0,0%	40,0%	60,0%	50,0%	33,3%
Käuferseitige Variation preisbeeinflussender Annahmen	33,3%	80,0%	0,0%	50,0%	33,3%
Unklare Nutzerinteressen / Nutzerwiderstand	0,0%	40,0%	20,0%	50,0%	66,7%
Objektbesichtigungen durch ungeschultes Personal / Widerstand der Mieter / Nutzer / eigenen FM-Leute	33,3%	20,0%	40,0%	50,0%	33,3%
Uneindeutige preisbeeinflussende Annahmen (seitens des Verkäufers)	33,3%	0,0%	80,0%	50,0%	0,0%
Finanzierbarkeit durch Käufer / Unzuverlässigkeit der finanzierenden Banken / Finanzierung zu spät angefragt	0,0%	40,0%	0,0%	50,0%	100,0%
Käuferseitige Ablehnung von Haftungsklauseln der Nutzer	100,0%	20,0%	0,0%	100,0%	0,0%

Problemkategorien	Verkäufer	Verkaufs-agenten	Käufer	Anwälte	Banken
Widerstand der Verkäufer zur Garantieübernahme	33,3%	20,0%	40,0%	0,0%	33,3%
Portfolio wird zu breit gestreut / Mehrfachangebote an 1 Käufer	33,3%	20,0%	40,0%	0,0%	0,0%
Geringe Gebotspreise (Paketabschlag)	33,3%	20,0%	20,0%	0,0%	33,3%
Einzelobjekt- und Teilportfoliogebote werden zugelassen	66,7%	0,0%	20,0%	0,0%	0,0%
Zu viele Käufer in fortgeschrittener Verhandlungsphase	0,0%	20,0%	40,0%	0,0%	0,0%
Portfolio zu groß, nicht handelbar	0,0%	20,0%	0,0%	50,0%	33,3%
Gebotspreise nicht stabil (nachträgliche Reduzierung)	33,3%	40,0%	0,0%	0,0%	0,0%
Due Diligence Zeitraum für Käufer zu kurz	0,0%	0,0%	20,0%	0,0%	33,3%
Gewünschte Vertragsgrundlagen des Verkäufers unklar (Musterverträge in Datenraum)	33,3%	0,0%	0,0%	50,0%	0,0%
Käufer wollen kein Immobilienrisiko (Triple Net)	0,0%	40,0%	0,0%	0,0%	0,0%
Ausländische Investoren kennen dt. Recht nicht	0,0%	0,0%	20,0%	50,0%	0,0%
Ausschluss von Bietergruppen	0,0%	0,0%	20,0%	0,0%	0,0%
Ratingagenturen sehen Transaktion kritisch	0,0%	20,0%	0,0%	0,0%	0,0%
Höhere Gewalt	0,0%	20,0%	0,0%	0,0%	0,0%
Käuferseitige Ablehnung von Absprachen / Verhaltensregeln der Transaktion	0,0%	20,0%	0,0%	0,0%	0,0%
Tafelsilber - nicht genutzte Wert-Potenziale	0,0%	0,0%	0,0%	0,0%	0,0%
Geringe Liquidität im Zweitmarkt	0,0%	0,0%	0,0%	0,0%	0,0%
Verbriefung zu teuer / keine Nachfrage	0,0%	0,0%	0,0%	0,0%	0,0%

Tabelle 32: Frequenzanalyse[308]

[308] V: Verkäufer, K: Käufer.

5 Explikation: Transaktionsprozess und Urteilsfehler

5.1 Einführung

Im nun beginnenden explikativen Teil der Arbeit werden ausgewählten, explorativ ermittelten Problemfeldern von Portfoliotransaktionen von Selbstnutzern verhaltenstheoretische Urteilsfehler als Ursache unterstellt, um das Auftreten der Probleme erklären zu können.

5.2 Verhaltenstheoretische Urteilsfehler (Behavioral Decision Anomalies)

5.2.1 Ursprung

Behavioral Decision Theory wird im Deutschen der deskriptiven Entscheidungslehre zugerechnet. Sie entstand aus der Kritik an der Erwartungsnutzentheorie als deskriptivem Modell von Entscheidungen unter Unsicherheit. Psychologen begannen mit der empirischen Überprüfung der Vorhersagegenauigkeit der Erwartungsnutzentheorie als normative Theorie im Vergleich mit tatsächlichem intuitivem Entscheidungsverhalten von Individuen. Dabei identifizierten sie eine große Menge von Phänomenen, bei denen von den Axiomen der Erwartungsnutzentheorie abgewichen wurde. Diese wurden „Behavioral Decision Anomalies" oder verhaltenstheoretische Urteilsfehler benannt.
In den vierziger Jahren des letzten Jahrhunderts hatten von Neumann und Morgenstern zuerst mathematisch die Axiome der Erwartungsnutzentheorie definiert. Gestützt auf Erkenntnisse von Bernoulli im Jahr 1738, dass Individuen in Entscheidungen ihren Nutzen maximieren, erweiterten sie die Nutzentheorie auf Entscheidungen unter Unsicherheit. Allerdings erforderte ihre Theorie objektive Ausgangswahrscheinlichkeiten, die extern vorgegeben werden. Da dies in Entscheidungen selten der Fall ist, entwickelte Savage (1954) die subjektive Entscheidungstheorie, in der er von subjektiven Ausgangswahrscheinlichkeiten und Nutzen von Ausgängen ausgeht. Beide Theorien beschreiben normativ, was wir noch heute unter rationalem Verhalten verstehen.
Diese Behauptung forderte jedoch Psychologen heraus, die Übereinstimmung der Modellaussagen mit tatsächlichem Entscheidungsverhalten zu testen. Kurz zusammengefasst, die verhaltenstheoretische Arbeit führte zur Identifikation einer großen Zahl von Entscheidungsanomalien bzw. Urteilsfehlern.
In vielen Fällen sind Anomalien die Folge der Verwendung von Heuristiken, kognitiven Prozessen als Abkürzungen – von den Menschen entwickelt, um mit den hohen Anforderungen des rationalen Vorgehens an das menschliche Gehirn bei der Lösung von Problemen umgehen zu können. Anomalien sind dabei nicht die bewusste Folge von motivationalen Aspekten, sondern es handelt sich um kognitive Urteilsfehler, die dem Individuum nicht bewusst sind.
In der Folge übernahmen andere wissenschaftliche Felder die neuen Erkenntnisse aus der Psychologie. In der Volkswirtschaftslehre wurde Behavioral Economics als neues Feld etabliert. In den Finanzwirtschaften entstand Behavioral Finance durch die Übertragung von Anomalien auf Aktienmärkte, wodurch neue wichtige Einblicke in Handelsverhalten erreicht wurden. Darüber hinaus, wurde in der Immobilienforschung die Richtung des Behavioural Real Estate bzw. Real Estate Behavioralism entwickelt.

5.2.2 Überlick über Urteilsfehler

5.2.2.1 Struktur der Urteilsfehler

Wie verschiedene Arbeiten zuvor zur Anwendung von Entscheidungsanomalien auf spezifische Themen in der Betriebswirtschaftslehre, wird diese Arbeit keinen kompletten Überblick über alle Anomalien liefern.[309]

Allerdings werden im Folgenden ausgewählte Entscheidungsanomalien vorgestellt, die zur Erklärung der vorgestellten Probleme und Situationen dienen können.[310] Noch steht aber der psychologische Hintergrund der Anomalien im Mittelpunkt dieser Betrachtung. Der Zweck ist einzig aufzuzeigen, welcher Teil einer Entscheidung durch eine Anomalie beeinflusst wird und dass deren Einwirken zu einem irrationalen Ergebnis führt, das nicht konsistent ist mit der Erwartungsnutzentheorie und somit letztlich unerklärlich für andere.[311]

5.2.2.2 Anchoring and Adjustment

Individuen gebrauchen diese Heuristik bei der Modellierung von Entscheidungsproblemen.[312] Wenn Menschen Informationen in ihrem Gedächtnis speichern,[313] dann konstruieren sie einen Anker, gegenüber dem sie zukünftige Veränderungen als Gewinn oder Verluste beurteilen.[314] Werden sie dann nach einer Schätzung gefragt, so werden Individuen immer vom Ankerpunkt ausgehen. Diese Heuristik erscheint zunächst sinnvoll. Allerdings ist Anchoring auch eine Anomalie, da der Anpassungsprozess vom Anker immer unzureichend verläuft und die resultierende Schätzung immer zum Anker tendiert.[315] Darüber hinaus kann der Anker auch unrealistisch, informationslos und irrelevant sein, dennoch wird er die Schätzung beeinflussen.[316]

Anchoring and Adjustment wurde schon häufig zur Erklärung von immobilienwirtschaftlichen Phänomenen gebraucht. Die erste Anwendung in einem Immobilienthema erfolgte allerdings durch Psychologen; eine Tatsache, die den hohen Erklärungsgehalt für Immobilienthemen auch aus Sicht fachfremder Wissenschaftler unterstreicht.

In dieser Studie wurde gezeigt, dass der vom Verkäufer geforderte Preis die Einschätzung von Experten und Nicht-Experten hinsichtlich des tatsächlichen Marktwertes von Wohnimmobilien beeinflusst. Darüber hinaus wurde nachgewiesen, dass dieser Einfluss nicht abnimmt, je weiter der geforderte Preis als Anker von dem tatsächlichen Marktwert abweicht.[317]

In weiteren Studien wurde gezeigt, dass Werte aus früheren Wertgutachten (die Werte selbst oder Angaben, die zu diesen Werten führten)[318] – selbst bei dem früheren Gutachter selbst[319] – als Anker neue Bewertungen verzerren.

---

309 Für einen Überblick, s. Rabin (1998), S. 11 – 46.
310 Langer (1999), S. 7.
311 Scholz et. al. (2003), S. 21.
312 Langer (1999), S. 7.
313 Mueller (2003), S. 119.
314 Anker sind vergleichbar mit Referenzpunkten in der Prospect Theorie – s. Kahneman (1992), S. 310.
315 Hanson / Kysar (1999), S. 667.
316 Kahneman (1992), S. 310.
317 Northcraft / Neale (1987), S. 84 – 97.
318 Gallimore, Paul (1994), S. 97 – 110.
319 Diaz / Wolverton (1998), S. 349 – 356.

Darüber hinaus konnte den Bewertern nachgewiesen werden, die Objekte in ihnen unbekannten Gebieten bewerteten, dass ihre Bewertungen hin zu dem Anker eines früheren Gutachtenwertes eines unbekannten Bewerters verzerrt sind.[320]
Bei Verkaufsverhandlungen wurde nachgewiesen, dass der geforderte Preis als Anker sowohl das erste Angebot des Käufers als auch den endgültigen Verkaufspreis manipuliert.[321]
Weiterhin wurde entdeckt, dass unvereinbar überhöhte Preisforderungen immer zu konsistent höheren Verkaufspreisen führen und so sogar den Käufer beeinflussen.[322]
Während ältere Arbeiten Laborexperimente zur Datensammlung nutzen, analysierte Pfeil (2003) Daten aus österreichischen Transaktionen, um zu den folgenden Erkenntnissen zu gelangen:[323]

- Der erwartete Preis des Verkäufers wie er dem Verkaufsagenten kommuniziert wurde, dient als dessen Anker für Angebots- und Verkaufspreis.
- Der Einfluss des Ankers nimmt aber ab, je größer die Differenz zum Preis einer neutralen Bewertung ist.
- Je größer dieser Unterschied ist, umso länger ist die Immobilie auf dem Markt vor dem Verkauf.

Der korrigierende Einfluss der neutralen Bewertung ist jedoch zweifelhaft wie andere Studien gezeigt haben.

Zusammenfassend wurde Anchoring bisher in der Immobilienbewertung und in der Verhandlungsführung nachgewiesen. Aus Sicht eines kritischen Psychologen erfüllen diese Anwendungen aber nicht die Anforderungen an Ankerung.
Mögliche Anker müssen tatsächlich irrational sein und müssen als solche auch dargestellt werden, z. B. indem sie per Zufallsauswahl ermittelt werden. Insbesondere der Rückgriff auf frühere Bewertungen und jene lokaler Experten ist eher dennoch eine rationale Vorgehensweise und somit kein klassisches Anchoring.

5.2.2.3 Sunk Cost Effect

Auch die übliche Berücksichtigung von irreversiblen Kosten (Sunk Costs) in Entscheidungen ist eine Verletzung der Axiome der Erwartungsnutzentheorie. Nur Grenzkosten und – nutzen sollen Entscheidungen beeinflussen, während historische Kosten dafür irrelevant sind.[324] Historische Kosten sollen aktuelle Entscheidungen nicht beeinflussen, da sie nicht mehr beeinflusst werden können.[325] Dennoch wurde nachgewiesen, dass irreversible Kosten eines Projekts ein wichtiger Grund für dessen Fortsetzung sind.[326] Was darüber hinaus die Person des Entscheiders betrifft, so wurde ge-

[320] Diaz / Hansz (1997), S. 256 – 260.
[321] Black / Diaz (1996), S. 287 – 297.
[322] Diaz / Zhao / Black (1999), S. 374 – 379.
[323] Pfeil (2003), S. 125f.
[324] Thaler (2000a), S. 276.
[325] Müller (2003), S. 127.
[326] Eisenführ / Weber (2003), S. 371.

zeigt, dass der für die irreversiblen Kosten Verantwortliche eher vor dem Abbruch des Projekts zurückschreckt.[327]

Im Hinblick auf Immobilien, wurde der Sunk Cost Effect auf die Verhandlungsführung angewendet:[328]

- Verkäufer leiten ihren geringsten akzeptablen Verkaufspreis aus dem früheren Kaufpreis ab.
- Sunk Costs werden zum Verhandlungspartner übertragen und beeinflussen dort sogar den Käufer.

5.2.2.4 Ambiguity Aversion

Von einem rationalen Individuum wird erwartet, dass es nur Endausgänge und deren Wahrscheinlichkeiten in seine Entscheidung über eine Lotterie einbezieht. In den meisten Lotterien liegen diese Wahrscheinlichkeiten jedoch nicht objektiv und numerisch vor[329]. Ambiguität wird daher definiert als der Grad des Vertrauens in die Qualität der Wahrscheinlichkeitseinschätzung.[330]

Vor diesem Hintergrund wurde Ambiguity Aversion oder deutsch Ambiguitätsaversion als so genanntes Ellsberg-Paradoxon identifiziert. Im Jahr 1961 führte Daniel Ellsberg ein Experiment durch, in dem Probanden gebeten wurden, einen Ball aus einer Urne zu ziehen, die 30 rote Bälle und 60 Bälle enthielt, die entweder schwarz oder gelb waren. Das Verhältnis der Anzahl von schwarzen zu gelben Bällen ist unbekannt und unterliegt daher Ambiguität. Die Auszahlungspläne der beiden Durchläufe des Experiments war wie folgt (siehe Tabelle 33).[331]

Experiment 1	30 Bälle	60 Bälle	
Alternativen	ROT	SCHWARZ	GELB
Alternative 1: 1 roter Ball	$ 100	$ 0	$ 0
Alternative 2: 1 schwarzer Ball	$ 0	$ 100	$ 0

Experiment 2	30 Bälle	60 Bäller	
Alternativen	ROT	SCHWARZ	GELB
Alternative 1: 1 roter oder 1 gelber Ball	$ 100	$ 0	$ 100
Alternative 2: 1 schwarzer oder 1 gelber Ball	$ 0	$ 100	$ 100

Tabelle 33: Aufbau Ellsberg-Experimente

Ausgehend vom Cancellation-Prinzip der Erwartungsnutzentheorie müsste man davon ausgehen, dass Spieler in beiden Lotterien die gleiche Alternative wählen. In Experi-

327 Arkes / Blumer (1985), S. 134.
328 Diekmann / Tenbrunsel / Shah / Schroth / Bazerman (1996), S. 179 – 191.
329 Langer (1999), S. 14 / 15.
330 Ellsberg (1961), S. 657.
331 Plous (1993), S. 87.

ment 1 bevorzugen die Probanden jedoch rot, um die Ambiguität des Verhältnisses zwischen schwarz und gelb zu umgehen. In Experiment 2 jedoch, bei dem der einzige Unterschied zu Experiment 1 darin besteht, dass die Auszahlung $ 100 anstatt $ 0 für gelbe Bälle beträgt, bevorzugen die Spieler Alternative 2, wiederum um die Unsicherheit im Hinblick auf das Verhältnis von schwarzen und gelben Bällen zu umgehen.

Daraus wurde für Strategieentscheidungen geschlossen, dass, falls der Erfolg innovativer Strategien unsicher ist, Individuen häufig die traditionellere oder aktuelle Strategie bevorzugen werden - sogar bei hohem Risiko - gegenüber Innovationen, deren Konsequenzen in der Regel zweifellos unsicher sind. Sie scheuen Entscheidungen, bei denen die Erfolgswahrscheinlichkeiten der möglichen Ausgänge unsicher sind.[332]
Die Unsicherheit hinsichtlich der Wahrscheinlichkeit entsteht gewöhnlich durch das Fehlen von Informationen, die relevant sind und eigentlich bekannt sein müssten.[333]
Der Grund für die Aversion liegt darin, dass die Unfähigkeit Wahrscheinlichkeiten möglicher Ausgänge einschätzen zu können, für den Entscheider einen Kontrollverlust symbolisiert.[334] Ambiguität betrifft aber nicht nur die Eintrittswahrscheinlichkeiten. Zudem kann auch Ambiguität hinsichtlich der Eigenschaften des Lotterieausgangs herrschen.[335] Auch in diesem Fall wird das Individuum vor der Entscheidung für einen Ausgang mit Ambiguität zurückschrecken und sich stattdessen für eine Situation entscheiden, bei der Ängste unbegründet sind - die aber deswegen schon bekannt sein muss.[336]
Wird er mit einer Lotterie mit Ambiguität konfrontiert, so wird der Spieler sogar bereit sein, für die Vermeidung der Ambiguität zu zahlen. Dafür akzeptiert er sogar wirtschaftliche Verluste.[337]
Im Hinblick auf die Untersuchung von Ambiguitätsaversion in einem Immobilienkontext, konnten bisher keine entsprechenden Arbeiten gefunden werden.

5.2.2.5 Mental Accounting

Gemäß der rationalen Portfoliotheorie sollten sich Investoren nur um den Erwartungsnutzen des gesamten Portfolios kümmern und nicht um Teilkomponenten.[338] Allerdings unterteilen Individuen ihre Besitztümer in verschiedene mentale Konten (wie z. B. Erspartes für das Alter gegenüber spekulativen Investitionen), maximieren den Nutzen nur innerhalb dieser Konten und ignorieren dabei Diversifikationseffekte zwischen den Konten. Damit verstoßen sie gegen das Asset Integration-Prinzip (Entscheidungen bedürfen der Betrachtung des gesamten Portfolios).[339]
Während mentale Konten nach zeitlichen und themenbezogenen Kritierien gebildet werden können, erregt der Abschluss eines Kontos mit Verlust bei dem Investor Bedauern. Daher wird bei Mental Accounting davon ausgegangen, dass Individuen zu-

---

332 Behavioral Finance Group (2000), S. 317.
333 Camerer / Weber (1992), S. 330.
334 Mueller (2003), S. 115.
335 Smithson, Michael (1997-2000).
336 Camerer / Weber (1992), S. 330.
337 Camerer / Weber (1992), S. 333.
338 Rockenbach, Bettina (2002), S. 2.
339 Eisenführ / Weber (2003), S. 369.

rückschrecken vor dem Verkauf von Wertpapieren oder Vermögensgegenständen, die einen Wertverlust erlitten haben.[340]
Bisher existieren keine Anwendungen des Mental Accounting Phänomens auf Immobilienthemen.

5.3 Erklärungsmodell

5.3.1 Modell des Portfolioverkaufs als zweiteilige Entscheidungslotterie des Verkäufers

Ziel des Erklärungsmodells ist die Darstellung der Entscheidungen des Verkäufers im Zusammenhang mit dem Portfolioverkauf von selbstgenutzten Immobilien als Entscheidungssituation, in der verhaltenstheoretische Urteilsfehler wirken, die das Auftreten von Problemfeldern erklären, die im empirisch-explorativen Erklärungszusammenhang identifiziert werden konnten.
Portfoliotransaktionen durch Selbstnutzer (sowie Immobilienverkäufe von Selbstnutzern im Allgemeinen) können als zwei Lotterien auf der Eigentümerebene (1) sowie auf der Nutzerebene (2) aufgefasst werden. Die Unterscheidung der Perspektiven eines Selbstnutzers in eine Eigentümer- und eine Nutzerebene ist üblich bei deren Beurteilung.[341] Auf beiden Ebenen ist der Selbstnutzer mit Entscheidungen unter Unsicherheit konfrontiert (siehe Abbildung 15).
Allerdings existiert die Eigentümerebene nur bei Eigentumsobjekten. Diese sind jedoch von besonderer Bedeutung für deutsche Unternehmen, da der Anteil der Eigentumsobjekte an allen genutzten Objekten deutlich höher ist als in anderen Ländern.[342] Gerade die Bestrebung, diesen Anteil zu reduzieren, ist häufig Auslöser von Portfoliotransaktionen von Selbstnutzern.[343]

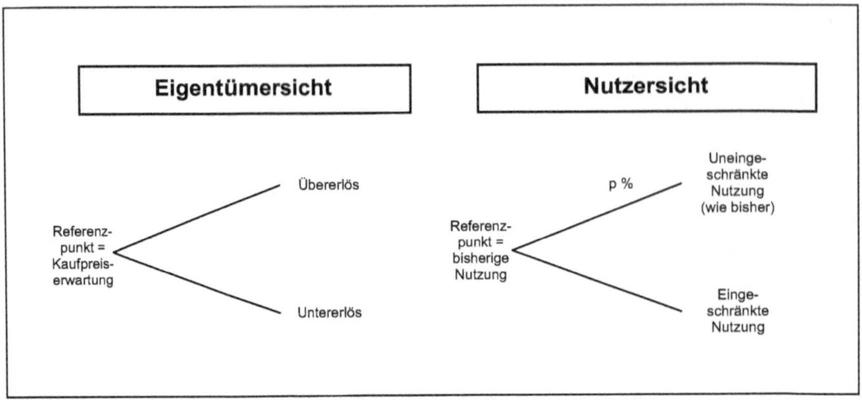

Abbildung 15: Eigentümer- und Nutzerlotterie[344]

---

[340] Thaler (2000b), S. 249.
[341] Pfnür/ Armonat (2003, S. 312-330.
[342] Pfnür/ Hedden (2002), S. 44.
[343] Siehe oben.
[344] Eigene Darstellung.

Eigentümerebene:
Wie jeder Eigentümer beim Verkauf von Immobilien ist auch der Selbstnutzer mit der Unsicherheit über den zukünftigen Verkaufspreis konfrontiert. Bei der Beurteilung dieses Preises wird der Eigentümer ihn mit einem früheren Referenzpunkt als Anhaltspunkt vergleichen, der dem Wert entspricht, den er gerne erlösen würde. Aus dieser Perspektive hat die Eigentümerlotterie zwei mögliche Ausgänge:

1. der Verkaufspreis entspricht oder übersteigt den Vergleichswert
2. der Verkaufspreis liegt unter dem Vergleichswert

Die Höhe der Eintrittswahrscheinlichkeiten der Ausgänge unterliegt dem Marktmechanismus und ist daher voller Ambiguität für den Eigentümer.

Nutzerebene:
Gleichzeitig ist der Selbstnutzer mit einer Lotterie auf der Nutzerebene konfrontiert. Im Vergleich zu der Kontrolle als Eigentümer (Referenzpunkt) ist für den Verkäufer und zukünftigen Mieter das Ausmaß der Kontrolle unsicher, welche er nach dem Verkauf ausüben kann. Dabei gibt es zwei mögliche Ausgänge:

1. Ein eingeschränktes Ausmaß der Kontrolle gegenüber Eigentum
2. Identisches Ausmaß der Kontrolle gegenüber Eigentum[345]

Dabei wird der Eigentümer Schwierigkeiten bei der Beurteilung eines möglichen Kontrollverlusts haben. Auf der Einzelobjektebene mag das Unternehmen bereits Erfahrung mit angemieteten Immobilien haben. Jedoch handelt es sich dabei in der Regel um nicht strategische Objekte.[346] Da letztere Grundlage und Infrastruktur für das Kerngeschäft sind (so z. B. Fabriken, Technikgebäude oder Handelsflächen in 1a-Lage für Einzelhändler) und speziell für die Bedürfnisse des Selbstnutzers errichtet werden, werden sie häufig im Eigentum gehalten. Bei einem Portfolioverkauf der Objekte führt dies zum Kontrollverlust über große Teile oder das ganze Portfolio. Da dies in der Regel noch nicht durchgeführt wurde, ist der Ausgang der Transaktion unsicher im Hinblick auf den Umfang der zukünftigen Kontrolle über strategische Objekte. Sowohl die möglichen Lotterieausgänge hinsichtlich des Umfangs der Kontrolle als auch die Eintrittswahrscheinlichkeit der möglichen Ausgänge, der erwartet wurde, konfrontiert den Verkäufer mit einem hohen Maß an Ambiguität.

5.3.2 Anwendung von Urteilsfehlern als Erklärung für Problemfelder der Transaktionen

Anchoring and adjustment / Sunk Cost Effect
Wenn große Portfoliotransaktionen durch Selbstnutzer in Deutschland in den letzten Jahren gescheitert sind, so wurden als eine Ursache überhöhte Preiserwartungen des Verkäufers identifiziert. Dabei wurden insbesondere hohe Buchwerte als Auslöser ho-

[345] Es wird davon ausgegangen, dass es keine umfangreicheren Kontrollmöglichkeiten als im Eigentumsfall gibt.
[346] Für eine Definition s. Gibson (2002).

her Erwartungen angesehen. Im Folgenden soll anhand des Lotterienmodells aufgezeigt werden, wie hohe Buchwerte zum Referenzpunkt der Eigentümerlotterie werden können.
Zunächst muss aber davon ausgegangen werden, dass es keinen eindeutigen Marktwert für eine Immobilie gibt. Besonders in Deutschland werden immer wieder traditionelle deutsche Bewertungsverfahren mit internationalen Methoden verglichen. Dabei werden in der Regel Abweichungen festgestellt. Aus diesem Grund, kann der Verkäufer nicht von einem festen Marktwert der Verkaufsobjekte ausgehen. Somit ist er mit Unsicherheit konfrontiert und muss sich auf eine Schätzung verlassen. Voraussichtlich werden dabei die Ergebnisse gleich mehrerer Methoden verglichen.
Muss sich der Eigentümer auf Schätzungen und nicht auf Fakten verlassen, so kann seine hohe Preiserwartung mit der Methode erklärt werden, mit deren Hilfe Individuen generell Schätzungen herleiten - der Anchoring and Adjustment-Heuristik.
Was die Auswahl des Ankers betrifft, so erkannten Forscher, dass die erste bekannte Werteinschätzung in der Regel zum Anker wird.[347] Für Unternehmen sind dies die historischen Anschaffungskosten oder aber die Herstellungskosten. In Deutschland, repräsentieren diese Kosten, bereinigt um Abschreibung, den Buchwert von Immobilien. Die konsistente Hypothese lautet somit, dass die hohe Kaufpreiserwartung dadurch entsteht, dass der Verkäufer auf dem Buchwert verankert ist und diesen bei widerlegenden Informationen (abweichende Werteinschätzungen) zu wenig anpasst.
Als Folge ist der Referenzpunkt / Vergleichswert zum Buchwert verzerrt und liegt im Falle hoher Buchwerte über dem tatsächlichen Marktwert.
Wenn Anchoring and Adjustment als Heuristik nicht zwangsweise zu irrationalen Resultaten führt, so wird es durch den Anker Buchwert zu einer Anomalie. Da Buchwerte historische Kosten sind, deren Zeitwert durch Abzug der Abschreibung ermittelt wird, fällt die Verankerung des Verkäufers auch unter die Sunk Cost-Anomalie. Dieser Zusammenhang wurde bereits von Diekmann et al. (1996) nachgewiesen.
Zusammenfassend sind zunächst zwei Anomalien an dieser Stelle im Modell am Werk. Erstens, Anchoring and Adjustment verzerrt den Referenzpunkt des erwarteten Verkaufspreises zum Buchwert. Zweitens, da Buchwerte irreversiblen Kosten entsprechen, zeigt der Anker Buchwert auch den Sunk Cost Effect (siehe Abbildung 16).

Man könnte aber argumentieren, dass die Verankerung auf dem Buchwert nicht zu überhöhten Kaufpreiserwartungen führen muss, da weitgehend abgeschriebene Buchwerte unter dem Marktwert liegen sollten. Dennoch ist unter den folgenden Umständen von überhöhten Erwartungen auszugehen:

- Objekte wurden in spezielle Eigentümergesellschaften ausgegliedert und die Buchwerte wurden bereits an die Marktwerte angepasst (Step-Up), um stille Reserven zu haben. In der Regel werden in diesen Fällen besonders optimistische Marktwerte unterstellt.
- Immobilien wurden für und mit speziellen Einbauten für die individuelle Nutzung des Selbstnutzers gebaut (strategische Objekte), mit folglich sehr hohen Baukosten

[347] Vgl. Pfeil (2003), S. 90.

(z. B. für hohe Deckentragfähigkeit). Dieser Mehrwert existiert aber nicht für Dritte und wird sich nicht in hohen Verkaufspreisen auszahlen.[348]

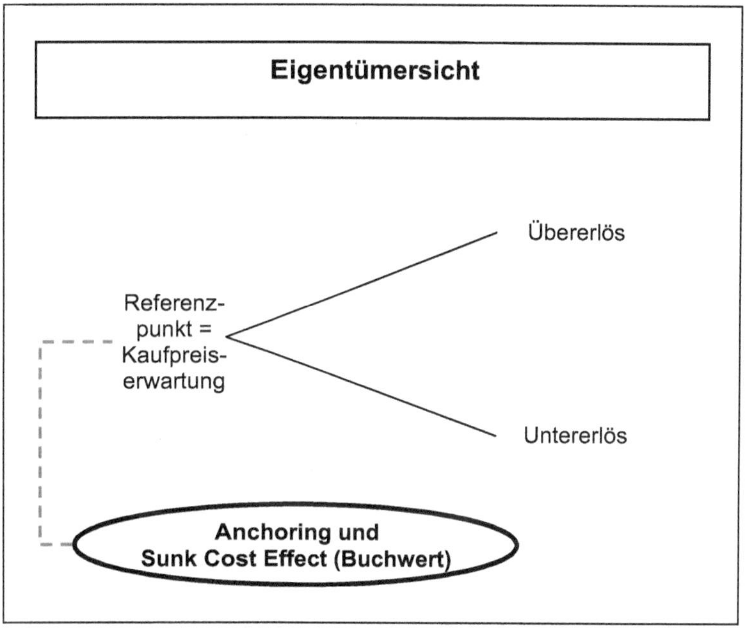

Abbildung 16: Anchoring and adjustment[349]

Darüber hinaus erfüllen Buchwerte alle Anforderungen, um zu einem Anker zu werden:[350]

- Beachtung des Ankers: Buchwerte werden bei der Werteinschätzung berücksichtigt, da die Gefahr eines möglichen Buchwertverlustes besteht als Differenz zwischen Verkaufspreis und Buchwert. Diese Gefahr zieht die Aufmerksamkeit auf die Buchwerte und ist somit eine automatische Zielfrage, die Buchwerte zu automatischen Ankern werden lassen.[351]
- Anker-Ziel-Vergleichbarkeit: Sowohl Buch- und Marktwert sind monetäre Größen und somit unmittelbar vergleichbar
- Extreme Anker / Bewusstsein: Buchwerte erscheinen plausibel, da sie aus „realen" Transaktionen oder Bauprojekten der Vergangenheit abgeleitet sind

[348] Siehe auch Gibson / Louargand (2002), S. 6: „Properties whose market value is below book value are common in the corporate world".
[349] Eigene Darstellung.
[350] Chapman / Johnson (2000), S. 3-5.
[351] Chapman / Johnson (2000), S. 14.

Abschließend ist zu bemerken, dass für die als Verkäufer sehr unerfahrene Unternehmen die Transaktion als ersten Markttest oder Methode zur Wertermittlung anzusehen ist, die Buchwerte werden dann möglicherweise die einzigen vorliegenden Werteinschätzungen sein und ihr Einfluss als Anker wird noch größer sein[352]. Während dies auf den ersten Blick unrealistisch erscheint, so sind doch Unerfahrenheit und fehlende Professionalität in Transaktionsprozessen typische Merkmale des Immobilienmanagements deutscher Selbstnutzer. Portfoliotransaktionen bleiben in der Regel ein einmaliges Ereignis und werden von Führungskräften durchgeführt, die auch zum ersten Mal in ihrer Berufslaufbahn eine solche Transaktion leiten.

Ambiguity Aversion / Ambiguitätsaversion

Nach der Beschreibung zweier Urteilsfehler, die zum Scheitern während des Transaktionsprozess führen können, konnte noch nicht geklärt werden, warum instabile Verkaufsbereitschaft als wesentliches Problem von den Transaktionsteilnehmern genannt wurde und darüber hinaus so viele deutsche Unternehmen nicht mit der Desinvestition ihres Immobilieneigentums beginnen, nur kleine Transaktionen durchführen oder Transaktionen aus Nutzungsgründen abbrechen.

Geht man zurück auf die Nutzerlotterie des Verkäufers, so wurde Ambiguität auf Ebene der Ausgänge und Eintrittswahrscheinlichkeiten festgestellt. Einerseits besteht Unsicherheit über das Ausmaß des Kontrollverlusts nach Verkauf. Andererseits fehlt dem Verkäufer die Erfahrung, die Eintrittswahrscheinlichkeiten beider Ausgänge realistisch einschätzen zu können. Bei einem durchschnittlichen Anteil von Eigentumsobjekten unter den genutzten Objekten von über 70 % hat der Nutzer keine große Erfahrung mit der Anmietung als Bereitstellungsform. Weiterhin werden vornehmlich allgemeine Objekte angemietet, währenddessen strategische Objekte und Standorte in der Regel im Eigentum gehalten werden, sogar wenn man sie gar nicht mehr braucht (siehe Abbildung 17).[353]

Daher muss das Ausmaß der Kontrolle über strategische Objekte in einer anderen Bereitstellungsform als Eigentum neu und voller Ambiguität für den Nutzer sein.

Ist die Nutzerlotterie voller Ambiguität für den Verkäufer, so kann ein Grund für die instabile Verkaufsbereitschaft die Entscheidungsanomalie der Ambiguitätsaversion sein. Selbstnutzer werden daher ggf. immer noch Eigentum als beste Strategie bevorzugen, um die unsicheren Auswirkungen des Verkaufs mit Wiederanmietung zu umgehen, wobei sie bereit sein werden, negative aber bekannte Konsequenzen (z. B. Kapitalbindung außerhalb des Kerngeschäfts) und Risiken (Leerstand) zu akzeptieren.[354] Da Individuen sogar bereit sind für die Ambiguitätsvermeidung zu bezahlen, werden wirtschaftliche Nachteile des Eigentums wahrscheinlich akzeptiert, nur um die volle Kontrolle über die Immobilien behalten zu können.

Darüber hinaus kann Ambiguity Aversion noch im gängigen Fall verstärkt werden, wenn Portfoliotransaktionen unter Zeit- und Erfolgsdruck in Angriff genommen werden, um z. B. kurzfristige Liquidität zu beschaffen.[355] Die Aversion wird umso größer,

---

352 Kahneman (1992), S. 310.
353 Pfnür (2004), S. 404.
354 Ellsberg (1961), S. 666.
355 Kessler (2004).

desto weniger Zeit sich der Verkäufer nimmt, um Informationen über den Umfang der Kontrolle nach dem Verkauf (als Mieter) zu sammeln.[356]

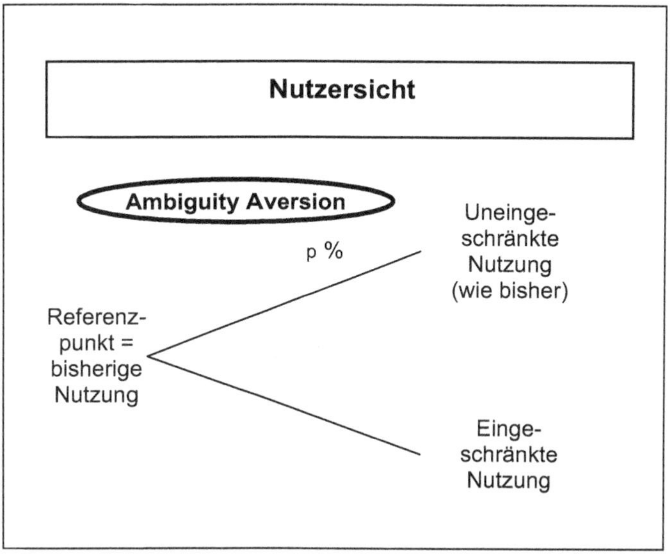

Abbildung 17: Ambiguty Aversion / Ambiguitätsaversion[357]

Mental Accounting

Käufer und ihre Berater beklagen sich bei den deutschen Transaktionen häufig über instabile Portfolien mit häufigem Herausnehmen von Objekten, dem so genannten „Cherry Picking".

Dieses Verhalten der Verkäufer steht häufig in engem Zusammenhang mit Gebotspreisen unter der Kaufpreiserwartung und führt zur Herausnahme von „problematischen" Objekten (Gebot liegt deutlich unter dem erwarteten Preis) mit der Folge eines abnehmenden Portfoliovolumens. Als Reaktion muss der Investor seinen Business Case und die Gebotspreise für die verbliebenen Objekte anpassen, was der Verkäufer wiederum als taktische Spiele auffasst, die den Transaktionsprozess in einen Teufelskreis von Vorwürfen leiten, wodurch das Vertrauen zwischen den Transaktionspartnern zerstört wird.

Ungeklärt bleibt aber die Zurückhaltung des Eigentümers gegenüber dem Verkauf spezifischer „problematischer" Einzelobjekte, wenn der Gesamtpreis des Portfolios hoch ist. Dieses Verhalten kann auf verschiedenen Ebenen mit Hilfe der Anomalie Mental Accounting erklärt werden (siehe Abbildung 18).

Vor allem wird Mental Accounting automatisch auftreten, wenn der Verkäufer seinem Verkaufsagenten einen erwarteten Mindestpreis je Objekt vorgibt. Während vorgegebene Mindestpreise in den bisherigen Transaktionen selten vorkamen, so gibt es doch

356 Camerer / Weber (1992), S. 330.
357 Eigene Darstellung.

die Tendenz dazu, je regulierter das Verhältnis zwischen Verkäufer und Verkaufsagent wird. Dies kann dann vielleicht in ausgereiften Dienstleistungsverträgen enden, die den Ansprüchen der internen Revision des Auftraggebers entsprechen müssen.
Geht man für einen Moment über die gewerblichen Transaktionen hinaus und betrachtet die Verkäufe der öffentlichen Hand (Freie und Hansestadt Hamburg, Land Hessen), so ist hier definitiv von Mindestpreisen auszugehen, da ein Verkauf nur zum vollen (Markt-)Wert möglich ist.

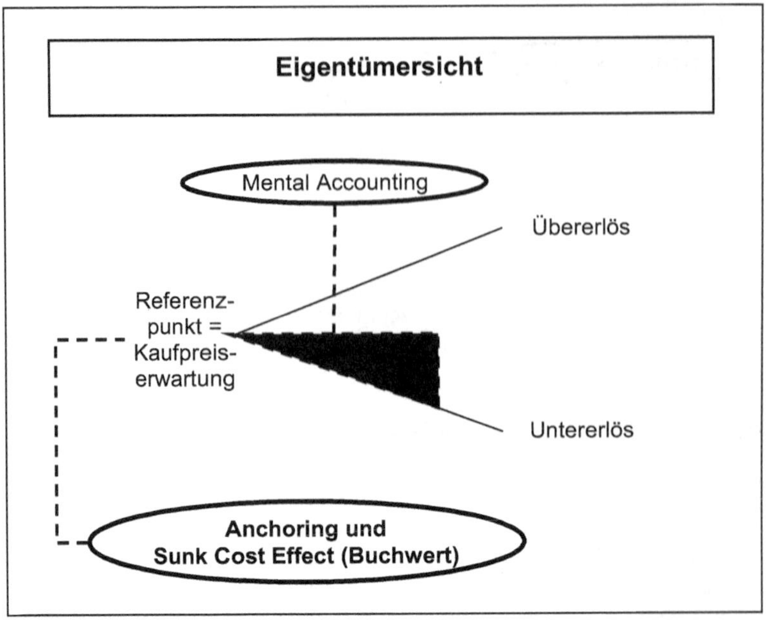

Abbildung 18: Mental Accounting[358]

Abschließend unterliegen Verkäufer bereits Mental Accounting, wenn sie wie von den Transaktionsteilnehmern bemängelt, Einzelobjekt- und Teilportfoliogebote überschneidend zur Portfoliotransaktion zulassen. Dann unterliegen sie bereits einer Einzelobjektabwägung, bei der Klärung der Frage, ob für das Objekt das Einzel- oder das Portfoliogebot günstiger ist.

5.4 Diskussion

Auswirkungen

Nachdem Urteilsfehler / Entscheidungsanomalien als Ursachen für typische Problemfelder von Immobilien-Portfoliotransaktionen durch Selbstnutzer unterstellt wurden, soll nun der Schwerpunkt auf den Schlüssen und Handlungsempfehlungen liegen, die aus der Anwendbarkeit abzuleiten sind. Was können wir daraus lernen?

[358] Eigene Darstellung.

Dabei gibt es sehr viele Ansatzpunkte, von denen im Folgenden nur einige beschrieben werden sollen:

Anchoring and adjustment
Die erste Erkenntnis aus der Identifikation des negativen Einflusses der Buchwerte ist, dass der Einfluss der Buchwerte als irrelevanter Anker durch die Zurverfügungstellung weiterer Werteinschätzungen reduziert werden kann. Der Entscheider wird dann mit mehreren möglichen Ankern konfrontiert. Forscher haben gezeigt, dass in diesen Fällen der Einfluss des irrelevanten Ankers reduziert wird.[359]
Die Empfehlung für den Verkäufer lautet somit bei der Vorbereitung der Verkaufsobjekte für die Transaktion, mehrere Werteinschätzungen zu berücksichtigen.
Weiterhin wurde im Immobilienkontext nachgewiesen, dass sogar Käufer durch überhöhte Angebotspreise als Anker beeinflusst werden, mit entsprechend höheren Kaufpreisen als Folge.[360]
Allerdings verzichteten die Verkäufer in den bisherigen Transaktionen in der Regel auf die Nennung von konkreten Angebotspreisen. Die Empfehlung aus der Anchoring-Hypothese lautet nun aber, dass die Verkäufer auf jeden Fall ihre Angebotspreise nennen sollten. Neben dem Einfluss auf den Käufer, wird es auch als Signal an die Investoren wirken, die nicht bereit sind in der geforderten Höhe zu bieten, sich nicht am Transaktionsprozess zu beteiligen.

Sunk Cost Effect
Berücksichtigt man den Sunk Cost Effect innerhalb der Organisation des Verkäuferunternehmens, so lautet eine Empfehlung, nicht diejenigen Personen mit der Transaktionssteuerung zu betrauen, die im Vorfeld für die Anschaffung und Unterhaltung der Verkaufsliegenschaften verantwortlich waren. Es konnte gezeigt werden, dass die Tendenz zum Festhalten an Vermögensgegenständen bei diesen Personen höher ausgeprägt ist.[361] Bei diesem Personenkreis wirkt der Sunk Cost Effect deutlich stärker. Dementsprechend sollte die Transaktion selbst durch einen mit der Akquisition und Unterhaltung Unbeteiligten verantwortet werden.

Mental Accounting
Eine letzte und sehr hilfreiche Erkenntnis kann aus dem Konzept Mental Arithmetic abgeleitet werden.[362] Konnte die Anomalie Mental Accounting nachgewiesen werden, so untersucht dieses Feld die Fälle, in denen die Zusammenfassung mehrerer mentaler Konten (Integration) dennoch dem Entscheider in Summe größeren Nutzen stiftet als die Summe der Nutzen der einzelnen Konten (Segregation). Diese Erkenntnisse können nun in die Auswahl der Verkaufsobjekte einfließen, um Mental Accounting und das daraus folgende Cherry Picking auszuschließen.[363] Die Empfehlung lautet somit: Kombiniere Gewinne und Verluste derart,[364] dass der wahrgenommene Nutzen der Integration (Portfolioverkauf) höher ist als der der Segregation (Einzelverkäufe)!

---

359 Whyte / Sebenius (1997), S. 77.
360 Siehe oben.
361 Arkes / Blumer (1985), S. 134.
362 Thaler (1985), S. 201.
363 Siehe oben.
364 Des tatsächlichen Verkaufspreises im Vergleich zum erhofften Erlös (Referenzpunkt).

Die nachgewiesenen Zusammenhänge sind wie folgt:
X: Transaktionsausgang für Objekt A (Gewinn oder Verlust im Vergleich zum erhofften Erlös)
Y: Transaktionsausgang für Objekt B (Gewinn oder Verlust im Vergleich zum erhofften Erlös)

a. Ausschließlich Gewinnobjekte: $v(X) + v(Y) > v(X+Y)$
➔ nur „gute" Objekte mit potenziellen Gewinnen sollen nicht in einem Verkaufsportfolio verkauft werden, da der Nutzen der Einzelverkäufe höher ist. Der Transaktionsausgang wird enttäuschend für den Verkäufer sein

b. Ausschließlich Verlustobjekte: $v(-X) + v(-Y) < v(-(X+Y))$
➔ nur „schlechte" Objekte mit potenziellen Verlusten sollen im Portfolio verkauft werden, da der gemeinsame Nutzen als Portfolio höher ist als der Nutzen der Einzelverkäufe. Ein großer Verlust ist akzeptabler für den Verkäufer als mehrere Einzelverluste

c. Gewinn- und Verlustobjekte mit Gewinn als Saldo: $v(X) + v(-Y) < v(X-Y)$ with $X > Y$, net gain
➔ werden „gute" und „schlechte" Objekte in einem Portfolio verkauft, so ist der Nutzen des Portfolioverkaufs höher als der der Einzelverkäufe, wenn im Saldo ein Gewinn der Summe der tatsächlichen Verkaufspreise / Verkaufspreis für das Portfolio im Vergleich zur Summe der erhofften Erlöse verbleibt. Folglich soll im wahrscheinlichen Fall der Mischung aus Gewinn- und Verlustobjekten darauf geachtet werden, dass ein Gewinn als Saldo verbleibt.

d. Gewinn- und Verlustobjekte mit Verlust als Saldo: hier ist die Forschung noch zu keinem eindeutigen Ergebnis gekommen

Zusammenfassend ist Verkäufern zu empfehlen, zunächst keine Portfolien zusammenzustellen, die nur aus Gewinnobjekten bestehen. Jedoch macht es Sinn, Portfolien aus reinen Verlustobjekten sowie aus gemischten Gewinn- und Verlustobjekten mit einem Netto-Gewinn zu bilden, da der Nutzen des Portfolioverkaufs in diesen Fällen höher ist als die Summe der Einzelnutzen aus Einzelverkäufen.

Erweiterung des Modells um weitere Urteilsfehler / Entscheidungsanomalien

Neben den beschriebenen Anomalien, ist davon auszugehen, dass weitere im komplexen Entscheidungsmodell des Verkäufers wirken. Insbesondere Loss Aversion oder Verlustaversion ist von Interesse, da es gleichzeitig in beiden Lotterien (Eigentümer und Nutzer) Einfluss nimmt.
Verlustaversion beschreibt den Unterschied zwischen der Nutzenbewertung von Gewinnen und Verlusten in der Nutzenfunktion der Prospect Theorie. Diese Funktion wurde empirisch hergeleitet und zeigt, dass der Nutzenverlust durch Verluste nur durch Nutzengewinne durch Gewinne im Verhältnis 2 : 1 von Gewinn zu Verlust ausgeglichen werden kann.[365]

365 Kahneman (1992), p. 298.

Wirkt nun Loss Aversion im Modell, so hat dies bedeutende Auswirkungen. Auf der Eigentümerebene kann dann nicht mehr von der einfachen Saldierung von Gewinnen und Verlusten im Vergleich zum erhofften Erlös ausgegangen werden. Auf der Nutzerebene hat Verlustaversion die verwandte Anomalie des Status Quo Bias zur Folge. Diese besagt, dass, falls die Beibehaltung des Status Quo eine mögliche Option in der Entscheidung ist – was auf das vorgestellte Modell zutrifft – dann werden die Nachteile der Alternativen stärker gewichtet werden als die Vorteile. Die Folge ist ein sehr starker Wille zur Beibehaltung des Status Quo, ein weiterer Grund für die Beibehaltung des Eigentums an den Verkaufsobjekten.[366]
Die Vermutung liegt nahe, dass Loss Aversion auch Portfoliotransaktionen von Selbstnutzern beeinflusst, denn die Anomalie wirkt nur bei selbstgenutzten Gütern (Use Goods) gegenüber Handelsgütern (Exchange Goods).[367] Daher wird eine weitere Untersuchung dieses Phänomens, am besten anhand von Transaktionsdaten, angeraten.

366 Kahneman (1992), p. 298.
367 Kahneman (1992), p. 301.

6 Empfehlungen für die Transaktionsvorbereitung

6.1 Einführung

Auf Basis der identifizierten Problemfelder und Anomalien sowie des Erfahrungswissens der bisherigen Transaktionsteilnehmer sollen nun Empfehlungen für die Transaktionsvorbereitung und im folgenden Kapitel für deren Durchführung aufgezeigt werden. Gegenstand der Empfehlungen sind insbesondere die in der Exploration aufgezeigten Problemfelder der Transaktionen und die Erkenntnisse aus der Explikation mit Hilfe von verhaltenstheoretischen Urteilsfehlern. Weitere Quellen für die Empfehlungen sind die Erfahrungen und Empfehlungen der bisherigen Transaktionsteilnehmer aus den explorativen Experteninterviews sowie Erkenntnisse in der Literatur, die einerseits zum Thema verfasst wurde oder aber aus dem größeren Feld Unternehmenstransaktionen übertragen werden können. Portfoliotransaktionen durch Selbstnutzer sind Bestandteil der Gruppe der Unternehmenstransaktionen.[368]

Die Empfehlungen sind dabei sehr umfangreich und vielschichtig. Einerseits orientieren sie sich inhaltlich an den verschiedenen Phasen der Transaktion, die im explorativen Teil erhoben wurden. Diese werden in der chronologischen Reihenfolge besprochen.

Andererseits werden viele Detailthemen tangiert. Dies betrifft insbesondere rechtliche und steuerliche Fragestellungen. Da es sich bei dieser Arbeit aber um einen managementorientierten Ansatz handelt, der sich an den Projektverantwortlichen richtet, der alle Einzelthemen verantwortet, doch nicht für alle Themen Experte sein kann (siehe die nun folgenden Ausführungen zum Projektmanagement), wird auf eine tiefergehende Behandlung von Detailthemen verzichtet. Diese Themen sollen daher lediglich als mögliche Problempunkte angesprochen werden, um den potenziellen Projektverantwortlichen zu sensibilisieren. Doch wie in der Transaktion selbst, wird die detaillierte Bearbeitung dieser Themen Spezialisten überlassen werden.

6.2 Zum Begriff „Vendor Due Diligence“

6.2.1 Definition Due Diligence

Die Phase der Transaktionsvorbereitung des Verkäufers wird häufig mit dem Begriff Verkäufer oder Vendor Due Diligence in Verbindung gebracht. Bevor die einzelnen Tätigkeiten der Transaktionsvorbereitung detailliert und mit Empfehlungen versehen werden, wird zunächst der Begriff Vendor Due Diligence definiert und abgegrenzt.

Während es keine allgemein gültige Definition für den Begriff Due Diligence gibt,[369] so gibt die Übersetzung „mit gebührender oder angemessener Sorgfalt“ einen ersten Erklärungsansatz.[370] Dieses Institut ist vergleichbar mit dem im deutschen Recht bekannten Institut der „im Verkehr erforderlichen Sorgfalt“.[371] Die historische Herkunft des Begriffs ist die US-amerikanische Securities Exchange Act aus dem Jahr 1934.[372] Demnach gilt die Prospekthaftung des prüfenden Wirtschaftsprüfers bei Aktienemis-

[368] Durch den Einfluss der internationalen Käufergruppe orientiert sich der Transaktionsablauf auch wesentlich am Beispiel von Unternehmensverkäufen.
[369] Kimmich (2002), S. 204.
[370] Picot (2002), S. 270.
[371] Gondring (2004), S. 850.
[372] Picot (2002), S. 269.

sionen nicht, wenn er eine Prüfung mit der erforderlichen Sorgfalt (engl. Due Diligence) nachweisen kann.[373]
Somit kann Due Diligence heute als bewusste, systematische, professionelle Untersuchung der Unternehmens-Chancen und –Risiken während der laufenden Kaufverhandlungen definiert werden.[374]
Der theoretische Hintergrund für die Einräumung einer solchen Prüfung, die regelmäßig durch den am Kauf eines Unternehmens oder eines Vermögensgegenstands interessierten Käufers durchgeführt wird, ist die Verminderung des Lemon-Problems. Durch die Verbindung von Wissensübertragung durch den Anbieter (Signalisierung) und Wissenserarbeitung durch den Nachfrager (Screening) kommt es zum Abbau vorhandener Informationsasymmetrien.[375]
Allgemeiner gefasst muss es sich nicht ausschließlich um Kauftransaktionen handeln. Vielmehr kann die Prüfung im Vorfeld jeglicher vertraglicher Bindung zwischen mehreren Parteien eingesetzt werden. Somit handelt es sich um die sorgfältige Analyse und Bewertung eines Objekts im Rahmen einer geschäftlichen Transaktion.[376]

Wendet man die allgemeine Definition nun auf den Immobilienbereich an, so gilt es die besonderen Eigenschaften der Immobilie als Kapitalanlage zu berücksichtigen: Lage, Drittnutzungsmöglichkeiten, Dauerhaftigkeit, Ausrüstung sowie ausgedehnter Anlagehorizont, Höhe der Investitionsbeträge, komplexe vertragliche Bindungen, Heterogenität und Intransparenz der Immobilienmärkte. Somit handelt es sich bei der Due Diligence im Immobilienbereich um die sorgfältige Prüfung und Analyse sämtlicher Objekteigenschaften und der Umgebung mit dem Ziel, die tatsächliche Beschaffenheit herauszuarbeiten und dadurch Chancen und Risiken erkennbar zu machen.[377] Die Analyseergebnisse dienen dann zur Erweiterung des Informationsstandes der Vertragsparteien als fundierte Verhandlungsgrundlage.[378]

6.2.2 Abgrenzung Vendor Due Diligence

Spricht man von Vendor Due Diligence, so unterscheidet sich diese von der eigentlichen Käuferprüfung durch die Durchführung oder Beauftragung durch den Verkäufer. Innerhalb der Vendor Due Diligence lassen sich weitere zwei Varianten abgrenzen: die eigentliche Vendor Due Diligence sowie die Reverse oder Vendorside Due Diligence.[379]

Beide Ansätze unterscheiden sich hinsichtlich der nun folgenden Kriterien:

– Durchführende

Der wesentliche Unterschied beider Methoden liegt in der Identität der Prüfer. Bei der Vendor Due Diligence erfolgt die Prüfung durch einen unabhängigen Berater, der so

[373] Kimmich (2002), S. 204.
[374] Picot (2002), S. 270.
[375] Ragotzky (2002), S. 136.
[376] Ragotzky (2002), S. 136.
[377] Raum (2002), S. 134, siehe auch Gondring (2004), S. 850.
[378] Kimmich (2002), S. 203.
[379] Im Folgenden wird für beide Varianten die allgemeine Bezeichnung „Verkäufer Due Diligence“ verwendet.

agiert, als wäre er von einem potenziellen Käufer beauftragt.[380] Bei der Reverse Due Diligence agieren vornehmlich eigene Mitarbeiter des Verkäufers. Externe Berater werden nur punktuell eingesetzt.[381]

– Zweck
Während die Vendor Due Diligence auf die vollständige Bereitstellung aller Informationen zur Unterstützung der Kaufinteressenten zielt,[382] so dient die Reverse Due Diligence lediglich zur Vorbereitung des Verkäufers auf den Verkaufsprozess. Die Anforderungen der Käufer an Daten sollen transparent gemacht werden sowie Schwachstellen identifiziert und behoben werden. Als Generalprobe dient die Prüfung zur Vermeidung von Überraschungen.[383]

– Auftraggeber
Ist in beiden Fällen der Veräußerer der Auftraggeber, so können bei der Vendor Due Diligence Kosten auch nachträglich vom Käufer übernommen werden.[384]

– Umfang
Der Umfang der Reverse Due Diligence ist regelmäßig punktuell und setzt nur dort an, wo Informationslücken befürchtet werden. Dahingegen liefert die Vendor Due Diligence einen vollständigen Überblick über den Verkaufsgegenstand.[385]

– Berichterstattung
Dementsprechend endet die Vendor Due Diligence mit einem umfassenden Bericht, der an den Verkäufer weitergegeben werden kann. Demgegenüber ist der Bericht der Reverse Due Diligence regelmäßig nur an den Veräußerer adressiert und erfolgt in kurzer schriftlicher oder mündlicher Form.[386]

Im Folgenden soll aber der Begriff Vendor Due Diligence synonym für beide Varianten benutzt werden, da eine nur durch einen externen Berater durchgeführte echte Vendor Due Diligence für umfangreiche gewerbliche Bestände unwahrscheinlich erscheint. Vielmehr soll der Ansatz einer Verkäufer Due Diligence beschrieben werden, deren Organisation im Ermessen des Verkäufers liegt, in den Qualitätsansprüchen aber der echten Vendor Due Diligence gleich kommt.

6.2.3 Teilbereiche und Position im Transaktionsprozess

Die Verkäufer Due Diligence umfasst mehrere Teilbereiche, die zu unterschiedlichen Zeitpunkten im Transaktionsverlauf ausgeführt werden.
Die so genannte Strategic Due Diligence erfolgt ganz zu Beginn des dargestellten Transaktionsprozesses und wird als „Bestimmung der Eigentümerziele“ bezeichnet.

380 Nawe / Nagel (2002), S. 512.
381 Nawe / Nagel (2002), S. 513.
382 Nawe / Nagel (2002), S. 512.
383 Nawe / Nagel (2002), S. 513.
384 Nawe / Nagel (2002), S. 513.
385 Nawe / Nagel (2002), S. 513.
386 Nawe / Nagel (2002), S. 513.

Die Datensammlung, - strukturierung und – bewertung ist der wesentliche Teil der Phase „Dokumentation Verkaufsobjekte". Sie umfasst sowohl die „Objektanalyse" als auch die „Objektaufbereitung (Daten vervollständigen)".
Ein weiterer Teilbereich der Verkäufer Due Diligence ist die Bewertung des Verkaufsobjekts. Im vorgestellten Transaktionsprozess erfolgt dies im Rahmen der „Ermittlung des Marktwerts".
Die Dokumentation und Datenraumeinrichtung ist dann Teil der „Data Room Einrichtung". Die abschließende Begleitung der Verkäufer Due Diligence wird im Transaktionsprozess als „Buyer Due Diligence" bezeichnet.
Die Verbindung der Teilbereiche der Verkäufer Due Diligence und ihre jeweiligen Positionen im Transaktionsprozess einer Portfoliotransaktion werden in der folgenden Tabelle 34 noch einmal zusammengefasst.

Teilbereich der Verkäufer Due Diligence	**Positioniert als Teil der Hauptphase**	**Positioniert als Teil der Detailphase**
Strategic Due Diligence	Analyse der Ausgangssituation	Bestimmung der Eigentümerziele
Datensammlung / - strukturierung und – bewertung	Dokumentation Verkaufsobjekte	Objektanalyse / Objektaufbereitung (Daten vervollständigen)
Bewertung	Dokumentation Verkaufsobjekte	Ermittlung des Marktwertes
Dokumentation und Datenraumeinrichtung	Kontaktaufnahme mit Käufergruppe	Data Room Einrichtung
Begleitung Käufer Due Diligence	Kontaktaufnahme mit Käufergruppe	Buyer Due Diligence

Tabelle 34: Teilbereiche der Verkäufer Due Diligence und Position im Transaktionsprozess[387]

6.2.4 Motivation des Verkäufers

Die Durchführung einer Reverse oder gar Vendor Due Diligence ermöglicht dem Verkäufer eine größere Kontrolle über den Verkaufsprozess auf Basis eines verbesserten Informationsstandes auf seiner Seite.[388]
Eine größere Kontrolle über den Zeitplan der Transaktion durch die Verkäufer Due Diligence wird erreicht, wenn dadurch Probleme frühzeitig erkannt werden und Zeit bleibt, um das Problem zu berichtigen,[389] zusätzliche Informationen zu beschaffen, das aufgetretene Problem in den Preisvorstellungen des Verkäufers zu berücksichtigen[390] oder den Transaktionsprozess bis zur Klärung des Problems zu verschieben.[391] Dies führt zu einer Verkürzung der Transaktionsdauer.[392]
Darüber hinaus wird durch die Verbesserung der Informationslage auch ein höherer Kaufpreis realisiert. Insbesondere bei Auktionen führt die Ausräumung von Käuferrisiken (Unsicherheit hinsichtlich der Eigenschaften des Kaufobjekts) zu verstärktem

387 Eigene Darstellung.
388 Nawe / Nagel (2002), S. 514 / Ragotzky (2002), S. 140.
389 Kleine (2004), S. 7.
390 siehe auch Ragotzky (2002), S. 140.
391 Nawe / Nagel (2002), S. 515.
392 Essler / Seidel (2003), S. 79.

Bieterwettbewerb und höheren Kaufpreisen in der Folge.[393] Diese Erhöhung übersteigt regelmäßig den zusätzlichen Prüfungsaufwand des Verkäufers.[394]
Geht man von einer „richtigen“ Vendor Due Diligence mit Kostenübernahme durch den Verkäufer und Weitergabe der Berichte an den Käufer aus, so erfolgt eine Stärkung des Bieterwettbewerbs auch durch den Wegfall des Kostenrisikos der Due Diligence für die Bieter. Unter diesen Umständen sind Bieter auch zur Beteiligung an Verfahren mit vielen Bietern und weniger attraktiven Objekten bereit.[395]
Wird einem Bieter Exklusivität bei der Käufer Due Diligence gewährt, so ist nach Abschluss von umfangreichen Prüfungen durch den Verkäufer das Risiko eines Transaktionsabbruchs regelmäßig geringer, wenn der verbliebene Bieter den Verkäufer nicht mit Mängeln des Verkaufsobjekts konfrontieren und den Gebotspreis drücken kann.[396]
Darüber hinaus kommt der Verkäufer mit einem vollständigen Datenraum auch seinen Offenbarungspflichten nach.[397]
Hinsichtlich der abschließenden Vertragsverhandlungen, profitiert der Verkäufer zunächst von seiner Due Diligence, wenn die Gesamtdauer der Verhandlungen verkürzt wird, da keine fehlenden Daten nachgeliefert werden müssen.[398] Zudem können durch Offenlegung aller Informationen aber auch weit reichende und unspezifische Vertragsgarantien umgangen werden.[399] Abschließend ermöglicht eine Verkäufer Due Diligence ebenfalls die Nutzung von Sicherungsmöglichkeiten zur Sicherung der betrieblichen Belange[400]. Beispielhaft sei hier die Sicherung von Leitungstrassen genannt.

6.2.5 Vendor Due Diligence Team

Da die umfangreichen Objektprüfungen einen hohen zeitlichen Aufwand neben dem Tagesgeschäft verursachen und besondere Fachkenntnisse voraussetzen, erfolgt ihre Durchführung in der Regel durch ein Projektteam, das aus internen Mitarbeitern und externen Spezialisten / Beratern besteht.[401] Bei der reinen Vendor Due Diligence müssten dabei alle Prüfungen durch externe Prüfer durchgeführt werden.

Die internen Mitarbeiter unterliegen dabei gesonderten Anforderungen:[402]

- Sehr gute Kenntnis der Verkaufsobjekte und ihrer Dokumentation
- Akzeptanz sehr hoher zeitlicher Belastungen
- Keine personellen Änderungen während Verkaufsprozess[403]

---

393 Ragotzky (2002), S. 140.
394 Essler / Seidel (2003), S. 79.
395 Nawe / Nagel (2002), S. 517.
396 Nawe / Nagel (2002), S. 516 / Essler / Seidel (2003), S. 79.
397 Kleine (2004), S. 7.
398 Nawe / Nagel (2002), S. 517.
399 Nawe / Nagel (2002), S. 516 / Ragotzky (2002), S. 140 / Essler / Seidel (2003), S. 78 / Kleine (2004), S. 7.
400 Kleine (2004), S. 7.
401 Niewerth / Steinke (2003), S. 11 / Essler / Seidel (2003), S. 77 / Mörsdorf (2001), S. b07 / Picot (2002), S. 271.
402 Niewerth / Steinke (2003), S. 11.
403 Siehe auch Essler / Seidel (2003), S. 77.

Letztere Anforderung muss auch in der Urlaubs- und Abwesenheitsplanung berücksichtigt werden.[404] Der Verkäufer sollte interne und externe Mitarbeiter des Projektteams während der gesamten Transaktionsdauer kurzfristig bereithalten.[405]
Hinsichtlich der Auswahl der notwendigen Fachkenntnisse für das Team, so handelt es sich um die Spezialkenntnisse von Experten aus den einzelnen Prüfungsbereichen.

Beispielhafte Berufsbilder sind die im Folgenden genannten:[406]
- Rechtsanwälte
- Steuerberater
- Wirtschaftsprüfer
- Immobilienbewerter
- Architekten / Bauingenieure / Fachingenieure
- Marktteilnehmer / Makler

Abschließend steht der Verkäufer bei der Auswahl und Einbindung der externen Berater regelmäßig im Spannungsfeld zwischen der Gewährleistung aller erforderlichen Spezialkenntnisse und den Erfordernissen zur Wahrung der Vertraulichkeit.[407] Die volle Anerkennung der eigenen Vorarbeiten durch den Käufer ist aber nur sicher, wenn die Verkäufer Due Diligence ohne Einschränkung im Hinblick auf Umfang und Prüfungsqualität erfolgt.

6.3 Analyse der Ausgangssituation

6.3.1 Bestimmung der Eigentümerziele

Dieser Prozessschritt ist Teil der strategischen Due Diligence oder Umfeldanalyse, wie sie in sehr umfangreicher Form regelmäßig im Vorfeld von Unternehmenstransaktionen mit der Hilfe von Strategieberatern durchgeführt wird. Für Immobilientransaktionen ist diese Vorgehensweise aber nur in abgewandelter Form anwendbar und notwendig. Der allgemeine Ansatz, die Zukunft des Unternehmens mit und ohne erfolgtem Verkauf zu betrachten,[408] ist jedoch unerlässlich. Auf externe Berater als kritische Prüfer der Verkaufsidee und der langfristigen Auswirkungen sollte auch nach Meinung der befragten Transaktionsteilnehmer nicht verzichtet werden, insbesondere falls es sich um große Teile des Portfolios des Verkäufers handelt. Schwerpunkt einer strategischen Due Diligence bildet die Abbildung der Auswirkungen des Verkaufs auf Bilanz, Gewinn- und Verlustrechnung und Cash Flow-Rechnung des Verkäufers.[409] Typische Fragestellungen aus Sicht der befragten Transaktionsteilnehmer, die regelmäßig unberücksichtigt bleiben, sind:

- Was sind die Auswirkungen der nach dem Verkauf auftretenden Mietbelastungen? Werden diese in der IFRS-Bilanz als Finance Lease aktiviert? Wie beurteilen Rating-Agenturen die Mietzahlungen?

---

404 Niewerth / Steinke (2003), S. 11.
405 Kimmich (2002), S. 207.
406 Kimmich (2002), S. 207 / Reis (2004), S. 42 / Mörsdorf (2001), S. b07.
407 Niewerth / Steinke (2003), S. 11 / Essler / Seidel (2003), S. 77.
408 Ragotzky (2002), S. 148.
409 Ragotzky (2002), S. 148.

- Über welchen Zeitraum und in welchem Umfang werden die langfristig angemieteten Flächen noch benötigt? Wie hoch ist das Leerstandsrisiko?
- Was geschieht mit dem Verkaufserlös? Wo wird er reinvestiert?
- Wie sehen die finanziellen Auswirkungen nach Steuern aus?
- Was geschieht mit eigenen Facility Management-Mitarbeitern, die gegebenenfalls auch bei den operativen Nutzern angestellt sind?
- Wie geht man mit der Öffentlichkeitswirkung des Verkaufs um?

Wird ein Portfolioverkauf in Betracht gezogen, stellt sich zwangsläufig die Frage nach der geeigneten Bereitstellungsform: Eigentum oder Miete. Der Portfolioverkauf mit Rück-Anmietung ist eine Entscheidung für die Miete als Bereitstellungsform. Diese Entscheidung sollte aber nicht um der Durchführung des Portfolioverkaufs und der kurzfristigen Liquiditätseffekte getroffen werden, sondern auf Basis aller relevanten Entscheidungskriterien:

- Quantitative Entscheidungskriterien

Beide Alternativen Kauf / Eigentum oder Verkauf / Miete sind einer umfassenden Wirtschaftlichkeitsbetrachtung aller relevanten Zahlungsströme über den Lebenszyklus zu unterziehen.[410]

- Qualitative Entscheidungskriterien

In der Wirtschaftlichkeitsbetrachtung können qualitative Kriterien nicht abgebildet werden. Diese sind einzeln zu beleuchten. Dabei ist zudem zu berücksichtigen, dass der Portfolioverkauf nicht die einzige Transaktionsform für den Verkauf ist. Insbesondere im Hinblick auf die nachfolgend beschriebenen qualitativen Entscheidungskriterien haben die Transaktionsformen unterschiedliche Auswirkungen.

- Gegenwärtige und zukünftige Marktlage:[411] Ein Grund für die Entscheidung zum Verkauf / Miete und eine bestimmte Transaktionsform kann die gerade gute Marktlage sein.[412] Da die verschiedenen Transaktionsformen unterschiedliche Märkte und Nachfrager ansprechen, sind diese getrennt zu beurteilen.

- Bilanz- und steuerrechtliche Rahmenbedingungen[413]

- Strategische Anforderungen der Unternehmung bzw. ihrer Geschäftsfelder:[414] Die strategischen Anforderungen der operativen Nutzer zielen regelmäßig auf die Sicherung ihrer betrieblichen Belange. Diese sehen sie im Eigentum am besten gesichert, da dort die umfangreichsten Verfügungsrechte bestehen. Aber auch die verschiedenen Transaktionsformen unterscheiden sich im Hinblick auf die Anzahl der Käufer / Vermieter und deren Haltedauer für die Gesamtheit des Portfolios. Transaktionen unter Bildung einer Sonderzweckgesellschaft wie Aktiengesellschaften,

---

410 Schäfers (1998), S. 235.
411 Schäfers (1998), S. 235.
412 Andersen (2005), S. 15.
413 Schäfers (1998), S. 236.
414 Schäfers (1998), S. 236.

Spezialfonds und Verbriefungen zeichnen sich durch einen über das gesamte Mietverhältnis identischen Vermieter aus. Diese Transaktionsformen dürften in den Augen der operativen Nutzer vorteilhaft gegenüber der Portfoliotransaktion erscheinen. Deren Käufer sind in der Regel nur Zwischenhändler. Die eigentlichen Endinvestoren sind beim Verkauf noch nicht bekannt.

- Betriebliche Flexibilitätserfordernisse / Nutzungsdauer:[415] Die operativen Nutzer sind bei der uneingeschränkten Entwicklung ihres Geschäfts auf flexible Flächenerweiterungen und – reduzierungen angewiesen. Wiederum sehen sie diese Flexibilität am besten bei Eigentumsobjekten gewährleistet. Da aufgrund der Kurzlebigkeit ihrer Strategien sie auch nicht zur verbindlichen Festlegung ihrer zukünftigen Flächenbedarfe in der Lage sind, können die Flexibilitätsanforderungen und tatsächlichen Flächenanforderungen in Mietverträgen nur unzureichend abgebildet werden. Die Transaktionsformen setzen zumeist langfristige Mietverträge voraus, deren Dauer auch über den tatsächlichen Flächenbedarf des Verkäufers hinausgehen kann. Diese Vertragsdauern können nur durch einen hohen Objektwert ohne Mietvertrag (Residualwert) verkürzt werden. Bei Transaktionsformen unter Einschaltung einer Sonderzweckgesellschaft ist aber immer eine feste Anmietung von mindestens 15 Jahren Voraussetzung. Vorausgesetzt die Objekte haben einen positiven Residualwert, so bietet die Portfoliotransaktion größere Spielräume für Flexibilität. Flächenbedarfe über die Rückmietdauer hinaus lassen sich über mietseitige Verlängerungsoptionen sichern. Allerdings greift nach 30 Jahren das Sonderkündigungsrecht des Vermieters.

- Gegenwärtige und zukünftige Finanzierungs- und Liquiditätslage:[416]

- Vorhandenes Management-Knowhow:[417]

- Art und Größe der Objekte[418]

6.3.2 Marktanalyse (Definition Käufergruppe)

6.3.2.1 Erfahrungen der Transaktionsteilnehmer

Die Eignung von Investments in Portfolios von Selbstnutzern wurde bereits im Grundlagenteil beschrieben und analysiert. Im Folgenden soll nun deren tatsächliches Interesse anhand der Erfahrungen und Empfehlungen der befragten Transaktionsteilnehmer beschrieben werden.

Von Käuferseite wurde die Erwartung geäußert, dass der Verkäufer Verkaufsobjekte und Anforderungen der Investoren abgleicht und nur die zu seinen Verkaufsobjekten passenden Investoren anspricht.[419]

Ein Verkaufsagent berichtete dabei von seinen Erfahrungen aus ersten orientierenden Gesprächen mit ausgewählten Investoren. Dabei konnte er kein Interesse von Versicherungen und offenen Fonds an größeren Portfolien von Selbstnutzern feststellen. Als

415 Schäfers (1998), S. 236.
416 Schäfers (1998), S. 236.
417 Schäfers (1998), S. 236.
418 Schäfers (1998), S. 236.
419 Interview Käufer K4.

Folge konzentrierte man sich bei der Transaktion auf Opportunity Funds.[420] Diese Investorengruppe als ihre Zielgruppe bestätigten auch weitere Transaktionsteilnehmer. Ein Verkaufsagent verwies zudem noch auf Großbanken, die ähnlich wie Opportunity Funds agierten bzw. selbst solche Fonds betrieben.[421] Darüber hinaus wurde darauf verwiesen, dass opportunistische Investoren regelmäßig als einzige Investorengruppe für Pakete im Volumen größer 500 Millionen Euro in Frage kommen.[422]

6.3.2.2 Empfohlene Vorgehensweise bei Marktanalyse und Definition der Käufergruppe

Da neben der Portfoliotransaktion weitere Transaktionsformen zur Verfügung stehen und sich nicht alle Objekte gleich gut für eine Portfoliotransaktion (oder eine der anderen Transaktionsformen eignen), sollten zunächst objektkonkret die geeigneten Zielinvestoren ermittelt werden. Dazu sind zunächst die Anlagekriterien der Investoren zu erheben. Diese können anhand der Kriterien bevorzugte Nutzungsart, Mindestfertigstellungsgrad, Standort, Lage, Volumen und Renditeanforderungen bestimmt werden (siehe Tabelle 35).

Quellen für diese Informationen sind erste orientierende Gespräche mit Investoren. Auf keinen Fall sollte aber die eigene Veräußerungsabsicht bekannt werden. Dies ist am besten durch Einschaltung eines Verkaufsberaters möglich, der anonym für den Verkäufer den Markt untersucht bzw. aus anderen Transaktionen über kontinuierliche Kenntnisse der Investitionskriterien verfügt.

Danach erfolgt die Zuordnung passender Investorengruppen zu den Verkaufsobjekten auf Basis des Grads der Übereinstimmung der Objektcharakteristika mit den Anforderungen der Investoren. Dies kann in Form einer Matrix erfolgen. Wenn möglich sollten einem Objekt mehrere Investorengruppen nach Priorität zuzuordnen sein (siehe Tabelle 36).

Auch für diese Priorisierung sollte sich der Verkäufer unbedingt der zweiten Meinung eines erfahrenen Marktkenners als Verkaufsagent bedienen, um nicht „am Markt vorbei" zu planen.

Auf Basis der Priorisierung kann nun entweder die Zuordnung des geeigneten Vermarktungsweges (Einzel- oder Paketverkauf) erfolgen. Oder wenn sich aus strategischen Gründen für den Verkauf als Paket in einer einzigen Transaktion entschieden wurde, kann die Investorenpriorisierung einerseits als Indikator für die Marktfähigkeit der Objekte in die Verkaufsportfoliostrukturierung einfließen. Andererseits fließen die Zielinvestoren auf Einzelobjektebene in die Antizipation der Marktwertermittlung aus Sicht eines opportunistischen Paketkäufers ein, der als Zwischeninvestor die Objekte kurzfristig einzeln weiterverkaufen möchte.

---

[420] Interview Verkaufsagent VA4.
[421] Interview Verkaufsagent VA2.
[422] Interview Bank B1.

	Opportunity Funds	Immobilien AGs	Versicherer, Pensionsk./ Stiftungen
Nutzungsart	Alle Nutzungsarten, jedoch ungern Betreiberimmobilien.	Heterogene Nachfragestruktur zwischen den einzelnen Immobilien AGs, gewisse Vorbehalte gegen Betreiberimmobilien.	Nur gewerbliche Immobilien, kaum Betreiber- und keine Spezialimmobilien, deutlich zunehmende Investitionen in indirekte Anlagevehikel (Spezialfonds).
Fertigstellungsgrad	Keine Neubauobjekte, sondern eher Bestandsgebäude, auch PE, aber nur als Beimischung oder in Joint Ventures.	Bestandsimmobilien mit Vermietungspotenzial oder Projektentwicklungen.	Tendenziell nur neuwertige Objekte, PE nur mit gesicherter Neuvermietung.
Standort	Prinzipiell alle Standorte.	i. d. R. Städte > 100.000 Einwohner.	„Big-5-Standorte", ggf. Stuttgart und Köln, vermutlich aufgrund hoher Mittelzuflüsse auch in die zweite Garde.
Lage	Prinzipiell alle Lagen.	Erst- und zweitklassige Lagen.	1a-Lage oder etablierte Bürostandorte.
Investitionsvolumen	Bevorzugt 10 – 40 Mio. EUR bei Einzelobjekten. Portfolios am liebsten ab 200 Mio. EUR.	Bevorzugt 10 – 30 Mio. EUR in Bestand, bei Projektentwicklungen auch mehr.	Ab 10 – 15 Mio. EUR, bevorzugt um die 30 Mio. EUR (Stiftungen unter 20 Mio. EUR).
Renditeanforderungen	Nettoanfangsrendite nur bedingt, jedoch im Betrachtungszeitraum bis zu 20 – 30 % IRR über 3 – 7 Jahren.	Meist um / über 7,0 % (15 % auf das eingesetzte Eigenkapital).	5,0 %.
Sale & Leaseback	Bevorzugt kurze / mittlere Laufzeiten (kein reines Finanzierungsleasing) und Objekte mit (Teil-) Leerstand.	Meist Mindestvermietungsquote > 70 % und Mindestlaufzeiten von knapp unter 10 Jahren.	Mindestvertragsdauer 10 – 15 Jahre, Mindestvermietungsquote > 80 %.

Tabelle 35: Investorenanforderungen[423]

[423] Thaler (2004), S. 11.

Priorität	Versicherungen / Pensionskassen	Offene Publikumsfonds	Offene Spezialfonds	Geschl. Fonds	Immobilien-AGs	Privatinvestoren	Opportunity Funds
Objekt 1		2		1		3	
Objekt 2				2			1
....							
Objekt X	2	1	3				

Tabelle 36: Zuordnungsmatrix Verkaufsobjekte und Investoren[424]

6.3.3 Wettbewerbsanalyse

6.3.3.1 Vorbemerkung

Die Vorbereitung einer Portfoliotransaktion sollte im Rahmen der Umfeldanalyse zwingend auch eine Wettbewerbsanalyse beinhalten. Dabei kann auf das allgemeine Instrumentarium zu Wettbewerbsanalysen zurückgegriffen werden. Geeignet erscheint dabei besonders die auf einen bestimmten Zeitpunkt bezogene querschnittsorientierte Wettbewerbsanalyse. Diese erfolgt in fünf Schritten, deren Anwendung auf Portfoliotransaktionen durch Selbstnutzer im Folgenden beschrieben wird:

6.3.3.2 Marktabgrenzung / Identfikation der Konkurrenzbeziehungen

Bevor die Wettbewerber identifiziert werden können, gilt es zunächst den relevanten Markt abzugrenzen. Dabei kann zwischen zwei Dimensionen unterschieden werden. Der sachliche relevante Markt ist der Markt, dessen Produkte von Kunden hinsichtlich Eigenschaften, Preisen und Verwendungszweck austauschbar bzw. substituierbar sind.[425]

Der räumlich oder geographisch relevante Markt grenzt den Markt ab, der für mobile Produkte relevant ist. Da Immobilien per Definition nicht mobil sind, kann nur die Dimension des sachlich relevanten Marktes zur Anwendung kommen.

Nun gilt es im Hinblick auf die Eigenschaften der Verkaufsobjekte von Portfoliotransaktionen von Selbstnutzern diesen relevanten Markt abzugrenzen.

Diese Eigenschaften wurden bereits in Kapitel 3 dargelegt und sollen nun kurz wiederholt und für die Abgrenzung des sachlich relevanten Marktes operationalisiert werden:

- Gestaltung des Nutzungsüberlassungsvertrags / Bedeutung der Immobilien im Unternehmen (Strategisches Risiko)

Die Varianten der Gestaltung des Nutzungsüberlassungs- oder Mietvertrags (Sale-and-Leaseback oder Sale-and-Rentback) sowie die unterschiedliche Bedeutung der Immobilien im Unternehmen (Core oder Strategic Assets) drücken sich marktseitig vor allem in der Dauer der Nutzung oder Anmietung aus. Dabei soll in der nun folgenden Systematisierung der Marktabgrenzung mittels mehrerer Dimensionen des sachlich relevanten Marktes die vorliegende zeitliche Dimension in kurzfristige, mittelfristige und langfristige Anmietung unterschieden werden (siehe Abbildung 19).

[424] 1: 1. Priorität 2: 2. Priorität 3: 3. Priorität

[425] Amtsblatt der Europäischen Gemeinschaften (2002), S. C 165/6.

– Immobilien- und Nutzungsarten

Eine weitere Dimension des relevanten Marktes ist die der Immobilien- und Nutzungsarten. In Kapitel 3 wurden Büro-, Handels-, Industrie- und Sonderimmobilien unterschieden. Diese Gliederung wird zur Unterteilung dieser Dimension des sachlich relevanten Marktes übernommen. Große heterogene Portfolien können somit mehrere Teilbereiche dieser Dimension besetzen (siehe Abbildung 20).

– Qualität als Anlageobjekt: Investment Grade

Die Eigenschaften von Objekten mit Investment Grade wurden in Kapitel 3 beschrieben. Hinsichtlich der Dimensionierung des sachlich relevanten Marktes kann nun zwischen Investment Grade und Non-Investment Grade-Objekten unterschieden werden (siehe Abbildung 21=. Alternativ ist eine vereinfachte Gliederung in große und kleinteilige Objekte (z. B. < 10 Millionen Euro Wert) denkbar (siehe Abbildung 22).

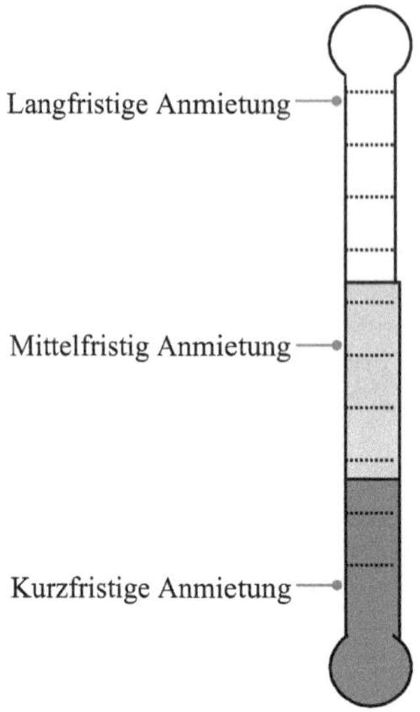

Abbildung 19: Zeitliche Nutzungsdimension der Objekte des relevanten Marktes[426]

[426] Eigene Darstellung.

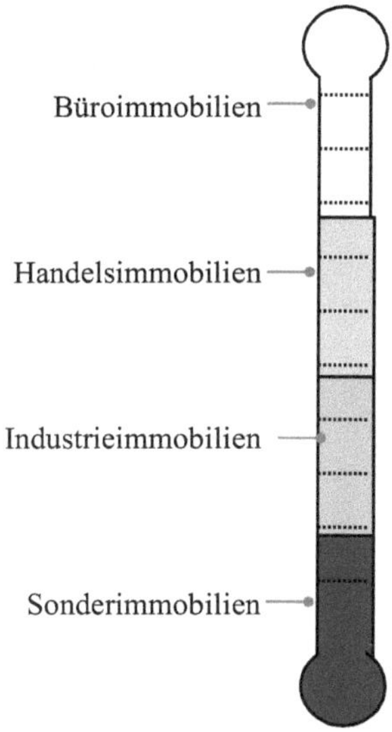

Abbildung 20: Dimension Immobilien- und Nutzungsarten der Objekte des relevanten Marktes[427]

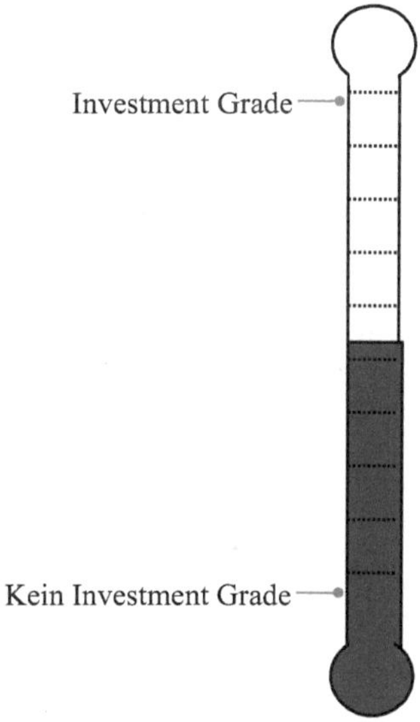

Abbildung 21: Dimension Investment Grade der Objekte des relevanten Marktes[428]

427 Eigene Darstellung.
428 Eigene Darstellung.

– Transaktionsstruktur (Asset Deal vs. Share Deal)
Als weitere Dimension kann die Unterscheidung der Transaktionsstruktur in Asset oder Share Deal dienen. Da aber einleitend darauf hingewiesen wurde, dass es sich bei Portfoliotransaktionen von Selbstnutzern vornehmlich um reine Immobilienverkäufe in Form von Asset Deals handelt, soll auf diese weitere Unterscheidung zunächst verzichtet werden.

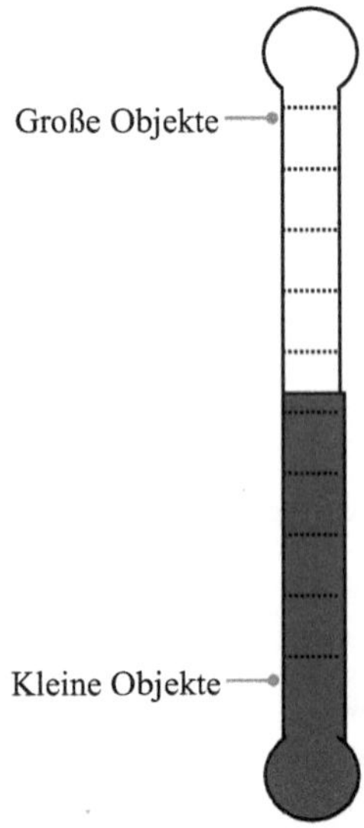

Abbildung 22: Dimension Objektwert / Größe der Objekte des relevanten Marktes[429]

– Abgrenzung des sachlich relevanten Marktes
Somit erfolgt die Abgrenzung des sachlich relevanten Marktes und der darin operierenden Wettbewerber im Hinblick auf drei Dimensionen. In der Praxis wird die Abgrenzung jedoch selten im Hinblick auf die Gesamtbandbreite der Dimension erfolgen. Im Regelfall wird der Verkäufer nur Objekte ausgewählter Nutzungsarten anbieten und sich nur für Wettbewerber im Hinblick auf diese Nutzungsarten interessieren. In diesem Fall gäbe es z. B. für Büro-Objekte als Verkaufsgegenstand nur noch zwei Dimensionen, die wie folgt aussehen könnten (siehe Tabelle 37).

	Kleinteilige Objekte	**Große Objekte**
Kurzfristige Nutzung	Relevanter Teilmarkt A	Relevanter Teilmarkt B
Mittelfristige Nutzung	Relevanter Teilmarkt C	Relevanter Teilmarkt D
Langfristige Nutzung	Relevanter Teilmarkt E	Relevanter Teilmarkt F

Tabelle 37: Beispielhafte Marktabgrenzung[430]

429 Eigene Darstellung.
430 Eigene Darstellung.

Werden zudem noch Objekte ohne Rückmietung betrachtet (entbehrliche Objekte mit und ohne Entwicklungspotenzial), so ist eine kombinierte Darstellung wie im folgenden Praxisbeispiel denkbar, wobei nur die Dimension Objektwert und -größe Berücksichtigung fand (siehe Abbildung 23).

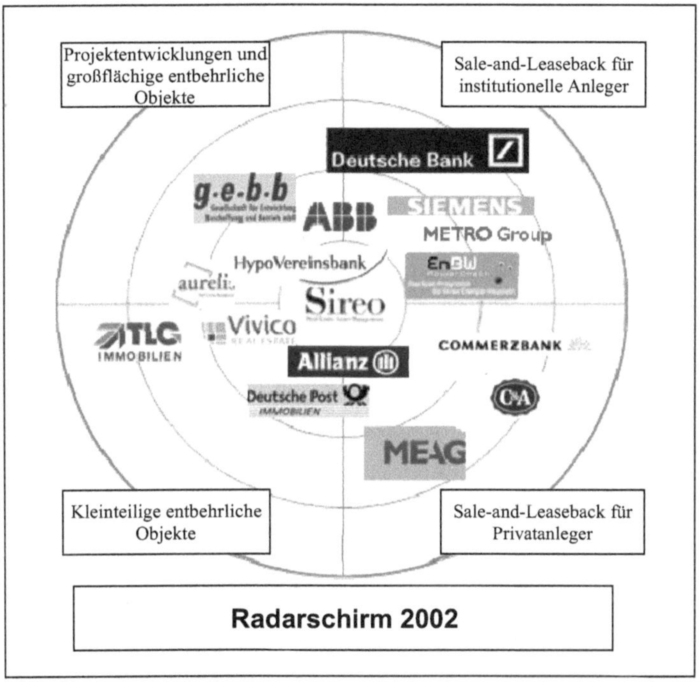

Abbildung 23: Sireo Wettbewerbsradarschirm für Immobilienverkäufe 2002[431]

– Identifikation von Konkurrenzbeziehungen

Die Konkurrenzbeziehung im Rahmen der relevanten Märkte ergibt sich gleichsam automatisch. Da der Kunde der Engpassfaktor ist, bestehen Konkurrenzbeziehungen zu anderen Anbietern, die die gleichen Kunden umwerben.[432]

6.3.3.3 Identifikation der aktuellen Wettbewerber / Prognose des Markteintritts zukünftiger Wettbewerber

Als nächsten Schritt gilt es für die abgegrenzten Marktsegmente die Unternehmen zu identifizieren, die in einer Konkurrenzbeziehung zum eigenen Unternehmen in diesem Markt stehen (die Konkurrenten). Zur Darstellung der Ergebnisse bietet sich ein Radarschirm wie im bereits vorgestellten Praxisbeispiel an.

Im Rahmen der Möglichkeiten und verfügbaren Informationen sollte diese Sammlung auch zukünftige Transaktionen berücksichtigen.

[431] Schneiders / Pfirsching (2005), S. 348.

[432] Görgen (1995), S. 2718.

6.3.3.4 Konkurrentenanalyse / Identifikation von Wettbewerbsvorteilen

Die Analyse der Konkurrenten untersucht die faktische Ausstattung der Konkurrenten mit Erfolgsfaktoren auf dem Markt.[433] Unter Erfolgsfaktoren versteht man allgemein diejenigen Fähigkeiten und Ressourcen der konkurrierenden Unternehmen, die den größten Einfluss auf das relative Kostenniveau und den von den Kunden in den Leistungen wahrgenommenen Wert haben.[434]
Beide Dimensionen von Erfolgsfaktoren wurden in den Wettbewerbsstrategien von Porter – Differenzierung und Kostenführerschaft - operationalisiert. Da es sich bei den Verkaufsobjekten um „fertige" Bestandsobjekte handelt, sind die relativen Kostenvorteile in der Herstellung als Ansätze zur Kostenführerschaft zu vernachlässigen. Was zu untersuchen ist, ist der von den Kunden wahrgenommene Wert durch Differenzierung. Dabei sind unterschiedliche Ansätze zur Differenzierung denkbar:[435]

– Produktmerkmale

Verkaufsobjekte können nach zwei Merkmalen unterschieden werden. Einerseits ist dies die Objektqualität, die in der genauesten Form mit Hilfe von Objektscorings erfasst werden kann
Andererseits bestimmt der Mietvertrag die Qualität als Anlageobjekt. Dort kann auf die Restlaufzeit der Mietverträge sowie die Bonität der Mieter zur Beurteilung der Qualität zurückgegriffen werden.

– Service

Kommt Service im Hinblick auf Konsum- oder Investitionsgüter dem deutschen Begriff Kundendienst gleich, so fällt eine Übertragung dieses Differenzierungsansatzes auf Immobilien schwer. Vergleichbar erscheint einzig die Facility Management-Dienstleistung. Im Hinblick auf die untersuchten Portfolioverkäufe sind diese für die Käufer nur von Relevanz, wenn ein bestehendes Dienstleistungverhältnis mit erworben wird. Dann gilt es die Qualität des Facility Managers und die Konditionen des Dienstleistungsvertrags zu beurteilen.

– Technologie / Qualität

Technologie und Qualität von Immobilien eignet sich nicht zur separaten Beurteilung. Sie fließen regelmäßig in eine Bewertung der Objektmerkmale (siehe oben) ein.

– Identifikation von Wettbewerbsvorteilen

Erfolgsfaktoren sind allerdings nur wirksam im Konkurrenzkampf, wenn sie auch Wettbewerbsvorteile sind. Dazu müssen die folgenden Bedingungen erfüllt sein:[436]

- Sie müssen für den Kunden / Käufer wichtig sein.
- Sie müssen vom Käufer wahrgenommen werden.
- Sie müssen dauerhaft sein.

---

433 Grunert (1995), S. 1229.
434 Grunert (1995), S. 1228.
435 Dowling (2004), S. 13.
436 Krüger (2005), S. 7.

– Zwischenergebnis
Konnten so in der Wettbewerbsanalyse die Konkurrenten und ihre bzw. die eigenen Wettbewerbsvorteile identifiziert werden, so sind diese Erkenntnisse in der weiteren Planung der Transaktion zu berücksichtigen. Beispiele für Handlungsoptionen als Schlüsse aus der Wettbewerbsanalyse sind:

- Verschieben des Transaktionsbeginns wegen zahlreicher aktueller Konkurrenzangebote
- Vorziehen des Transaktionsbeginns bei zahlreichen zukünftigen Konkurrenzangeboten
- Herausarbeiten eigener Wettbewerbsvorteile in der Objektdokumentation

6.3.4 Portfolioanalyse und Verkaufsportfoliostrukturierung

6.3.4.1 Portfolioanalyse

Die verschiedenen Objekttypen im Portfolio eines Selbstnutzers wurden im Grundlagenteil dargelegt. Zur Identifikation des Verkaufsportfolios bietet es sich an, das Portfolio zunächst nach den Objekttypen zu gliedern, da damit eine Clusterung nach Marktfähigkeit nach außen und Bedeutung und Betriebsnotwendigkeit nach innen erfolgen kann (siehe Abbildung 24).

	Strategische Objekte	**Nicht-strategische Objekte**	**Entbehrliche Objekte**
Beispielhafte Objekttypen	– **Sonderimmobilien** ▪ Krankenhäuser ▪ Theater – **Gewerbeimmobilien** mit nicht duplizierbarer Funktion / Lage ▪ Staatskanzlei ▪ Bürogebäude nahe Parlament	– „Austauschbare“ Büro-Objekte und Lagerflächen	– Objekte mit bereits ausgelaufener oder zukünftig auslaufender Nutzung – Bevorratungsflächen – Drittvermietete Objekte
Werthaltigkeit	**mittel bis gering**	**hoch bis mittel**	**hoch bis gering**

Abbildung 24: Portfoliostruktur eines Selbstnutzers[437]

Entsprechend beider Kriterien können dann Normstrategien als Basis für die Maßnahmenfestlegung definiert werden. Zur Disposition für das Verkaufsportfolio stehen dann sowohl die betriebsnotwendigen als auch nicht betriebsnotwendigen Objekte. Die betriebsnotwendigen Objekte sind beim Verkauf zurückzumieten, um die weitere Nutzung zu sichern (siehe Abbildung 25).

---

[437] Eigene Darstellung.

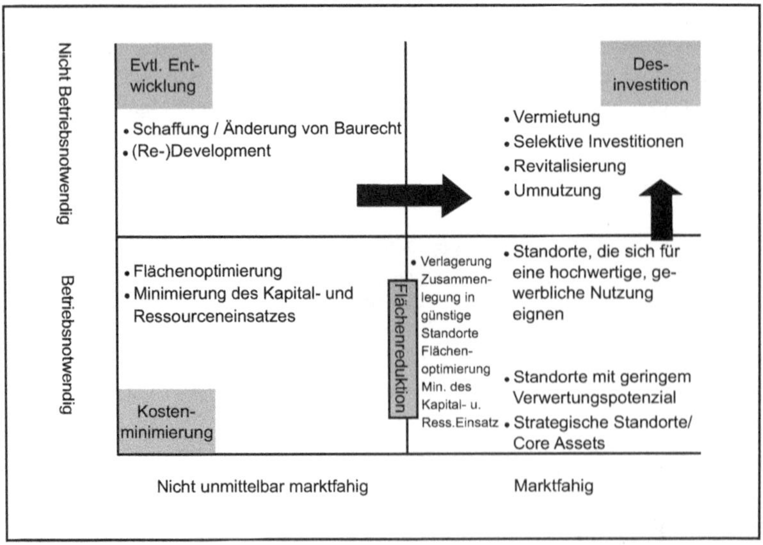

Abbildung 25: Allgemeine Portfoliomatrix[438]

6.3.4.2 Grundsätze für die Objektauswahl und Verkaufsportfoliostrukturierung

Zunächst muss der Verkäufer bedenken, dass nicht marktfähige Objekte ihre Werthaltigkeit vornehmlich aus dem Mietvertrag mit dem Verkäufer beziehen. Aus diesem Grund wirkt es stabilisierend, nicht marktfähige Objekte, die Leerstände aufweisen, mit Einheiten aus marktfähigeren Objekten zu füllen, um einen möglichst langfristigen Rückmietvertrag (10 Jahre oder länger) für die nicht marktfähigen Objekte abschließen zu können. In den nun frei werdenden marktfähigeren Objekten können dann Entwicklungs- und Wertschöpfungspotenziale besser genutzt werden (z. B. durch Transformation in eine hochwertigere Nutzung).

Auch sollten auslaufende interne Mietverträge in Objekten, die vom internen Nutzer längerfristig benötigt werden, vor dem Verkauf verlängert werden.

In den Experteninterviews wurde häufig die Frage geeigneter Objekte für Portfoliotransaktionen diskutiert. Dabei wurde darauf hingewiesen, dass für Portfoliotransaktionen von Selbstnutzern nur Cash Flow-getriebene Objekte geeignet sind.[439] Darunter wurden Objekte verstanden, die ihren Wert vornehmlich aus einem lang laufenden Mietvertrag mit einem Mieter guter Bonität beziehen.

Bei der Verkaufsportfoliostrukturierung sollte dann auf die Interessen der Erwerbergruppen geachtet werden.[440] Das heißt, das Verkaufsportfolio sollte entsprechend der Interessen und Investitionskriterien der Zielinvestorengruppe zusammengestellt werden.[441] Vor allem sollten die Portfolien aber in sich möglichst homogen sein.[442] Dies

438 Schäfers / Gier (2005), S. 249.
439 Interview Verkaufsagent VA1 und Interview Verkaufsagent VA2.
440 Lemke (2004), S. 7.
441 Interview Käufer K3.
442 Lemke (2004), S. 6 und Interview Bank B3.

schließt auch die Reduzierung des Anteils von im Vergleich zu den anderen deutlich weniger attraktiven Objekten ein. Der Anteil dieser Objekte, die auch als „Schrottobjekte" bezeichnet wurden, sollte weniger als 20 % des Verkaufsportfolios betragen.[443] Der Erlös eines höheren Verkaufspreises im Paket für diese Objekte ist nicht möglich.[444]
Weiterhin bietet sich auch die Strukturierung von Teilportfolien an, die für sich homogener und somit attraktiver sind.[445] Die Teilportfolien können sich im Hinblick auf Nutzungsart, Standort und Risiko unterscheiden.[446] Eine mögliche Teilportfoliobildung eines Verkäufers sah wie folgt aus:

- Office Prime (sehr gute Objekte)
- Office Income (langfristige Mietverträge)
- Objekte mit Leerstand
- Hotel
- Wohnungen

Die Teilportfolien können zum gleichen Zeitpunkt oder nacheinander angeboten werden. Letztere Vorgehensweise wurde von einem Käufer als erlösmaximierend bevorzugt.[447]
Hinsichtlich der Größe des Verkaufsportfolios setzte ein Interviewpartner eine Höchstgrenze von 100 Objekten bei gewerblichen Transaktionen,[448] um bei der Transaktionsdurchführung den Überblick zu behalten. Diese Grenze wurde aber von den anderen Interviewpartnern nicht bestätigt. In mehreren Interviews wurde aber darauf verwiesen, dass sich die Aufteilung in Teilportfolien eignet, um die Investorenbasis zu erweitern. Bei zu großen Portfolios (Richtwert > 1 Milliarde Euro) wäre die Investorengruppe klein und der Wettbewerb könnte geringer sein.[449]

6.3.4.3 Verkaufsportfoliostrukturierung – beispielhaft für den Verkauf an einen Opportunity Funds

Opportunity Funds erwerben Objekte, um durch die Anwendung von Wertschöpfungsstrategien eine Ziel-Eigenkapitalrendite von regelmäßig mehr als 20 % zu erreichen. Bei den Wertschöpfungsstrategien handelt es sich im Einzelnen um:

- Wertschöpfung durch Projektentwicklungstätigkeit

Opportunity Funds führen vereinzelt Projektentwicklungen durch. Dabei konzentrieren sie sich auf die Identifikation erfolgsversprechender Projekte in Immobiliensubmärkten und – typen, die von anderen Entwicklern pauschal gemieden werden.[450] Häufig gehen sie dabei Joint Ventures mit lokalen Akteuren ein, die die operative Durchfüh-

443 Interview Anwalt A2.
444 Lemke (2004), S. 6.
445 Interview Verkäufer V1, Interview Verkaufsagent VA4, Interview Käufer K3, Interview Käufer K4 und Interview Anwalt A2.
446 Lemke (2004), S. 7.
447 Interview Käufer K3.
448 Interview Bank B2.
449 Interview Anwalt A2.
450 Rottke (2004a), S. 126.

rung übernehmen. Dabei kann die Entwicklung von Bestandsobjekten und Baulandreserven erfolgen.[451] Mögliche Ausprägungen sind die Entwicklung von Neubauten, das Redevelopment (vor allem von Problemimmobilien) sowie Refurbishments.[452]

– Wertschöpfung durch Performance Management
Weiterhin erwerben Opportunity Funds Objekte, die aufgrund eines unprofessionellen und / oder unterkapitalisierten bisherigen Managements über Erträge verfügen, die durch Performance Management deutlich verbessert werden können. Die Wertschöpfung wird dann aus der Differenz zwischen dem eigenen Kaufpreis auf Basis der anfänglich schlechten Erträge und dem Verkaufspreis auf Basis der verbesserten Erträge gezogen.
Die Anwendbarkeit der im Folgenden dargestellten Maßnahmen des Performance Managments[453] setzt aber eine Mobilität des Mieterbestands voraus:

- Mietmanagement
  - Systematische und strukturierte Aufbereitung der Kundenbasis
  - Aktives Mietmanagement: Neuvermietung über Makler oder off-market
  - Aktives Entmietungsmanagement: Setzen monetärer Anreize, um Mieter, die dem Gesamtkonzept entgegenstehen, zum Auszug zu bewegen (nicht erwünschte oder das Gesamtkonzept störende Nutzungen)
  - Restrukturierung des Mietermixes
  - Erzeugung von Mieterhöhungsspielräumen (z. B. Rahmenverträge mit Leistungspartnern)

- Vertragsmanagement
  - Verlängerung / Verkürzung von Verträgen in geändertem Marktumfeld zu geänderten Konditionen (Nach-/ Neuvermietung)
  - Heilen juristischer Vertragsschwachstellen gegen Gewährung von Icentives
  - Strukturieren von Verträgen im Gesamtkontext des Portfolios / Gebäudes
  - Vertragsabschlüsse mit verschieden langen Laufzeiten (Marktzyklen)
  - Erhöhung der (im Vergleich zur Neuvermietung kostengünstigeren) Anschlussvermietungsquote

- Objektmanagement
  - Implementierung Kosten reduzierender Systeme
  - Außenarbeiten (Fassade), kleinere Verschönerungsarbeiten zur Komforterhöhung
  - Veränderung der Raumaufteilung
  - Attraktive Ausstattung
  - Aufdecken stiller Reserven in Beständen und Platzierung am Markt durch professionelles Management

---

[451] Rottke (2004a), S. 127.
[452] Rottke (2004a), S. 128 – 130.
[453] Darstellung nach Rottke (2004a), S. 132.

- Dienstleistungsmanagement
    - Gesteigerte Markt- und Kundenorientierung
    - Professionalisierung in der Bewirtschaftung
    - Insourcing / Outsourcing
    - Realisierung von Synergieeffekten in der Bewirtschaftung
    - Erweiterung und Veredlung des Dienstleistungsangebots zur Erhöhung der Kundenbindung

– Wertschöpfung durch Abschlagsgeschäfte

Kern dieser Wertschöpfungsstrategie ist das Vorgehen nach dem Prinzip „Buy low, sell high". Darunter versteht man den Erwerb von Objekten zu einem Preis unter dem Marktwert und den späteren Verkauf zum Marktwert. Voraussetzung ist, dass Verkäufer von Portfolios zum Verkauf mit Preisabschlag bereit sind, um die Kosten des kleinteiligen Verkaufs zu umgehen.[454] Ein Fokus liegt dabei auf Portfoliotransaktionen mit Unternehmensimmobilien.[455]

– Wertschöpfung durch Finanzmanagement

Bei dieser Wertschöpfungsstrategie machen sich Opportunity Funds in erster Linie den Leverage-Effekt zu nutze. Darunter versteht man die Erhöhung der Eigenkapitalrendite bei fremdfinanzierten Investitionen. Voraussetzung ist, dass der Zinssatz des Fremdkapitals unter der Rendite der Gesamtinvestition liegt.[456]

Wertschöpfungsstrategie	**Grad des Zutreffens**	**Bemerkungen**
Projektentwicklung	Gering	Nur wenn Objekte mit Entwicklungspotenzial veräußert werden (vor allem Baulandreserven) und dessen Hebung bei Nutzung durch den Rückmietenden kurzfristig möglich ist
Performance Management	Gering	
Abschlagsgeschäfte	Sehr hoch	Niedriger Einkaufspreis bei geringer Konkurrenz und Verkaufsdruck des Verkäufers wahrscheinlich (insbesondere bei großvolumigen Transaktionen)
Finanzmanagement	Sehr hoch	Langlaufende Mietverträge mit Rückmietenden guter bis sehr guter Bonität erlauben Rückgriff auf Kapitalmarkt (Verbriefung)

Tabelle 38: Vorhandensein der Wertschöpfungsstrategien von Opportunity Funds[457]

Ein Verkaufsportfolio für einen Opportunity Funds sollte nun mindestens eine der Wertschöpfungsstrategien in dem Maße ermöglichen, dass die hohe Eigenkapitalrenditeforderung befriedigt werden kann. Aus Sicht des Selbstnutzers als Verkäufer, der Portfoliotransaktionen als Alternative zu anderen Transaktionsformen ansieht und

454 Rottke (2004a), S. 133.
455 Rottke (2004a), S. 137.
456 Rottke (2004a), S. 145.
457 Eigene Darstellung.

regelmäßig vom Marktwert der Objekte als Zielverkaufserlös ausgeht, sollten solche Objekte gewählt werden, dass der Opportunity Funds bei der Transaktion nicht nur das Abschlagsgeschäft als Wertschöpfungsstrategie sieht. Denn dann kommt es zu den niedrigen Gebotspreisen, die als Gründe für den Abbruch von Bieterverfahren genannt wurden. Im Folgenden soll nun die Eignung der verbliebenen Wertschöpfungsstrategien für Portfolien von Selbstnutzern beleuchtet werden (siehe Tabelle 38).

– Eignung des Portfolios für Wertschöpfung durch Projektentwicklung
Die Wertschöpfung durch Projektentwicklung kann nur in Ausnahmefällen bei Verkaufsobjekten von Selbstnutzern angewendet werden. Die häufig fast vollständige und langfristige Anmietung durch den Verkäufer verhindert Redevelopment und Refurbishment-Maßnahmen. Werden Baulandreserven für Entwicklungsmaßnahmen mit veräußert, so erfolgt dies häufig nur bei Objekten an unattraktiven Standorten, bei denen keine Wertschöpfung durch Projektentwicklung möglich ist. An attraktiven Standorten sind diese Reserveflächen regelmäßig bereits veräußert oder erst gar nicht erworben worden.

– Eignung des Portfolios für Wertschöpfung durch Performance Management
Auch die Wertschöpfung durch Performance Management fällt aufgrund der langfristigen und umfänglichen Rückmietung durch den Verkäufer schwer. Ein Großteil der aufgezeigten Maßnahmen ist auf den Austausch der Mieter oder Veränderung der Mietverträge ausgelegt. Dies ist bei Rückmietverträgen nicht möglich.

– Eignung des Portfolios für Wertschöpfung durch Finanzmanagement
Verkaufsobjekte von Selbstnutzern eignen sich in der Regel sehr gut für die Wertschöpfung durch Finanzmanagement. Einerseits ermöglicht die langfristige Anmietung durch einen bonitätsstarken und bekannten Mieter sowie der allgemein gute Zustand der Objekte sehr günstige Refinanzierungskonditionen, wodurch der Leverage-Effekt verstärkt wird. Werden darüber hinaus auch Instandsetzungsverpflichtungen vom Mieter übernommen, so reduziert sich das Immobilienrisiko (Dach und Fach) weiter. Handelt es sich um besonders lang laufende Mietverträge mit bonitätsstarken und international bekannten Mietern mit einem Mindesttransaktionsvolumen von mehr als 100 Millionen Euro, steht dem Käufer auch die Finanzierung durch Verbriefung offen, wodurch die Refinanzierungskosten weiter gesenkt und der Fremdkapitalanteil erhöht werden kann.

– Fazit Eignung für Wertschöpfungsstrategien der Opportunity Funds
Auf Verkaufsobjekte von Selbstnutzern können Opportunity Funds in der Regel nur die Strategien Abschlagsgeschäfte und Finanzmanagement anwenden. In Zeiten günstiger Finanzierungskonditionen fallen die Preisabschläge somit geringer aus. Dieser Effekt kann durch länger laufende Mietverträge und Übernahme von Immobilienrisiken durch den Verkäufer / Rückmietenden noch verstärkt werden. In der Regel muss aber von Preisabschlägen ausgegangen werden, wenn die Zielrendite des Käufers nicht alleine aus Finanzmanagement erreicht werden kann. Dann treten die angesprochenen Paketabschläge auf. Daher sollten für Portfoliotransaktionen mit Opportunity Funds vornehmlich Objekte an unattraktiven Standorten ausgewählt werden, die ihren Wert

vornehmlich aus den lang laufenden Mietverträgen beziehen. Für diese Objekte gibt es entweder gar keine anderen Nachfrager oder aber der Marktwert aus Sicht anderer Investoren leitet sich auch vornehmlich aus dem Mietvertrag ab. Aufgrund der regelmäßig besseren Finanzierungskonditionen (sowohl Höhe des Zinssatzes und des Beleihungsauslaufs) können Opportunity Funds für diese Objekte attraktive Preise bieten und vermeiden die in der Mental Accounting / Mental Arithmetic-Hypothese aufgezeigte Enttäuschung aus der Differenz zwischen Verkaufserlös und Marktwert.

6.3.5 Maßnahmen-, Zeit-, Meilenstein- und Zielplanung

6.3.5.1 Projektphasen

Der gesamte Transaktionsprozess sollte durch den Verkäufer als Projekt geplant und durchgeführt werden. Grundsätzlich werden Projekte in mehrere Prozessphasen gegliedert, die im Folgenden beschrieben werden:

- Projektdefinition (bzw. Projektanalyse)
- Projektplanung
- Projektdurchführung (mit Projektsteuerung und – kontrolle)

6.3.5.2 Projektdefinition

– Projektauftrag

Als Grundlage der weiteren Projektplanung ist zunächst der Projektauftrag zu definieren. Dabei sollte – im Idealfall in Form einer Projektzielvereinbarung mit den Beteiligten[458] – eine genaue Beschreibung der Projektergebnisse sowie Zeit- und Kostenrahmen festgelegt werden.[459]

– Interne Organisation und Projektbeteiligte

In einem zweiten Schritt sind die Projektbeteiligten auszuwählen. Dabei sollte es zumindest drei Rollen geben: einen Projektauftraggeber, einen Projektleiter sowie Projektmitarbeiter (siehe Abbildung 26).[460]

Den Projektmitgliedern kommen unterschiedliche Aufgaben zu, deren Beschreibung sich nun anschließt:

- Entscheidungsträger (Projektauftraggeber)

Aufgabe der Projektauftraggeber ist zunächst die Bereitstellung der Ressourcen (Personal und Finanzmittel). Während der Projektdurchführung sind sie im Projektlenkungsausschuss eingebunden, achten auf die auftragsgemäße Durchführung des Projekts und nehmen gegebenenfalls Korrekturen am Auftrag vor. Weiterhin sollen sie ihre jeweiligen Interessenspositionen einbringen und Interessenskonflikte verbindlich austragen. Abschließend nehmen sie im Projektlenkungsausschuss Zwischen- und Endergebnisse des Projekts ab.[461]

---

458 Mayrshofer / Kröger (2001), S. 54.
459 Ginevicius / Hausmann / Schafir (2005), S. 24.
460 Lehner (2001), S. 51.
461 Mayrshofer / Kröger (2001), S. 111.

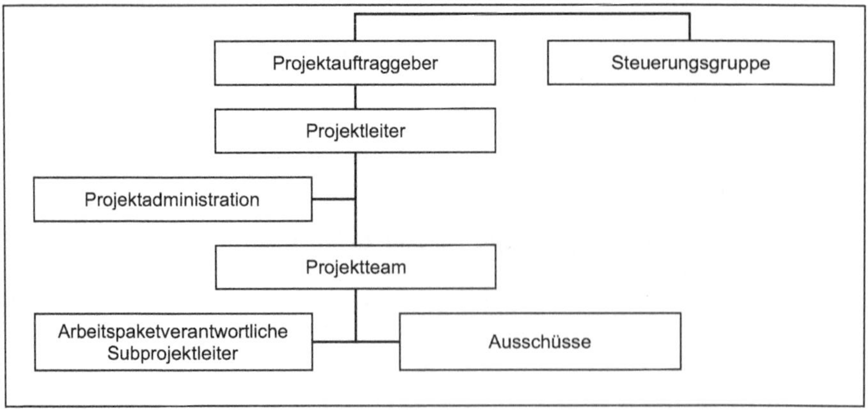

Abbildung 26: Interne Organisation des Projektes[462]

- Projektleiter

Der Projektleiter stellt sicher, dass das Projekt erfolgreich realisiert wird[463]. Dazu übernimmt er die folgenden Funktionen:[464]

- Aufgabenbestimmung, -strukturierung und -zuweisung[465] sowie Zielvereinbarung (Operationalisierung des Arbeitspakets)
- Überwachung und Steuerung Projektablauf
- Aufbau und Führung Projektteam[466]
- Sicherstellung Informationsfluss
- Berichterstattung an und Abstimmung mit Auftraggebern[467]
- Aufbau und Pflege Projektdokumentation
- Anwendung Qualitäts- und Risikomanagement
- Verantwortlicher Ansprechpartner des Projekts
- Konfliktlösungen initiieren und begleiten

Bei der Vielfalt der Funktionen und Aufgaben, kann der Projektleiter nicht überall der beste Fachmann sein. Ein Überblick über das benötigte Knowhow reicht aus. Vor allem sollte er aber über Führungsqualitäten verfügen.[468]

- Projektteam

Die Mitglieder des Projektteams erhalten vom Projektleiter Aufträge und führen diese aus.[469] Sie sollten aus den Abteilungen rekrutiert werden, die den größten Nutzen von

462 Lehner (2001), S. 51.
463 Schmidli / Schnüriger (2001), S. 13.
464 Möller / Dörrenberg (2003), S. 144.
465 Siehe auch Mayrshofer / Kröger (2001), S. 110 sowie Koreimann (2002), S. 111.
466 Siehe auch Burghardt (2002), S. 64.
467 Siehe auch Mayrshofer / Kröger (2001), S. 111 sowie Burghardt (2002), S. 64.
468 Mayrshofer / Kröger (2001), S. 110.
469 Schmidli / Schnüriger (2001), S. 13.

dem Projekt haben.[470] Allerdings werden dem Projektleiter als Projektmitarbeiter von dort regelmäßig nicht die besten, sondern die entbehrlichsten Mitarbeiter angeboten.[471]

- Externe Berater

Externe Berater dienen in Projekten vornehmlich zur Ergänzung von nicht vorhandenem Expertenwissen, übernehmen aber auch organisatorische Aufgaben.[472] Ihre Rolle umfasst regelmäßig folgende Funktionen:[473]

- fachliche Experten und Gutachter
- Arbeitskapazität erweitern / spezifiische Methodenkenntnisse einbringen
- Prozessbegleitung: Übernahme Projektorganisation und –planung
- Projektcontrolling (aufgrund der neutralen Position)
- Innovator: Input des „state of the art“
- Coach: Reflektieren von Aktionen im Austausch mit Projektleiter
- Führung auf Zeit: Projektleiter fehlt noch / Knowhow intern nicht vorhanden

Im Allgemeinen ist bei der Auswahl externer Berater darauf zu achten, dass die Rolle möglichst genau definiert wird. Darüber hinaus muss auch die Führung der externen Berater durch den Projektleiter organisiert sein. Dies schließt auch das Vorhandensein geeigneter Sanktionsmechanismen ein. Bei Loyalitätsverlust sollte unmittelbar eine Auflösung des Dienstleistungsverhältnisses erfolgen.[474] Grundsätzlich sollten bei der Beraterauswahl zunächst keine langfristigen Bindungen eingegangen werden, bis die Qualität des Beraters bewiesen wurde. Zudem sollte der Auftraggeber in den Verhandlungen bereits über eine Einschätzung des marktgerechten Beraterhonorars verfügen.[475]

- Linienstellen

Linienstellen, d. h. Mitarbeiter aus bestehenden Abteilungen der Linienorganisation werden in Projekten in der Regel nur zur Bereitstellung der Infrastruktur (z. B. Informationstechnik) eingebunden.[476]

6.3.5.3 Projektplanung

– Projektstrukturplanung

Grundlage der Projektplanung ist zunächst die Auflistung aller Vorgänge und Tätigkeiten, die Zeit und Ressourcen beanspruchen. Dann werden die notwendigen Ressourcen aufgelistet. Vorgänge und dafür notwendige Ressourcen werden dann in Arbeitspaketen zusammengefasst.[477] Die Gesamtdarstellung aller Arbeitspakete ergibt dann den Projektstrukturplan. Dieser kann objektorientiert (Aufteilung des Projekt-

---

470 Mayrshofer / Kröger (2001), S. 109.
471 Möller / Dörrenberg (2003), S. 148.
472 Schmidli / Schnüriger (2001), S. 13.
473 Mayrshofer / Kröger (2001), S. 46 – 49.
474 Mayrshofer / Kröger (2001), S. 49.
475 Mayrshofer / Kröger (2001), S. 50.
476 Schmidli / Schnüriger (2001), S. 13.
477 Schmidli / Schnüriger (2001), S. 56.

gegenstands in Bestandteile, z. B. Haus in Keller, Dach, usw.) oder funktional (Vorgänge, die logisch aufeinander aufbauen) gegliedert sein.[478]

– Ablauf- und Terminplanung

In der Ablauf- und Terminplanung werden zunächst die Vorgänge innerhalb der definierten Arbeitspakete sowie die Arbeitspakete untereinander im Hinblick auf ihre logischen Abhängigkeiten untersucht und aneinander gereiht. Dabei wird auch untersucht, ob Vorgänge nacheinander ablaufen müssen oder gegebenenfalls auch parallel durchgeführt werden können. In einem zweiten Schritt wird für jeden Vorgang die Bearbeitungsdauer geschätzt. Abschließend werden dann die Termine der Vorgänge in Abhängigkeit von den identifizierten Abhängigkeiten und von Projektstart- und -endtermin ermittelt. Als Ergebnis erhält man den zeitlichen Ablauf aller Vorgänge mit Dauer, Start- und Endtermin.[479]

Da es sich bei Transaktionsprozessen häufig um zeitkritische Abläufe handelt, sollten bei der Terminplanung auch alle Maßnahmen zur Terminbeschleunigung genutzt werden. Dabei handelt es sich im Einzelnen um folgende Ansätze:[480]

- Kapazitätsmaßnahmen
  - Überstunden, Wochenendarbeiten, zusätzliche Arbeitsschichten[481]
  - Zusätzliche Mitarbeiterkapazitäten[482]
  - Auswärtsvergaben, Zukauf von Leistungen (Kaufen statt selbst entwickeln)[483]
- Technologische Maßnahmen
  - Überlappungen von Vorgängen vorsehen (Aufgaben parallel durchführen)[484]
  - Vorgänge splitten, Abhängigkeiten eliminieren
  - Höhere Risiken eingehen
  - Leistungsfähigere Ressourcen zuteilen, Technologiewechsel, Methodenwechsel[485]
- Organisatorische Maßnahmen
  - Team umbesetzen bzw. Mitarbeiteraustausch
  - Projektmitarbeiter verbessern[486]
  - Änderung der Projektorganisation
  - Versteckte Rationalisierungspotenziale ausschöpfen

---

478 Möller / Dörrenberg (2003), S. 51.

479 Möller / Dörrenberg (2003), S. 52 sowie Schmidli / Schnüriger (2001), S. 56 / 57.

480 Ginevicius / Hausmann / Schafir (2005), S. 137.

481 Siehe auch Burghardt (2002), S. 130.

482 Siehe auch Burghardt (2002), S. 130.

483 Siehe auch Burghardt (2002), S. 130: Im Fall von gewerblichen Portfoliotransaktionen ist einerseits eine Auswärtsvergabe von Wertgutachten denkbar. Darüber hinaus kann auch bei einfachen Arbeiten Zeit eingespart werden, so z. B. durch die Beauftragung eines professionellen Dienstleisters für das Einscannen von Dokumenten.

484 Siehe auch Burghardt (2002), S. 130.

485 Siehe auch Burghardt (2002), S. 130: Beispielhaft wäre hier die Nutzung von lasergesteuerter Vermessung zu nenne.

486 Siehe auch Burghardt (2002), S. 130: Dies kann schon durch die Vermittlung erweiterter Kenntnisse in einfachen Tabellenkalkulationsprogrammen erfolgen.

– Einsatzmittelplanung

Unter Einsatzmitteln versteht man Personal und Sachmittel, die zur Durchführung von Projekten benötigt werden.[487] Regelmäßig entstehen aber 80 % der Projektkosten aus Personalkosten. Ziel der Planung ist der optimale Personaleinsatz über die gesamte Projektlaufzeit. Dabei werden zwei grundlegende Ansätze der Planung unterschieden. In der kapazitätsgetreuen Planung wird das Projekt so geplant, dass sich der Terminplan des Projekts aus dem zeitlichen Vorhandensein der vorhandenen Ressourcen ergibt. Da der Terminplan in Transaktionen aber vorgegeben wird, kommt die termingetreue Einsatzmittelplanung zur Anwendung. Dort sind die Ressourcen so zu planen, dass eine Durchführung innerhalb der Terminplanung möglich ist.[488]

Bevor mit dem eigentlichen Planungsprozess begonnen wird, sind zunächst einige Voranalysen durchzuführen:[489]

- Qualifikation des Personals
- Verfügbare Personalkapazität
    - Ob und inwieweit an anderen Projekten oder Routinearbeit beteiligt
    - Durchschnittliche Fehlzeiten und Urlaubszeiten berücksichtigen
- Zeitliche und örtliche Verfügbarkeit
- Organisatorische Zuordnung

Auf Basis dieser Analyseergebnisse erfolgt dann der Planungsprozess, der die folgenden Schritte beinhaltet:

- Ermittlung des Vorrates an Personal:[490] Qualifikationsgerechte Vorratsbestimmung (Aufteilung der Mitarbeiter in Skill-Gruppen und Zuordnung zu Arbeitspaketen)
- Ermittlung des Personalbedarfs:[491] Welche Qualifikation ist zur Erreichung des Arbeitsergebnisses notwendig[492]
- Gegenüberstellen von Bedarf und Vorrat[493]
- Optimieren der Personalauslastung[494]

Die Detaillierung der Planung zeigt, dass ausgeprägte Kenntnisse der Qualifikation der eigenen Mitarbeiter vorhanden sein müssen. Daher ist im Vorfeld die Entwicklung einer Datenbank zu den Qualifikationen der Belegschaft zu empfehlen.

– Kostenplanung

Basierend auf der Definition der Arbeitspakete und der Einsatzmittelplanung werden in der Kostenplanung zunächst Kostenpakete definiert. Dafür bieten sich sicher die bereits definierten Arbeitspakete an. Dann werden aus der Einsatzmittelplanung die Mengenansätze für interne und extern bezogene Leistungen übernommen. Zusammen mit den Preisen / Kosten dafür erfolgt dann die Kalkulation der Projektkosten. Sollten

---

487 Möller / Dörrenberg (2003), S. 60.
488 Ginevicius / Hausmann / Schafir (2005), S. 139.
489 Ginevicius / Hausmann / Schafir (2005), S. 140 / 141.
490 Ginevicius / Hausmann / Schafir (2005), S. 140 sowie Burghardt (2002), S. 132.
491 Ginevicius / Hausmann / Schafir (2005), S. 141.
492 Möller / Dörrenberg (2003), S. 62 sowie Burghardt (2002), S. 132.
493 Ginevicius / Hausmann / Schafir (2005), S. 141 sowie Burghardt (2002), S. 135.
494 Ginevicius / Hausmann / Schafir (2005), S. 141 sowie Burghardt (2002), S. 132.

mehrere Vorgänge als Alternative zueinander möglich sein, so sollte die Entscheidung auf Basis einer Wirtschaftlichkeitsbetrachtung erfolgen. Abschließend erfolgt dann die Budgetzuteilung in Höhe der kalkulierten Kosten.[495]

6.3.5.4 Projektdurchführung

– Projektsteuerung

Die Projektsteuerung erfolgt durch den Projektleiter. Seine Aufgabe ist die kurzfristige Projektdisposition. Dabei teilt er die Aktivitäten des Projektplans in kleine Arbeitspakte auf, die er mit eindeutiger Definition des Arbeitsergebnisses an Projektmitarbeiter beauftragt (Planungshorizont zwei bis drei Wochen). Während und nach Bearbeitung der Arbeitspakete misst er die Arbeitsfortschritte und nimmt die Arbeitsergebnisse ab.[496]

– Projektkontrolle

Ziel der Projektkontrolle ist es, den Projektfortschritt festzustellen und allgemein verständliche Aussagen über den Projektstand formulieren zu können. Diese Aufgabe übernimmt erneut der Projektleiter. Er erfüllt dabei die folgenden Aufgaben:[497]

- Etappenplan nachführen (Soll-Ist-Abgleich der bisherigen Etappen dokumentieren)
- Soll-Ist-Vergleich für laufende Aktivität durchführen:[498] Erstellung von allgemeinen Terminübersichten und Rückstandsübersichten
- Abweichung analysieren und Maßnahmen einleiten
- Kurze schriftliche Zusammenfassung / Projektstatusbericht erstellen
- Gegenüber Projektauftraggebern (Lenkungssauschuss) Projektstand vortragen

– Kommunikation

Ein entscheidender Faktor von erfolgreichen Projekten ist die Kommunikation. Die direkte Kommunikation ist die schnellste und sicherste Kommunikationsform, doch sie verläuft nur in kleinen Einheiten effizient.[499] Regelmäßig erfolgt die Wahl der Kommunikationsmittel in Projekten eher zufällig und orientiert sich an den gerade vorhandenen Mitteln.[500] Diese Vorgehensweise ist wenig effektiv, da Kommunikationskanäle für bestimmte Situationen unterschiedlich gut geeignet sind, wie die folgende Darstellung zeigt:

Dem Projektleiter obliegt die Wahl der Kommunikationswege.[501] Er sollte darauf achten, dass auch Feedback- und Rückkopplungsprozesse möglich sind. Für immer wiederkehrende Kommunikation sollte das Medium, Häufigkeit, Verantwortlichkeit und Verfahren standardisiert werden (siehe Abbildung 27).[502]

---

495 Ginevicius / Hausmann / Schafir (2005), S. 144.
496 Schmidli / Schnüriger (2001), S. 67.
497 Schmidli / Schnüriger (2001), S. 75-76.
498 Siehe auch Burghardt (2002), S. 169.
499 Lehner (2001), S. 210.
500 Lehner (2001), S. 211.
501 Mayrshofer / Kröger (2001), S. 64.
502 Mayrshofer / Kröger (2001), S. 65.

Ein wesentliches Element der Kommunikation in Projekten sind weiterhin die Teamsitzungen. Um diese möglichst effizient nutzen zu können, sollten die folgenden Regeln beachtet werden:[503]

- Gründliche Vorbereitung: unmissverständliche Tagesordnung, exakte Nennung der angestrebten Ergebnisse, Rollen und Verantwortungen sowie fachlichen Unterlagen
- Festlegung der Moderatorenrolle
- Maximal sieben Teilnehmer
- Homogene Beteiligtenstruktur (hinsichtlich ihrer Einordnung in die Hierarchie)
- Heterogene Beteiligtenstruktur (hinsichtlich Richtung des Fachwissen)
- Maximal drei Stunden Dauer
- Ergebnis als Echtzeit-Protokoll zusammenfassen (gemeinsame Erstellung des Protokolls während Sitzung)

Charakter der Situation	**Anforderung im Projekt**	**Geeigneter Kommunikationskanal**
Hohe Unsicherheit	Konkreter Informationsbedarf	Regeln
↓	Konkreter Regelungsbedarf	Formulare, Berichte, Pläne
↓	↓	Email
↓	↓	Chat-Room
↓	↓	Telefon
↓	↓	Telefonkonferenz
↓	↓	Videokonferenz
Hohe Mehrdeutigkeit	Zieldefinition, Klärung der Situation	Direkter Kontakt
Schlecht strukturierte Situation	Konfliktbereinigung, Beurteilung	Gruppentreffen

Abbildung 27: Einsatzbereiche von Kommunikationskanälen[504]

– Dokumentation

Die Dokumentation der Projektarbeit kann in vielfältiger Weise erfolgen. Empfehlenswert ist jedoch die Erstellung der beiden nun folgenden Dokumentationsarten:

- Projekttagebuch

Hier sollte in einer Art Logbuch alles irgendwie Erwähnenswerte festgehalten werden. Insbesondere gilt dies für nicht schriftlich fixierte Absprachen mit Auftraggebern und Auftragnehmern (mündlich oder am Telefon).[505]

[503] Koreimann (2002), S. 92-93.
[504] Lehner (2001), S. 211.
[505] Burghardt (2002), S. 229.

- Projektberichte

Sie sollten als Statusberichte regelmäßig erstellt werden und Aufschluss über einen Soll-Ist-Vergleich mit der Projektplanung geben. Berücksichtigt werden sollen dabei alle messbaren Projektdaten (Termine, Aufwände, Kosten).[506]

6.3.5.5 Beraterauswahl

Die bisherigen Transaktionsteilnehmer verwiesen in den geführten Interviews darauf, dass insbesondere ein erfahrener Transaktionsmanager einzusetzen ist.[507] Regelmäßig verfügen Selbstnutzer nicht über solche transaktionserfahrene Mitarbeiter und müssen externe Berater beauftragen. Zudem existiert das im theoretischen Teil dieser Arbeit aufgezeigte Sunk-Cost-Problem interner Mitarbeiter. Wie im zweiten Kapitel dieses Buches ausgeführt, gibt es aber auch unterschiedliche Beratergruppen, die die Aufgabe der Lead Advisory übernehmen. Mit Bezug auf Immobilientransaktionen kann darunter nicht von einer besonders geeigneten Beratergruppe ausgegangen werden. Die Auswahl sollte einzelfallbezogen im Hinblick auf die Vollständigkeit der angebotenen Leistungen und die Qualität der Leistungspräsentation sowie Referenzen erfolgen. Orientierung bei der Auswahl der Berater können die folgenden Beurteilungen aus dem Bereich der Unternehmenstransaktionen geben (siehe Tabelle 39). Die weitere Untergliederung der Anbietergruppe Investmentbank in US-amerikanische und aus europäischen Universalbanken hervorgegangene Unternehmen sowie M&A-Boutiquen wurde im Grundlagenkapitel teilweise angedeutet. Da bei Immobilientransaktionen das Angebot noch nicht differenziert ausgeprägt ist, wurde auf eine differenzierte Darstellung verzichtet.

6.3.5.6 Weitere Empfehlungen aus Interviews

Den Interviews mit den Teilnehmern der bisherigen Transaktionen konnten weitere Empfehlungen entnommen werden. So sollte die Mindestdauer der gesamten Transaktion drei Monate betragen.[508] Idealerweise sind aber ein Jahr zu veranschlagen,[509] wobei der Vendor-Due-Diligence-Prozess mit einem halben Jahr veranschlagt werden sollte.[510] Die Terminplanung sollte zudem kongruent zu den Eigentümerzielen sein. Das bedeutet, dass rechtzeitig mit der Transaktion begonnen werden muss, wenn der Eigentümer einen Transaktionsabschluss zu einem bestimmten Zeitpunkt (z. B. am Jahresende) erwartet.[511] Zudem wurde empfohlen, keine konkreten Termine hinsichtlich des Transaktionsabschlusses zu kommunizieren, da es immer wieder zu Verzögerungen kommen kann.[512]

Zum Abschluss der Ausführungen zur Transaktionsstrukturierung soll auf fünf Regeln verwiesen werden, die vom Finanzvorstand des Pharmaunternehmens Pfizer auf Basis eigener Erfahrungen aus mehr als fünf Verkaufstransaktionen definiert wurden:[513]

---

[506] Burghardt (2002), S. 233.
[507] Interview Anwalt A2 und Interview Bank B3.
[508] Interview Verkaufsagent VA1.
[509] Interview Verkaufsagent VA4.
[510] Interview Verkäufer V2.
[511] Interview Verkaufsagent VA3.
[512] Interview Verkaufsagent VA2.
[513] Teach (2003), S. 4.

M&A-Berater i.e.S.		Wettbewerbsvorteile	Wettbewerbsnachteile
	US-amerikanische Investmentbanken und britische Merchant Banks	– Fokussierung – Transaktionserfahrung – Reputation	– Vergleichsweise geringe Möglichkeiten zur Bereitstellung von Finanzierungsmitteln – Geringe cross-selling-Möglichkeiten
	Europäische Universalban-ken und US money centers	– Produktübergreifende Kenntnis der Kunden aus anderen Bankgeschäften – Längerfristige Kundenbeziehungen – Cross-selling-Potenziale, insbesondere der Möglichkeit zur Bereitstellung von Finanzierungsmitteln	– Mögliche Interessenskonflikte zwischen den einzelnen Geschäftsfeldern – Vergleichsweise geringe Transaktionserfahrung
	Deutsche Privatbanken	– Langfristige Kundenbeziehung – Unabhängigkeit und Flexibilität der Unternehmensstruktur – Persönliche und diskrete Kundenbeziehung	– Vergleichsweise geringe internationale Präsenz – Beschränkte Möglichkeit zur Bereitstellung von Finanzierungsmitteln
	M&A-Boutiquen	– Starke Fokussierung – Transaktionserfahrung	– Keine oder nur geringe internationale Präsenz – Keine Möglichkeiten zur Bereitstellung von Finanzierungsmitteln
	Wirtschaftsprüfungsgesellschaften	– Häufig Kenntnis der Kunden aus dem Wirtschaftsprüfungsgeschäft – Längerfristige Kundenbeziehung	– Mögliche Interessenskonflikte zwischen den einzelnen Geschäftsfeldern – Vergleichsweise geringe Transaktionserfahrung – Keine Möglichkeiten zur Bereitstellung von Finanzierungsmitteln

Tabelle 39: Wettbewerbsvor- und nachteile von M&A-Beratern im engeren Sinne[514]

- Treffen Sie eine klare strategische Entscheidung über die Desinvestition: Entscheidung eingehend analysieren und alle verfügbaren Transakionswege und – vehikel in Betracht ziehen
- Immer kommunizieren: Während des gesamten Transaktionsprozesses muss fortlaufend kommuniziert werden – zunächst an die Unternehmensleitung, gegebenenfalls an die gesamte Belegschaft. Auf keinen Fall der Unternehmensleitung erst von einer fast abgeschlossenen Transaktion berichten.

[514] Beitel (2004), S. 40.

- Bilden Sie ein entschlossenes internes Team, um die Transaktion durchzuführen: Von Mitarbeitern kann nicht erwartet werden, dass sie die Transaktion neben ihrer Linientätigkeit begleiten.
- Beauftragen Sie Führungspersonal und nicht die Investmentbank: Es gilt nicht die Investmentbank mit dem größten Namen zu beauftragen, sondern die Beraterpersonen mit der am besten für die Transaktion geeigneten Expertise and Erfahrung.
- Stelle Sie sicher, dass die Mitarbeiter im Verkaufsobjekt fair behandelt werden

6.4 Dokumentation Verkaufsobjekte

6.4.1 Objektanalyse / Objektaufbereitung / Datenvervollständigung

6.4.1.1 Vorbemerkungen

Die Objektanalyse und Aufbereitung der Objektdaten im Rahmen der Verkäufer Due Diligence beinhaltet die Beschaffung aller für die Beschreibung und Bewertung der zum Verkauf anstehenden Immobilien erforderlichen Unterlagen und Informationen und deren systematische Zusammenstellung.[515]

- Zeitaufwand

Zeitaufwand und Ressourcenbindung zur Datengewinnung wird häufig unterschätzt[516]. Gerade die Einbindung unterschiedlicher Abteilungen im Verkäuferunternehmen kostet viel Zeit.[517]

- Datenlage

Bei der Objektanalyse ist zu berücksichtigen, dass unterschiedliche Abteilungen regelmäßig redundante Information vorhalten. Darüber sollte der Verkäufer sich vorab bewusst sein. Darüber hinaus wirkt erschwerend, dass die Datenanforderungen für Verkaufszwecke von den Bestandszwecken abweichen, so dass auch bei guter Datenlage mit Datenlücken zu rechnen ist.[518] So weicht die Dokumentation der laufenden Bewirtschaftung in der Regel von den Anforderungen der Investoren ab.[519]

- Teilbereiche der Prüfung

Die Verkäufer Due Diligence bereitet die Daten für die Käuferprüfung im Datenraum vor und umfasst daher die gleichen Teilbereiche, die auch identisch zu Prüfungen im Rahmen von Unternehmenstransaktionen sind.

Im Einzelnen handelt es sich um die folgenden Teilbereiche der Due Diligence, die in den folgenden Textabschnitten detailliert beschrieben werden:[520]

- Wirtschaftlich Due Diligence[521]
- Finanzielle Due Diligence[522]

---

515 Niewerth / Steinke (2003), S. 11 sowie Raum (2002), S. 135.
516 Essler / Seidel (2003), S. 77 sowie Niewerth / Steinke (2003), S. 11.
517 Essler / Seidel (2003), S. 77.
518 Essler / Seidel (2003), S. 78.
519 Essler / Seidel (2003), S. 78 sowie Niewerth / Steinke (2003), S. 11.
520 Allgemeine Übersicht siehe Rockholtz (1999), S. 95 sowie immobilienspezifisch siehe Raum (2002), S. 135.
521 Raum (2002), S. 135; Picot (2002), S. 276; Gondring (2004), S. 850; Reis (2004), S. 59.

- Rechtliche Due Diligence[523]
- Steuerliche Due Diligence[524]
- Technische Due Diligence[525]
- Umwelt Due Diligence[526]
- Organisatorische Due Diligence[527]

6.4.1.2 Wirtschaftliche Due Diligence

Allgemein definiert umfasst die wirtschaftliche Due Diligence die Untersuchung des Marktumfelds und des Standorts der Immobilie und der dort derzeit und zukünftig herrschenden Nachfrage- sowie entsprechenden Miet- und Kaufpreissituation.[528] Bestandteile der wirtschaftlichen Analyse werden in der folgenden Darstellung illustriert:

Im Detail umfasst die wirtschaftliche Analyse jedoch die folgenden Prüfungsbereiche (siehe auch Abbildung 28):

– Wirtschaftliche Rahmenbedingungen

Die wirtschaftlichen Rahmenbedingungen sind Grundlage der Entwicklungsrichtung der Immobilienerträge und der Finanzierungskosten und müssen daher unbedingt untersucht werden. Einerseits ist die zukünftige wirtschaftliche Entwicklung zu untersuchen, die direkte Auswirkungen auf die Flächennachfrage hat. Andererseits hat die gesamtwirtschaftliche Entwicklung auch Auswirkungen auf das Zinsniveau, was wiederum die Attraktivität von Immobilien im Hinblick auf ihre Attraktivität als Kapitalanlage und die Refinanzierungskonditionen beeinflusst. Untersuchungsgegenstand sind mögliche zukünftige Veränderungen wie Politikwechsel und Gesetzesänderungen.

Prognostizierbare quantitative Größen dabei sind die Bevölkerungs-, Einkommens- und Beschäftigungszahlenentwicklung.[529]
Die Ergebnisse sollten dann vor allem in die Bewertung der Verkaufsobjekte unter Einnahme der Investorensicht einfließen. Einerseits als Grundlage der Prognose der zukünftigen Wiedervermietungsmieten und Nachmieterausfallrisiken, andererseits für die Prognose der Refinanzierungszinsen.

– Marktanalyse / Standortanalyse

Im Rahmen der wirtschaftlichen Due Diligence kommt auch das umfangreiche Instrumentarium der Markt- und Standortanalyse zur Anwendung.[530] Wesentliche Ergebnis-

---

522 Raum (2002), S. 136; Picot (2002), S. 278; Gondring (2004), S. 850; Reis (2004), S. 62; Ragotzky (2002), S. 145.
523 Raum (2002), S. 136; Picot (2002), S. 290; Gondring (2004), S. 850; Reis (2004), S. 64; Ragotzky (2002), S. 144.
524 Raum (2002), S. 137; Picot (2002), S. 290; Gondring (2004), S. 850; Reis (2004), S. 71; Ragotzky (2002), S. 146.
525 Raum (2002), S. 137; Gondring (2004), S. 850; Reis (2004), S. 68 + 76.
526 Raum (2002), S. 137; Picot (2002), S. 292; Gondring (2004), S. 850; Reis (2004), S. 81; Ragotzky (2002), S. 147.
527 Raum (2002), S. 137; Picot (2002), S. 294; Gondring (2004), S. 850; Reis (2004), S. 79.
528 Raum (2002), S. 135.
529 Reis (2004), S. 59.
530 Für eine detaillierte Beschreibung siehe Schulte (2005), S. 393ff.

se der Analysen sind Flächenangebot und – nachfrage sowie Miet- und Kaufpreise. Diese finden wiederum Eingang in das Bewertungsmodell aus Investorensicht.

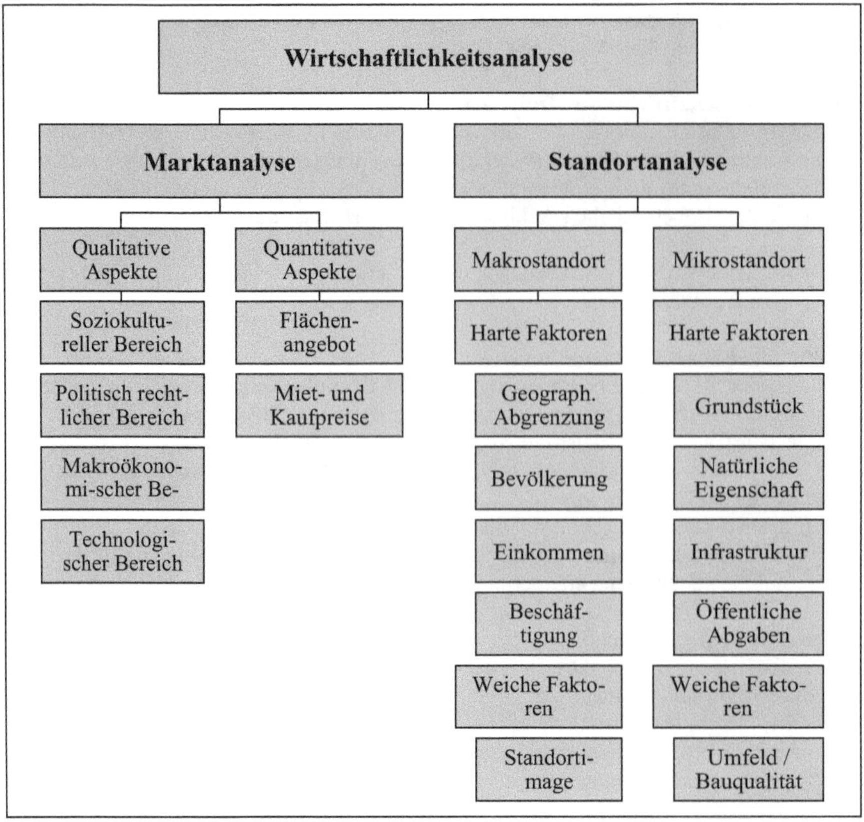

Abbildung 28: Bestandteile einer wirtschaftlichen Analyse[531]

– Branchenanalyse / Mieteranalyse

Aus Sicht der Investoren weist das Verkaufsportfolio eines Selbstnutzers regelmäßig einen großen Nachteil auf: ein Großteil der Flächen wird von einem Mieter aus einer Branche angemietet. Folglich läuft der Käufer Gefahr, sich diesbezüglich ein Klumpenrisiko einzukaufen.

Diesen Bedenken der Käufer sollte der Verkäufer entgegenwirken, indem er eine möglichst positive Wahrnehmung seiner Branche und Bonität durch den Käufer vorbereitet. Im Idealfall geschieht dies durch eine allgemeine Unternehmenspräsentation vor dem Käufer, die durch bedeutende Entscheidungsträger des Verkäuferunternehmens vorgetragen werden sowie die Einsicht in wesentliche Business Pläne und Unter-

[531] Gondring (2004), S. 851.

nehmensplanungen im Datenraum. Ergänzend bieten sich auch die Bereitstellung von Analystenberichten zum eigenen Unternehmen und seiner Branche an, die internationale Finanzinvestoren ohnehin als eine der ersten Informationen zum Verkäufer konsultieren werden. Alle Informationen sind im Rahmen der Verkäufer Due Diligence zu sammeln und für den Datenraum vorzubereiten.

6.4.1.3 Finanzielle Due Diligence

Inhalt der finanziellen Verkäufer Due Diligence ist die Analyse und Datenbereitstellung der objektkonkreten historischen und prognostizierten Erfolgsrechnungen. Die historischen Daten sollten die letzten drei Jahre umfassen,[532] die prognostizierten Daten sich über die nächsten fünf Jahre erstrecken. Darüber hinaus sollten die wertvermehrenden Investitionen der letzten zehn Jahre aufgelistet werden, um den Investoren vorab einen Eindruck von der Instandsetzungssituation zu geben.[533]
Die Prognose der Kosten bezieht sich in der Regel nur auf die Instandhaltungskosten, bei denen eine objektkonkrete Planung Sinn macht. Bei den Mietnebenkosten reicht es aus, auf Basis der historischen Werte in die Zukunft zu extrapolieren. Laut Aussage eines Interviewpartners stellt die Planung der Instandhaltungskosten die Selbstnutzer regelmäßig vor große Probleme. Darüber hinaus finden sich bei der Analyse der historischen Kosten häufig gemischte Buchungskosten, die neben Immobilienkosten auch andere Kosten enthalten. Für die Aufbereitung für den Datenraum ist eine saubere Trennung aber unverzichtbar,[534] will man bei Datenlücken pessimistische Annahmen in der Investorenkalkulation verhindern.
Hinsichtlich der Ertragskomponente der Erfolgsrechnungen sollten bereits eigene Zahlungsströme auf Basis einer detaillierten Aufstellung der Mieteinnahmen und – bonitäten (auch Drittmieter) sowie der Marktmieteinschätzungen bei Wiedervermietung ermittelt werden, die dann den Investoren mit allen Inputdaten im Datenraum bereits zur Verfügung gestellt werden sollen und von diesen dann nur noch überprüft und angepasst werden müssen.
Zusammenfassend sollte am Ende der Analyse für jedes Objekt eine Erfolgsrechnung in weiterverarbeitbarer Form (gängige Anwendersoftware für Tabellenkalkulation oder Datenbanken) mit allen Inputdaten und Annahmen vorliegen, die den Investoren im Datenraum zur Verfügung gestellt werden kann.

6.4.1.4 Rechtliche Due Diligence

Ziel der rechtlichen Due Diligence ist die Prüfung der Vertragsgeflechte um die Verkaufsobjekte.[535] Damit soll sichergestellt werden, dass ein Verkauf der Objekte (im Sinne des Eigentumsübergangs) überhaupt rechtlich möglich ist (Transaktionsfähigkeit) und rechtliche Risiken identifiziert werden, die Einfluss auf die Bewertung der Objekte aus Investorensicht haben.
Dabei werden die Verkaufsobjekte im Hinblick auf die folgenden Punkte geprüft:

532 Bei Spezialimmobilien häufig auch der letzten fünf Jahre von Investoren gewünscht.
533 Reis (2004), S. 62.
534 Reis (2004), S. 62.
535 Raum (2002), S. 137.

– Eigentumsrechtliche Umstände und Belastungen

Prüfungsgegenstände eigentumsrechtlicher Natur sind:[536]

- Vorkaufsrechte
- Baulasten
- nachbarrechtliche Situation
- Restitutionsansprüche
- Nutzungsbeschränkungen
- Wiederkaufsrechte aus dem Ankauf

– Planungsrechtliche Situation

In Bezug auf das Planungsrecht sind die folgenden Umstände zu prüfen:[537]

- Art und Ausmaß der baulichen Nutzung
- Konformität mit Baugenehmigung und unerledigte Aufgaben daraus
    - Nicht genehmigungskonforme Erstellung der Gebäude
    - Nachweis der erforderlichen Parkplätze
    - Denkmalschutz
    - Nachträgliche bauliche Veränderungen ohne Genehmigung
    - Genehmigung der derzeitigen Nutzung (Nutzungsänderung)
    - Brandschutz
- öffentlich-rechtliche Nachbarstreitigkeiten
- Verfahren von Behörden
- schwebende Genehmigungsanträge
- straßenrechtliche Situation und erforderliche Sondernutzungserlaubnisse
- Sicherung der Erschließung und noch offene Erschließungsbeiträge
- immissionsschutzrechtlich zulässige Nutzung

– Ertragsfähigkeit der Immobilie

In diesem Prüfungsbereich gilt es die Mietverträge auf rechtliche Probleme zu untersuchen, um mögliche Ertragsrisiken zu identifizieren. Dabei werden folgende Prüfungen durchgeführt:[538]

- Prüfung bestehender Mietverträge (Wirksamkeit, Form, Laufzeit und Kündbarkeit)
- Mietsicherheiten
- Bonität des Mieterbestands (Insolvenzen)
- Vorkaufsrechte von Mietern
- Mieterdienstbarkeiten
- Konkurrenzschutz

– Anhängige Rechtsstreitigkeiten

Möglicherweise noch anhängige Rechtsstreitigkeiten hinsichtlich eines Objekts reduzieren dessen Attraktivität für den Käufer. Diese Verfahren müssen in der Verkäufer Due Diligence identifiziert und möglichst beendet werden. Dabei sind auch schiedsgerichtliche Verfahren und Mieterstreitigkeiten zu berücksichtigen.[539]

---

536 Niewerth / Steinke (2003), S. 7.
537 Niewerth / Steinke (2003), S. 7.
538 Niewerth / Steinke (2003), S. 7.
539 Niewerth / Steinke (2003), S. 7.

– Zusätzliche Prüfung bei Share Deal als Transaktionsform
Wird im Rahmen eines Share Deals die Eigentümergesellschaft mit veräußert, so ist auch diese einer gesellschaftsrechtlichen Prüfung zu unterziehen. Besonders ist dabei auf die gesamtschuldnerische Haftung für Risiken der übertragenden Gesellschaft bei Abspaltung und den möglichen Übergang von Mitarbeitern zu achten.[540]

Um diese Prüfungen möglichst effizient zu gestalten, sollten die folgenden Erfolgsfaktoren berücksichtigt werden:[541]

- Abstimmung des Anforderungsprofils mit den Beratern
- Geschwindigkeit, Genauigkeit und Kompetenz
    - Größe und Besetzung des Due Diligence Teams
    - Abdeckung der relevanten Fachgebiete (Vollständigkeit)
    - Internationale Teams bei Immobilien in mehreren Jurisdiktionen
- Interdisziplinäre Kommunikation der verschiedenen Due Diligence-Teams
- „maßgeschneiderter“ Due-Diligence-Bereicht „aus einem Guss“

Wie bereits im Grundlagenkapitel zu Rechtsanwälten bemerkt, können die geforderten Kriterien nur unter Einschaltung transaktionserfahrener Anwaltskanzleien erfüllt werden.[542] Sollte im Sinne einer Reverse Due Diligence auf umfangreiche Prüfberichte bei der Verkäuferprüfung verzichtet werden, so bietet sich dies bei der rechtlichen Prüfung dennoch an. Es ist davon auszugehen, dass Kurzbeurteilungen von Verträgen durch die Anwälte des Verkäufers bei Weitergabe auch Anerkennung bei den Käufern finden werden und so im Sinne der Reduzierung der Prüfungskosten für die Käufer förderlich auf den Transaktionsausgang wirken werden.

6.4.1.5 Steuerliche Due Diligence

Ziel der steuerlichen Due Diligence ist die Beurteilung der steuerlichen Auswirkungen des Kaufs beim Investor. Die steuerlichen Auswirkungen können aber nur auf der Ebene des Steuersubjekts beurteilt werden und sind daher im Rahmen der Verkäufer Due Diligence nur eingeschränkt betrachtbar. Grundsätzlich hat der Erwerb von Immobilien Auswirkungen auf folgende Steuerarten:[543]

- Körperschaftssteuer / Einkommenssteuer
- Gewerbeertragssteuer
- Grundsteuer
- Grunderwerbssteuer
- Umsatzsteuer

Dennoch kann der Verkäufer durch vorbereitende Tätigkeiten im Rahmen der Verkäufer Due Diligence die Käuferprüfung erleichtern bzw. die Verkaufsobjekte für den Investor attraktiver machen. Im Einzelnen betrifft dies die folgenden Steuerarten:

---

540 Niewerth / Steinke (2003), S. 7.
541 Kleine (2004), S. 10.
542 Siehe auch Reis (2004), S. 64.
543 Reis (2004), S. 72.

– Grunderwerbssteuer
Beim Verkauf von Immobilien fallen 3,5 % Grunderwerbssteuer an. Die Steuerschuld ist gemeinsam vom Verkäufer und Käufer zu tragen.[544] Aus Sicht des Verkäufers ergeben sich somit zwei Möglichkeiten. Entweder er trägt die Steuerschuld selbst oder der Käufer trägt einen Teil der Steuerschuld und wird aber diesen Betrag beim Kaufpreis abziehen. In beiden Fällen trägt letztlich der Verkäufer die Kosten.
Daher muss es im Sinne des Verkäufers sein, das Anfallen der Grunderwerbssteuer möglichst zu umgehen. Dazu gibt es mehrere Ansätze. Im Folgenden soll das Modell des Erwerbs über eine atypische stille Beteiligung beschrieben werden (siehe Abbildung 29).

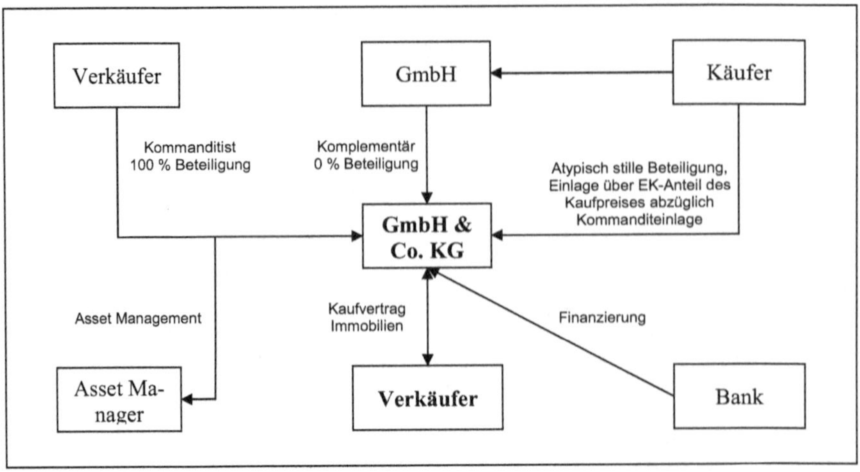

Abbildung 29: Atypisch stille Beteiligung

Voraussetzung für dieses Modell, die bereits in der Verkäufer Due Diligence zu schaffen ist, ist die Errichtung einer Sonderzweckgesellschaft als zukünftiger Eigentümer der Immobilien. Die entsprechenden Maßnahmen sind rechtzeitig vom Verkäufer anzustoßen.

– Umsatzsteuer
Bei Immobilien, bei denen für die Befreiung von der Umsatzsteuerpflicht optiert wurde, muss der Käufer sich der Vorsteuerabzugsberechtigung der Mieter sicher sein, da er sonst seine abgezogenen Vorsteuerbeträge zurückführen muss.[545] Die entsprechenden Informationen zu den Mietern sollte der Verkäufer sammeln, sofern ihm die Informationen nicht vorliegen und in den Datenraum einbringen.

[544] GrEStG § 13.
[545] Bei Immobilien innerhalb von 10 Jahren nach Option, siehe UStG § 15a.

6.4.1.6 Technische Due Diligence

Die technische Due Diligence untersucht die Gebäudequalität des Verkaufsobjekts und schließt dabei auch die Facility Management-Seite ein. Vor allem möchte der Verkäufer damit vorzeitig mögliche Bauschäden identifizieren, für die der Käufer später Abschläge beim Kaufpreis vornehmen wird. Sollten auch wesentliche Informationen und Unterlagen zum Gebäude (siehe unten) dem Käufer nicht vorgelegt werden können, so wird er auf explizite Gewährleistungsansprüche im Kaufvertrag bestehen.[546] Um diese zu umgehen, muss der Verkäufer die Unterlagen in der Verkäufer Due Diligence sammeln und bei Fehlen nachträglich besorgen. Dafür wird regelmäßig ein längerer Zeitraum benötigt, da Unterlagen im Austausch mit Behörden beschafft werden müssen.

Weiterhin ist davon auszugehen, dass in den Gebäudeplänen Änderungen und Umbauten selten ausreichend dokumentiert wurden und dem Verkäufer auch keine verlässlichen Angaben zu den Mietflächen der Verkaufsobjekte vorliegen.[547] Aus den Interviews mit den bisherigen Transaktionsteilnehmern ging bestätigend hervor, dass in den bisherigen Transaktionen die genannten Daten nur durch Durchführung eines Flächenaufmasses ermittelt werden konnten. Aus diesem Grunde sollte der Verkäufer im Rahmen der Verkäufer Due Diligence rechtzeitig ein Flächenaufmaß der Verkaufsobjekte anstoßen, das CAD-Pläne liefern sollte.

– Formale Untersuchung

Zunächst sind die wesentlichen baulichen Fakten und Unterlagen zum Gebäude zu sammeln. Aus diesen kann bereits ein erster Eindruck des baulichen Zustands der Objekte abgeleitet werden. Im Einzelnen handelt es sich dabei um:[548]

- Alter des Objektes
- Aufstellung der Instandhaltungskosten der letzten drei bis fünf Jahre[549]
- Liste der in den letzten zehn Jahren vorgenommenen wertsteigernden baulichen Maßnahmen
- Lageplan
- Katasterplan
- Aktuelle Fotos
- Baubeschreibung
- Abgrenzungsliste Grundausbau zu Mieterausbau
- Flächenaufstellung (Gegliedert nach ((H)NF, NNF, VF, FF)
- Berechnung Bruttorauminhalt
- Angaben zur Tragfähigkeit der Decken / Statik
- Gebäudepläne im Maßstab 1:100

[546] Raum (2002), S. 137.
[547] Bröker / Vetter (2005), S. 12.
[548] Reis (2004), S. 68-69.
[549] Analog der wirtschaftlichen Analyse.

– Physische Untersuchung

In einem zweiten Schritt erfolgt die Besichtigung vor Ort. Die Beurteilung der Gebäude sollte durch erfahrene Bau- bzw. entsprechende Fachingenieure erfolgen. Die Prüfungsinhalte sind wie folgt dargestellt:[550]

- Korrekte Ausführung der Instandhaltungsarbeiten
- Technischer Stand der technischen Gebäudeausrüstung
- Vorhandensein und Status Bauschäden
- Instandhaltungs- und Sanierungsrückstau
- Einhaltung Brandschutzvorschriften
- Effizienz der Gebäude

Hinsichtlich der Effizienz der Gebäude werden drei Größen unterschieden. Die Flächeneffizienz zeigt den Anteil der vermietbaren Fläche an der Gesamtfläche des Gebäudes. Diese Angabe ist für den Käufer von besonderer Bedeutung, da er bei hohem Anteil nicht vermietbarer Flächen einen entsprechend geringen Teil der Bewirtschaftungskosten auf die Mieter umlegen kann. Bei dem bisherigen Eigentümer als Selbstnutzer war diese Relation regelmäßig von untergeordneter Bedeutung, da es sich bei Eigentümer und Nutzer um dieselbe (juristische) Person handelte.
Weiterhin spricht man von der Ausstattungseffizienz. Dabei wird beurteilt, ob die Ausstattung der Flächen den Ansprüchen der Nutzer entspricht. Eine besonders gute Ausstattung könnte die Realisierung einer höheren Miete ermöglichen. Dies sollte dem Verkäufer bekannt sein und auch dem Käufer in den Verkaufsunterlagen kommuniziert werden, damit ein höherer Kaufpreis erreicht werden kann.

– Untersuchung Facility Management

Abschließend spricht man von der Bewirtschaftungseffizienz. Diese ist abhängig von der Höhe der Bewirtschaftungskosten im Vergleich zu den Mieteinnahmen. Regelmäßig sind diese bei „komplizierten" und aufwendigen Gebäuden besonders hoch. Dies sollte dem Verkäufer zumindest bekannt sein, da der Käufer dies prüfen wird und die Gebotspreise entsprechend niedriger ausfallen werden.
Die Untersuchung des Facility Managements der Gebäude umfasst ferner folgende Aspekte:[551]

- Benchmarking der Kosten der technischen Gebäudeausstattung
- Benchmarking der Kosten der Ver- und Entsorgung
    - Für Strom
    - Für Heizung
    - Für Lüftung / Klimatisierung
    - Für Wasser
    - Für Gas
- Benchmarking des Energiemanagements
    - Möglichkeiten der Reduktion des Energieverbrauchs
    - Möglichkeiten des Einsatzes alternativer Energiequellen

---

[550] Reis (2004), S. 69-70.
[551] Reis (2004), S. 77-78.

- Qualität der Objektbuchhaltung (kaufmännisches Facility Management)
  - Detaillierung bei der Erfassung
  - Vollständigkeit bei der Umlegung
  - Marktfähigkeit der Verträge (Kosten, Flexibilität, Reputation der Vertragspartner)
- Qualität des infrastrukturellen Facility Managements
  - Flächenmanagement
  - Sicherheitsdienste
  - Reinigungsdienste
  - Parkflächenbewirtschaftung
  - Gartenpflege
  - Winterdienste

6.4.1.7 Umwelt Due Diligence

Ziel der Umweltuntersuchung im Rahmen der Verkäufer Due Diligence ist die Identifikation von Umweltrisiken,[552] die ein enormes Risiko für den Wert des Verkaufsobjekts darstellen. Dies zeigt auch ihre besondere Bedeutung bei Unternehmenstransaktionen, wo ihr in der einschlägigen Literatur ein eigenständiger Platz als Umwelt Due Diligence zukommt, was nicht für die allgemeine Immobilienprüfung gilt. Es ist davon auszugehen, dass bei Feststellen einer Umweltverunreinigung der Verkauf nicht mehr möglich sein wird. Daher sollte dies dem Verkäufer unbedingt vorab bekannt sein, um Reputationsverluste zu vermeiden und eigene Aufbereitungskosten zu sparen.

Die Untersuchung sollte unbedingt durch externe Fachfirmen vorgenommen werden,[553] Regelmäßig beginnt die Untersuchung mit einer historischen / erkundenden Untersuchung. / Nutzungsrecherche / Umweltrisikobewertung.[554] Dabei wird die Nutzungsgeschichte des Grundstücks / Gebäudes beleuchtet. Dabei sollte auch auf Informationen des Altlastenkatasters der Kommune sowie Sanierungsverfügungen und Haftungsfreistellungsbescheide zurückgegriffen werden. Ein erfahrener Fachingenieur schätzt dann auf Basis der Unterlagen und seines eigenen Eindrucks vor Ort die Gefahren und Risiken für die Umwelt ein. Der entsprechende Bericht des Gutachters sollte den Investoren im Datenraum zur Verfügung gestellt werden. Bestehen nach der erkundenden Untersuchung Verdachtsmomente oder Unklarheiten, so sollte im zweiten Schritt die technische Untersuchung durch Fachfirmen erfolgen.[555] Diese Untersuchung schließt die Entnahme von Proben, in der Regel aus dem Untergrund durch Bohrungen, deren Untersuchung in Labors und einen ausführlichen Bericht ein, der zudem eine Einschätzung der notwendigen Sanierungskosten enthält.[556]

---

552 Picot (2002), S. 292.
553 Picot (2002), S. 294.
554 Rockholtz (1999), S. 109.
555 Niewerth / Steinke (2003), S. 7.
556 Reis (2004), S. 82.

6.4.1.8 Organisatorische Due Diligence

Die organisatorische Due Diligence erfolgt regelmäßig nur bei Betreiberimmobilien.[557] Da der Betrieb[558] bei Immobilienverkäufen von Selbstnutzern mit anschließender Rückanmietung beim Mieter verbleibt, soll dieser Teil der Due Diligence hier nicht berücksichtigt werden.

6.4.1.9 Dokumentation der Verkäufer Due Diligence

Der Umfang der Dokumentation der Verkäufer Due Diligence hängt wiederum von der Entscheidung Reverse oder Vendor Due Diligence ab. Auch wenn nur eine Reverse Due Diligence durch den Verkäufer unter Einbindung von externen Beratern erfolgte, sollten die Informationen in verarbeitbarer Form (am besten eine Access-Datenbank) gesammelt werden, um sie z. B. im Bewertungsmodell weiterverarbeiten zu können. Dabei sollten die folgenden Empfehlungen beachtet werden:[559]

- Als Datenbanken mit eindeutigem Bezug und Zuordnung
- Alle Gewerke (Beschreibung der Fassade, Dach, Keller, Fenster, Haustechnik, etc.)
- Alle Zustände (Skala von 1-6: Bewertung mit Schulnoten)
- Alle Details zum Gebäude (Geschossigkeit, Problemstellungen)
- Alle Maßnahmen Instandhaltung / Modernisierung (Historisch, Status Quo, Planung (Gewerke und Budget))
- Infrastruktur (ÖPNV, Einkaufen, Schulen, Ärzte, etc.)
- Flächenschlüssel (Wohnen / Gewerbe) und (Anzahl Gewerbetyp)
- Zugeordnete KFM-Daten (Mieten, NK, MwSt, Umlageschlüssel und Umlagebeschluss NK)
- Zugeordnete steuerliche Daten (handelsrechtliche Buchwerte, steuerliche Buchwerte)

Wird jedoch eine Vendor Due Diligence durch einen externen, unabhängigen Prüfer durchgeführt mit der Absicht, den Ergebnisbericht den Investoren zur Verfügung zu stellen, so ist es sinnvoll, eine Bestätigung der sachlichen Richtigkeit durch den Verkäufer in den Ergebnisbericht einzubinden, um die Glaubwürdigkeit weiter zu erhöhen. Dies begründet aber keine rechtlichen Verpflichtungen des Verkäufers und bezieht sich nur auf die Fakten und nicht auf die Interpretationen des Gutachters.[560]
Durch die Weitergabe des Berichts vom Verkäufer zum Käufer entsteht automatisch / konkludent ein Auskunftsvertrag zwischen dem Ersteller und dem Käufer. Dann haftet der Ersteller auch voll für mögliche Schäden, die dem Käufer aus falschen Informationen entstehen können. Diese Haftung kann aber durch Abschluss eines formellen Auskunftsvertrags vor Weitergabe ausgeschlossen oder begrenzt werden.[561]
Dem Verkäufer ist zu empfehlen, diese direkte Auskunftsmöglichkeit des Käufers beim Gutachter zuzulassen, doch sollte er sicherstellen, dass dies nur über die Inhalte der Prüfung geschieht und für den Verkäufer keine Mehrkosten anfallen.[562]

---

557 Raum (2002), S. 138.
558 Des Kerngeschäfts, nicht der Immobilienbetrieb im Sinne des Facility Management.
559 Lemke (2004), S. 12.
560 Nawe / Nagel (2002), S. 529.
561 Nawe / Nagel (2002), S. 530.
562 Nawe / Nagel, S. 531.

6.4.1.10 Abstimmung mit den Nutzern

Im Rahmen der Vendor Due Diligence muss der Verkäufer auch den Umfang und die Zeitdauer der weiteren Nutzung der Verkaufsobjekte mit seinen internen Nutzern abstimmen. Ziel der Nutzerabstimmung ist die Festschreibung der zukünftigen Nutzung in internen Mietverträgen, die mit dem Verkauf auf den Investor übergehen werden. Betrachtet man den großen Einfluss der Dauer und des Umfangs eines Rückmietvertrags auf den Objektwert, insbesondere bei weniger werthaltigen Objekten, so wird der große Interessenskonflikt bewusst zwischen dem Eigentümer als Verkäufer und dem Nutzer als Rückmietenden.

Der Verkäufer möchte Umfang und Dauer des Mietvertrages maximieren, um auch den Verkaufserlös zu maximieren. Der Nutzer möchte Umfang und Dauer des Mietvertrages an seine Bedürfnisse anpassen und größtmögliche Flexibilität behalten. Wenn die Nutzung überhaupt in einem Mietvertrag reglementiert wird, dann würde der Nutzer einen unbefristeten, kurzfristig kündbaren Mietvertrag bevorzugen.

Der Selbstnutzer als Verkäufer und Rückmietender muss beiden Zielen gerecht werden. Umfang und Dauer des Mietvertrags muss dem zukünftigen Bedarf der internen Nutzer entsprechen, um Leerstände zu vermeiden. Gleichzeitig muss insbesondere bei weniger werthaltigen Objekten durch den Mietvertrag ein Objektwert erreicht werden, der sich zumindest mit dem Buchwert, den abgeschriebenen Anschaffungskosten messen kann.

Um diese Ziele zu erreichen, sind die Objekte vor dem Verkauf einer Optimierung zu unterziehen. Geht man von der realistischen Annahme aus, dass Leerstände bei werthaltigen Objekten aufgrund der wahrscheinlich vorhandenen externen Alternativnutzer vom Käufer eher ohne Preisabschläge akzeptiert werden,[563] so muss die Optimierung bestehen aus dem Füllen von Leerständen in weniger werthaltigen Objekten durch die Verlagerung von Mitarbeitern aus werthaltigeren Objekten. In der Regel ist dies aber nur zwischen allgemeinen Objekten möglich. Nutzer aus strategischen Objekten können selten verlagert werden.

Im unwahrscheinlichen Fall, dass keine Optimierung mehr nötig ist, sollte im Rahmen der Nutzerabstimmung doch zumindest geprüft werden, ob die Restlaufzeiten der Mietverträge noch der Nutzerperspektive entsprechen. Falls die Objekte noch länger genutzt werden sollen, dann sind auslaufende Mietverträge auf jeden Fall verbindlich zu verlängern, um einen gerechten Kaufpreis zu erlösen.[564]

6.4.1.11 Weitere Empfehlungen aus den Interviews

Die Erfahrungen mit der Verkäufer Due Diligence gaben den interviewten Transaktionsteilnehmern besonders häufig den Anlass, Empfehlungen zu geben. So war die Erfahrung, dass alleine für die Herstellung der Datentransparenz vier bis acht Wochen Bearbeitungszeit zu veranschlagen wären.[565] Als weiterer Richtwert wurden drei Tage Bearbeitungsdauer pro Objekt genannt.[566] Auf jeden Fall sollten externe Berater mit Transaktionserfahrung eingebunden werden, sei es auch nur zum Coaching der Pro-

---

563 Interview Bank B3: Lange Mietverträge können sogar nachteilig sein – in Objekten, in denen mit einem anderen Mieter noch ein höherer Ertrag möglich wäre.

564 Interview Verkaufsagent VA4.

565 Interview Verkaufsagent VA1.

566 Interview Verkaufsagent VA2.

jektleitung.[567] Gemischte Teams mit externen Beratern sollten auch immer so aufgebaut sein, dass es spiegelbildliche Positionen mit direkten Ansprechpartnern auf Verkäufer- und Dienstleisterseite gibt.[568] Darüber hinaus sollte auch mit den Käufern vorab kommuniziert werden, um deren Anforderungen an die Objektdaten zu erfahren.[569]

6.4.2 Festlegung der endgültigen Portfoliostruktur

In der Problemanalyse wurde festgestellt, dass eine stabile Portfoliostruktur während des Transaktionsverlaufs entscheidend für den Transaktionserfolg ist. Daher ist zu diesem Zeitpunkt, vor Ansprache der Investoren, die endgültige Portfoliostruktur festzulegen.[570] Die einzigen Gründe für das Herausnehmen von Objekten, die fehlende Transaktionsfähigkeit[571] und Nutzerzustimmung müssen zu diesem Zeitpunkt bekannt sein.

6.4.3 Ermittlung des Marktwertes

6.4.3.1 Einführung

Vor der Einbindung der potenziellen Käufer müssen sich die Verkäufer einen Eindruck über die Marktwerte der Verkaufsobjekte verschaffen. Grundsätzlich kann auf das gesamte Instrumentarium der nationalen in der WertV geregelten Wertermittlungsverfahren (Vergleichswertverfahren, Sachwertverfahren, Ertragswertverfahren) sowie der nicht normierten internationalen Verfahren wie z. B. der Discounted-Cash-Flow-Methode zurückgegriffen werden. Allerdings wird in der aktuellen Literatur darauf verwiesen, dass durch den Einfluss von Akteuren aus dem Finanzbereich bei der Bewertung zunehmend Verfahren der Unternehmensbewertung und Investitionsrechnung Anwendung finden.[572]
Das für die Portfoliobewertung im Verkaufsfall für den Verkäufer geeignetste Verfahren soll im nun folgenden Unterkapitel herausgearbeitet werden.

6.4.3.2 Bewertungsverfahren

Auf eine detaillierte Beschreibung der Bewertungsverfahren soll mit Verweis auf Umfang und Inhalt der einschlägigen Spezialliteratur verzichtet werden[573]. Der Schwerpunkt der Darstellung liegt dagegen auf der Eignung der Bewertungsverfahren für bestimmte Objekttypen. Im Vordergrund stehen sollen dabei die für Portfoliotransaktionen von Selbstnutzern typischen Objekttypen der Gewerbe- und Sonderimmobilien sowie der Unternehmensimmobilien an sich:

– Gewerbeimmobilien als Investmentobjekte

Durch die langfristige Anmietung durch den Verkäufer und den Eigentumsübergang an einen Nicht-Selbstnutzer werden die Verkaufsobjekte zu Investmentobjekten.

---

567 Interview Verkaufsagent VA2.
568 Interview Anwalt A1.
569 Interview Bank B3.
570 Interview Verkäufer V2 und Interview Anwalt A2.
571 Insbesondere wenn Objekte von Banken nicht als Sicherheit akzeptiert würden, siehe Interview Anwalt A2.
572 Eckmann Urbanski (2005), S. 101 sowie Leopoldsberger (1998), S. 82.
573 So z. B. Leopoldsberger (1998) sowie Eckmann Urbanski (2005).

Aus dem Instrumentarium der in Deutschland durch das WertV normierten Verfahren wird zunächst das Vergleichswertverfahren (und seine verwandten internationalen Verfahren) für Investmentobjekte als besonders geeignet angesehen, da dieses Verfahren grundsätzlich die engste Bindung zu tatsächlichen Marktpreisen aufweist.[574] Allerdings ist die Anwendung nur sehr eingeschränkt möglich, da regelmäßig keine unmittelbar vergleichbaren Objekte auffindbar sind.[575] Daher kommt das Vergleichswertverfahren und ähnliche Verfahren trotz der grundsätzlichen Eignung bei Investmentobjekten selten zum Einsatz.
Darüber hinaus eignen sich Verfahren, die den Immobilienwert aus den Erträgen ableiten (so z. B. das Ertragswertverfahren). Diese Erträge stehen bei Investmentobjekten insbesondere aus Sicht des Investors im Vordergrund. Dabei können unterschiedliche Verfahren zur Anwendung kommen. Das in Deutschland normierte Ertragswertverfahren möchte einen objektivierten Wert ermitteln. Die Discounted-Cash-Flow-Methode berücksichtigt auch subjektive Zukunftseinschätzungen, so dass ein Entscheidungswert aus der jeweiligen Perspektive des Bewertenden ermittelt wird,[576] der für die Transaktionssituation regelmäßig einen realistischeren Wert liefert.[577] Grundsätzlich eignen sich diese Verfahren aber besonders für die Bewertung von Investmentobjekten.

– Sonderimmobilien
French (2004) widmete einen Aufsatz der Bewertung von Sonder- oder Spezialimmobilien. Dabei geht er aber vornehmlich von der Nutzung durch einen Selbstnutzer aus, der auch Eigentümer ist.

Zunächst schließt er als ungeeignetes Verfahren den Vergleichswert und ähnliche Verfahren aus, da es zu Spezialimmobilien in der Regel keine vergleichbaren Transaktionen gibt.[578] Darüber hinaus ordnet er unterschiedlichen Typen von Spezialimmobilien geeignete Bewertungsverfahren zu, die in der folgenden Tabelle 40 detailliert werden sollen:

– Unternehmensimmobilien
Leopoldsberger und Thomas (1998) stellen fest, dass das Ertragswertverfahren die dominierende Methode zur Bewertung von Unternehmensimmobilien ist.[579] In der gleichen Quelle wird das Vergleichswertverfahren auch als geeignet angesehen, wenn eine Anzahl von ähnlichen Objekten zu bewerten ist oder aber eine direkte Vergleichbarkeit mit marktgängigen Objekten gegeben ist. Aus Sicht des Autors ist diese Anwendbarkeit aufgrund der Spezifität von Unternehmensimmobilien genau zu prüfen.

---

574 Eckmann Urbanski (2005), S. 153.
575 Eckmann Urbanski (2005), S. 153 sowie Leopoldsberger / Thomas (1998), S. 125.
576 Leopoldsberger / Thomas (1998), S. 126.
577 Leopoldsberger (1998), S. 106 sowie Eckmann Urbanski (2005), S. 133 (für Verweis auf empirische Untersuchungen).
578 French (2004), S. 533.
579 Leopoldsberger / Thomas (1998), S. 141.

– Gesamtdarstellung

Abschließend soll in der folgenden Tabelle 41 eine Übersicht der geeigneten Objekttypen für die einzelnen Verfahren erfolgen:

Zusammenfassend werden für alle drei Objektgruppen Verfahren bevorzugt, die den Wert der Immobilien aus deren Erträgen ableiten. Für Sonderimmobilien als Verkaufsobjekte stellt sich weniger die Frage, welche Methode sich am besten eignet. Vielmehr ist für den Käufer nur der Mietvertrag wertbestimmend und der Verkäufer muss sich die Frage stellen, welche Miete er zukünftig für das Objekt zu zahlen bereit ist. Auf diese Miete kann dann ein Verfahren wie das Ertragswertverfahren angewendet werden.

Objekttyp	**Empfehlungen für Bewertungsverfahren**
Ackerland	Accounts- / Profit-Methode[580] (in Ausnahmefällen, wenn vergleichbare Transaktionen vorhanden, dann Vergleichswertverfahren)
Telekommunikations-vermittlungsstellen	Accounts- / Profit-Methode
Tagebauflächen	Accounts- / Profit-Methode
Deponieflächen	Accounts- / Profit-Methode
Bars und Restaurants	Accounts- / Profit-Methode (in Ausnahmefällen, wenn vergleichbare Transaktionen vorhanden, dann Vergleichswertverfahren)
Kasinos und Nachtclubs	Accounts- / Profit-Methode
Kinos und Theater	Accounts- / Profit-Methode
Hotels	Accounts- / Profit-Methode
Private Freizeitimmobilien	Accounts- / Profit-Methode
Öffentliche Freizeit-immobilien	Sachwertverfahren
Pflegeheime	Sachwertverfahren
Krankenhäuser	Sachwertverfahren
Tankstellen	Accounts- / Profit-Methode
Wälder	Accounts- / Profit-Methode (in Ausnahmefällen, wenn vergleichbare Transaktionen vorhanden, dann Vergleichswertverfahren)
Kirchen	Sachwertverfahren

Tabelle 40: Typen von Spezialimmobilien und geeignete Bewertungsverfahren[581]

6.4.3.3 Auswahl des Bewertungsverfahrens

Noch einmal soll erwähnt werden, dass grundsätzlich der Vergleichswert die am besten geeignete Methode zur Marktwertbestimmung ist.[582] Allerdings werden vergleich-

[580] Vgl. Leopoldsberger (1998), S. 120 / 121: Grundlage der Bewertung ist die Kapitalisierung des Unternehmensgewinns in der zu bewertenden Liegenschaft mit einem Multiplikator.

[581] French (2004), S. 538 – 540.

[582] Crosby / MacGregor (1996), S. 39.

bare Transaktionen für den größeren Teil der Verkaufsobjekte aus Portfoliotransaktionen von Selbstnutzern nicht vorliegen.

Methode	**Verfahren**	**Immobilienklasse / Wertetyp / Objekttyp**
Substanzwert	Sachwertverfahren (WertV)	Theoretisch für alle Objekte, jedoch primär sinnvoll für spezialisierte Liegenschaften ohne Marktgängigkeit. Nutzen hat vor allem der Eigentümer, daher Konzentration auf die Bestimmung der Kosten Mit dem Aufkommen der neuen Bewertungsmethoden verlor von den traditionellen Verfahren insbesondere die Substanzwertmethode an Bedeutung.
Ertragswert	Ertragswertverfahren (WertV) Income Approach Discounted-Cash-Flow-Methode (DCF)	Immobilien als Kapitalanlage. Bewertung unter Investitionsgesichtspunkten: Cash Flow (Annäherung des Immobilienmarktes an die Finanzmärkte). Renditeliegenschaften wie Bürogebäude, Mehrfamilienhäuser, Einkaufszentren, Industrieobjekte sowie auch zum Management von Immobilienportfolios.
Realoptionspreis		Immobilienprojektentwicklung Baulandbewertung Eröffnet dem Investor Handlungsspielräume und Entscheidungsvarianten. In der Anwendung auf Immobilien noch junges Gebiet, bisher tendenziell komplexe und technische Übertragung aus dem Finanzbereich
Vergleichswert	Vergleichswertverfahren (WertV) Comparables method	Bei vorhandenen Daten auf alle marktgängigen Objekte anwendbar. Marktbezogene Bewertung, jedoch selten ausreichende Anzahl Vergleichsobjekte verfügbar.
Hedonische Methode		Ein- und Mehrfamilienhäuser, Eigentumswohnungen, für diese Objekte ist die Anzahl der Handnäherungen ausreichend. Gutes Näherungsverfahren, vorausgesetzt, qualitativ gute und große Datenbank verfügbar.
Repeat Sales Methode		Bei vorhandenen Daten auf alle marktgängigen Objekte anwendbar. Marktbezogene Bewertung, jedoch selten ausreichende Anzahl Vergleichsobjekte verfügbar. Dient zur Konstruktion von Preisindizes.

Tabelle 41: Bewertungsmethoden im Vergleich[583]

Da es Ziel des Verkäufers sein sollte, den Wert zu ermitteln, zu dem ein Investor zum Kauf der Objekte bereit ist, sind die Verfahren auszuwählen, die den Wert des Verkaufsobjekts als Investmentobjekt aus Sicht eines potenziellen Käufers ermitteln.[584]

[583] Eigene Darstellung in Anlehnung an Eckmann Urbanski (2005), S. 159.

[584] Crosby / MacGregor (1996), S. 39.

Um dies zu gewährleisten, sind in der Bewertung Daten zum Markt des Verkaufsobjekts mit weiteren Daten zu kombinieren, die die spezifische Situation des potenziellen Käufers beschreiben.[585] Das dafür am besten geeignete Modell ist ein ausführliches Discounted-Cash-Flow-Modell (DCF-Modell).[586]

Eckmann Urbanski (2005) liefert weitere Gründe für die Bevorzugung des DCF-Verfahrens gegenüber traditionellen Wertermittlungsverfahren:[587]

- DCF-Verfahren liefert umfassendere Informationen und somit mehr Transparenz bezüglich den Werttreibern.
- Es ist die explizite Darstellung einzelner Cash Flows während der ganzen Halteperiode der Immobilie als auch der Impact zum Zeitpunkt des Verkaufes möglich.
- Im Modell sind ordentliche wie außerordentliche Kosten und Erlöse integrierbar (beispielsweise Unterhalts- und Erneuerungsinvestitionen, Kosten bei Mietauflösungen und neuen Mietvertragsabschlüssen, Leerstand, usw.).
- Falls angebracht können allen Variablen über die Zeit hinweg individuelle Veränderungsraten zugeordnet werden.
- Die unterschiedlichen Risiken und ihre Veränderungen können in das Modell implementiert werden.
- Der Zeitwert des Geldes wird berücksichtigt.

Darüber hinaus verweist Leopoldsberger (1998) darauf, dass das DCF-Verfahren dann bessere Ergebnisse als das deutsche Ertragswertverfahren liefert, wenn die Vertragsmiete von der Marktmiete abweicht.[588] Dies gilt gerade für Verkaufsobjekte mit langfristigen Rückmietverträgen und Vertragsmietbindung. Dieser Effekt wird noch verstärkt, wenn konstante jährliche Mietanpassungen vereinbart werden.

6.4.3.4 Durchführung der Bewertung

In der Literatur wird die Bewertung von Immobilienportfolien im Verkaufsfall kaum behandelt. Daher wird bei den folgenden Empfehlungen zweistufig vorgegangen. Zunächst erfolgt ein kurzer Literaturüberblick über Empfehlungen. Sodann wird beschrieben, wie Portfolioeffekte in dem vorgeschlagenen Verfahren Discounted-Cash-Flow-Methode abgebildet werden können.

– Literaturüberblick

Trotz / Schenkel (2004) stellen fest, dass ein Käufer in der Regel beim Portfoliokauf einen niedrigeren Preis zu zahlen bereit ist als im Einzelkauf (Paket- oder Portfolioabschlag). Als Ursachen benennen sie:[589]

- Den Mengenabschlag: Nur wegen der großen Anzahl von Objekten, wird der Investor einen Mengenabschlag vornehmen.

---

585 Crosby / MacGregor (1996), S. 41.
586 Crosby / MacGregor (1996), S. 42.
587 Eckmann Urbanski (2005), S. 121.
588 Leopoldsberger (1998), S. 111.
589 Trotz / Schenkel (2004), S. 33.

- Minderwertige Immobilien: Auch unverkäufliche Objekte werden im Rahmen eines Portfolios erworben.[590]
- Monostruktur eines Portfolios:
    - Alle Objekte werden von dem identischen Mieter genutzt (Sale-and-Leaseback-Transaktionen).
    - Die objektspezifische Zusammensetzung konzentriert sich auf nur eine Objektart.
    - Regionale Monostruktur: Die Objekte liegen ausschließlich oder zu einem Großteil in nur einem regionalen Ballungsgebiet.
    - Die Monostruktur eines Portfolios führt zu einem Klumpenrisiko. Dies entspricht der positiven Korrelation innerhalb der in diesen Fällen homogen ausgeprägten Diversifikationsformen.[591]
- Portfolioaufschläge sind auch denkbar: Diese können einerseits strategischer Natur sein oder aber in der optimalen Diversifikation des Portfolios bestehen.

Außer bei der Bewertung von Immobilienportfolios spricht auch die US-amerikanische Finanzbehörde (Internal Revenue Service)[592] bei Wertpapiertransaktionen in öffentlichen Kapitalmärkten von Paket- oder Portfolioabschlägen:

- Blockage Discounts („Paketabschlag"): Entspricht dem Abschlag zum Marktpreis beim Verkauf eines Pakets von Wertpapieren, dessen Anzahl an Wertpapieren bei normalem Handelsvolumen nicht binnen einer „vernünftigen" Zeitspanne veräußerbar ist (ohne den Wertpapierkurs zu beeinflussen).[593]

- Portfolio Discounts: („Portfolioabschlag"): Eine alternative Bezeichnung lautet Abschlag für nicht homogene Wertpapiere. Es wird davon ausgegangen, dass der Erwerber Probleme beim Management eines Portfolios mit ungewöhnlich diverser Struktur haben wird.[594]

US-amerikanische Tax Courts (Finanzgerichte) haben in Einzelfallentscheidungen das Konzept des Blockage Discounts auch auf Immobilien übertragen. Dabei sprechen sie von Market Absorption Adjustments oder Discounts. Dabei wurde auch ein Verfahren zur Berechnung des Paketabschlags festgelegt:[595]

- Zunächst sind die zu bewertenden Objekte nach Objekttypen zur kategorisieren.
- Jedem Objekt ist der Marktwert bei Einzelverkauf zuzuordnen.

---

[590] Aus Sicht des Autors kann dies aber nicht als Ursache für den Paketabschlag gelten. Auch im Einzelverkauf wären die Objekte veräußerbar. Der Investor würde aber nur einen entsprechenden Preis zahlen (im Falle von Rückmietobjekten voraussichtlich den Barwert der Mietzahlungen und des Liquidationswerts nach Mietende). Dies ist auch beim Portfoliokauf der Fall.

[591] Vgl. Gantenbein (2004), S. 145 sieht dagegen vornehmlich drei Diversifikationsformen: Objektart und regionale Streuung wie auch hier genannt sowie das Spektrum an Immobilienstrategien (Buy & Hold, Bauen, Development, Management, Finance, Trading).

[592] Im Zusammenhang mit der Anerkennung von steuerlichen Ansätzen für Vermögenswerte, s. IRS § 25.2512–2(e).

[593] Für weitere Informationen siehe Pratt (2001), S. 250f.

[594] Daszkal / Bolton (2003), S. 7.

[595] Manigault / Hodges (1999), S. 14.

- Vergleich der Anzahl der zum Verkauf stehenden Objekte jeder Kategorie mit dem üblichen Handelsvolumen dieser Kategorie während eines „vernünftigen“ Zeitraums
- Bestimmung der zusätzlich notwendigen Vermarktungsdauer, um die Objekte zum Marktpreis verkaufen zu können.
- Für alle Objekte der Kategorien, in denen die Anzahl das marktübliche Handelsvolumen übersteigt, sind die Marktwerte über den verlängerten Vermarktungszeitraum im Hinblick auf den Zeitwert des Geldes abzudiskontieren.

Der Ansatz zur Portfoliobewertung umfasst in diesem Fall zunächst die Summierung von Einzelbewertungen zur Bestimmung des Marktwertes im Einzelverkauf sowie die Berichtigung der Summe der Einzelwerte um einen Paketabschlag.
Neben diesem pauschalen Vorgehen, sind die Effekte eines Portfolioverkaufs in einer Discounted-Cash-Flow-Betrachtung auch detailliert darstellbar. Nun sollen Vorschläge zu diesem Vorgehen gemacht werden.

– Das DCF-Verfahren in der Portfoliobewertung

Angenommen wird das Investitionsszenario eines Käufers, der die Objekte einer Portfoliotransaktion eines Selbstnutzers erwirbt, um sie über einen gewissen Zeitraum zu halten und danach einzeln weiterzuveräußern.

- Mieterträge während der Rückmietverträge

Die Höhe der Mieterträge aus den Rückmietverträgen kann zunächst über die Dauer der Mietverträge angesetzt werden. Die Mieterträge sind aber um ein Mieterausfallrisiko zu bereinigen. Dabei ist zu beachten, dass alle Mietverträge von einem Unternehmen oder zumindest einer zusammengehörigen Unternehmensgruppe gehalten werden. Die Mieterausfallrisiken aller Verträge sind somit identisch. Dies kann in einem erhöhten pauschalen Abschlag zur Soll-Miete berücksichtigt werden. Die Genauigkeit dieser Schätzung ist aber anzuzweifeln und bietet in der Regel keinen Mehrwert zum pauschalen Abschlag auf die Summe der Einzelwerte. Andererseits bietet sich aber über den Einsatz von Simulationstechniken die Möglichkeit, dieses Phänomen im Ergebnis deterministisch abzubilden.
Wird der Mieterausfall im Berechnungsmodell auf Basis der Ausfallwahrscheinlichkeit des Mieters[596] simuliert, so sind im Falle einer großen Anzahl unterschiedlicher Mieter die entsprechenden Zufallsvariablen regelmäßig nicht korreliert[597]. Handelt es sich nur um einen Mieter, so sind die Mieterausfallwahrscheinlichkeiten aller Objekte voll korreliert und das Risiko wird im Simulationsergebnis abgebildet.

- Anfängliche Leerstände und Mieterträge nach dem Ende der Mietverträge

Für den Fall, dass Leerstände mit übernommen werden oder Mietverträge auslaufen, erlaubt das DCF-Verfahren die Modellierung von Portfolioeffekten bei der Neuvermietung. So können auf Einzelobjektebene Annahmen einfließen, die die Neuvermietung (engl. Lease-Up) der Flächen in Relation des Leerstands zur Vermietungsleistung

[596] In der Regel kann das Unternehmensrating als Erwartungswert dienen.
[597] Es sei denn Korrelationen werden z. B. wegen der Zugehörigkeit zur gleichen Branche angenommen.

am Standort sowie zu Vermietungsaktivitäten von Objekten aus dem eigenen Portfolio am gleichen Standort realistisch abbilden. Dies kann nur über pauschale Annahmen im Hinblick auf eine längere Vermarktungsdauer und einen niedrigeren Mietzins erfolgen. Doch werden diese auf Einzelobjektebene ermittelt, was eine deutlich erhöhte Schätzgenauigkeit vermuten lässt.

- Verkaufspreise der Objekte

Bei der Bewertung mittels DCF-Verfahren kann eine dezidierte Weiterverkaufsplanung des Investors abgebildet werden. In der Regel beinhaltet diese Planung bereits den Zeitpunkt, den Weiterverkaufserlös und die Zielgruppe unter den Investoren. Handelt es sich dabei auch nur um pauschale Einschätzungen, so sind diese auf Einzelobjektebene unter Einbeziehung lokaler Marktkenner deutlich genauer als eine zusammenfassende Betrachtung auf Portfolioebene. Vor allem können aber so Portfolioeffekte durch zwei oder mehr größere Objekte an einem Standort abgebildet werden, wenn beispielsweise ein Weiterverkauf zum Marktwert unrealistisch erscheint, da das Volumen beider Objekte das jährliche Anlagevolumen an diesem Standort übersteigt. Für Portfolien von Selbstnutzern ist dies ein denkbarer Fall, da einerseits Unternehmen ihre Immobilien an Hauptstandorten konzentriert haben und andererseits Dimensionierung und Standortwahl sich nicht an Investoreninteressen orientiert haben.
Allerdings liegt es am Investor, wann er welche Objekte weiterverkaufen möchte. Dennoch kann der Verkäufer in seiner Bewertung diese Planung zum Großteil antizipieren. Einerseits sind die kurzen Haltedauern von Opportunity Funds als Paketkäufer bekannt. Das Ziel ist der schnellstmögliche Weiterverkauf. Andererseits entspringen Weiterverkaufszeitpunkt und – preis eher lokalen Marktgegebenheiten als Strategie und Kenntnis des Investors, der diese Einschätzung in der Regel auch von lokalen Marktkennern bezieht (z. B. Makler). Abgesehen von Abweichungen aufgrund subjektiver Einschätzung der Berater, sollte der Verkäufer diese Informationen auch erheben können.

6.4.4 Durchführung kurzfristiger Verbesserungsmaßnahmen

6.4.4.1 Einführung

Sobald in der Objektanalyse Defizite der Verkaufsobjekte offenbar werden, sollte der Verkäufer kurzfristig durchführbare Verbesserungs- oder Aufwertungsmaßnahmen anstoßen. Ziel dieser Maßnahmen ist, die Attraktivität des Verkaufsobjekts durch gezielte Maßnahmen zu steigern. Dies ist in seinem Interesse, da dadurch die Verhandlungsposition und der Verkaufserlös verbessert werden kann.[598] Allerdings müssen die Maßnahmen folgende Voraussetzungen erfüllen

- Die Maßnahme muss dem Käufer bewusst (gemacht) werden. Falls die Wertsteigerung nicht offensichtlich ist, müssen die Investoren direkt darauf hingewiesen werden.[599]
- Die Maßnahme muss vor dem Verkauf abgeschlossen werden können.
- Die Wertsteigerung durch die Maßnahme muss deren Kosten übersteigen.[600]

598 Wirtz (2003), S. 449.
599 Wirtz (2003), S. 450.
600 Interview Anwalt A2.

Wirtz (2003) stellt das Spektrum von Aufwertungsmaßnahmen im Rahmen von Unternehmenstransaktionen wie folgt dar (Tabelle 42).

Bilanzwirksame Aufwertungsmaßnahmen		**Nicht-bilanzwirksame Aufwertungsmaßnahmen**
Aktiva	Passiva	– Zuordnung von Management- und Mitarbeiterkapazitäten – …
– Ausstattung mit materiellen oder immateriellen Assets – Zuführung frischer liquider Mittel – Übertragung finanzieller Beteiligungen	– Zuführung von Eigenkapital – Rückführung von Verbindlich-keiten – Gewinnsteigerung durch reduzierte Investitionen und Ausnutzung von Abschreibungsspielräumen	
↓	↓	↓
Aufwertung des Demerger-Objektes		

Tabelle 42: Aufwertungsmaßnahmen des Demerger-Objektes[601]

6.4.4.2 Bauliche Defizite

Die Aufwertungsmaßnahmen aus Unternehmenstransaktionen sind nicht analog auf Immobilientransaktionen übertragbar. Dennoch sind dort verschiedene Maßnahmen mit ähnlichen Effekten möglich. Wurde z. B. ein Sanierungsstau in Verkaufsobjekten identifiziert, so könnte die im Zeitrahmen der Transaktionsvorbereitung realisierbare Behebung einiger Mängel angedacht werden. Insbesondere kommen dort die Mängel in Frage, die selbst zu geringeren Kosten als vom Gutachter geschätzt durchführbar sind.

Was auf jeden Fall vermieden werden sollte, sind „Ausbesserungsarbeiten" zur Verschleierung größerer Mängel. Mängel müssen entweder behoben oder offen gelegt werden.[602]

6.4.4.3 Rechtliche Defizite

Weiterhin können sich kurzfristige Verbesserungsmaßnahmen auf die Behebung rechtlicher Defizite beziehen. Diese wurden im Rahmen der rechtlichen Due Diligence beschrieben. Sofern es der Zeitrahmen vor der Investorenansprache zulässt, sollte versucht werden, diese zu beheben. Beispielhaft wurden in den Interviews die kurzfristige Schließung von fehlenden Nachbarschaftsvereinbarungen und die Heilung von Mängeln in Mietverträgen genannt, um spätere Garantien und komplizierte Regelungen im Kaufvertrag zu vermeiden.[603]

---

601 Wirtz (2003), S. 450.
602 Interview Anwalt A2.
603 Interview Anwalt A1.

6.4.4.4 Leerstände

Abschließend wurde in den Interviews empfohlen, bestehende oder kurzfristig durch Flächenoptimierung entstandene Leerstandsflächen zu füllen. Gleichzeitig sollten auch kündbare Mietverhältnisse beendet werden, wenn kurzfristig eine Nachvermietung zu einem höheren Mietzins möglich ist. Alle Maßnahmen steigern den Ertragswert der Verkaufsobjekte. Allerdings wurde darauf hingewiesen, dass man auch einige Defizite als Anreiz im Sinne der Ermöglichung von Performance Management-Maßnahmen dem Käufer überlassen sollte.[604]

6.4.5 Information der notwendigen Gremien

Spätestens zum Abschluss der beiden Vorbereitungsphasen müssen unbedingt die unternehmensinternen Gremien informiert werden, die später den endgültigen Verkauf genehmigen dürfen. In der Regel handelt es sich bei Aktiengesellschaften um den Vorstand.

Wie in den Empfehlungen zur Projektorganisation ausgeführt, kommt dem Projektleiter die Aufgabe der kontinuierlichen und häufigen Information der vorgesetzten Stellen zu.[605]

Zu diesem Zeitpunkt kann es sich noch nicht um eine endgültige Verkaufsfreigabe handeln. Vielmehr sollte die geplante Vorgehensweise vorgestellt und vom Vorstand bestätigt werden. Dieser Grundsatzabschluss ist später für das Gremium bindend.[606]

Da es regelmäßig vorkommt, dass die Vorstellung im Vorstand aufgrund der Dringlichkeit anderer Themen verschoben wird, sollte ab einem bestimmten Transaktionsvolumen eine Sondersitzung des Vorstands angestrebt werden, um die rechtzeitige Information auf jeden Fall sicherzustellen.[607]

Im explikativen Teil dieser Arbeit wurden die negativen Auswirkungen von Mindestverkaufspreisen aufgezeigt, wenn sie auf Einzelobjektebene vorgegeben werden. Dies sollte auf jeden Fall bei einer Portfoliotransaktion nicht geschehen, da das Ziel nur die Maximierung des Gesamterlöses sein sollte. Allerdings waren in den bisherigen Transaktionen objektkonkrete Mindestpreise in der Regel nicht üblich.[608]

---

604 Interview Anwalt A2.
605 Interview Verkaufsagent VA1.
606 Interview Anwalt A2.
607 Interview Verkaufsagent VA2.
608 Interview Verkaufsagent VA4.

7 Empfehlungen für die Transaktionsdurchführung

7.1 Strukturierung des Bieterverfahrens

7.1.1 Mögliche Strukturen: Exklusive Verhandlungen oder Bieterverfahren

Im Grundlagenteil dieser Arbeit wurden die beiden grundsätzlichen Strukturierungsmöglichkeiten eines Verkaufs im Hinblick auf die Anzahl der angesprochenen Interessenten vorgestellt. Beim Monopolverkauf wird nur ein Interessent angesprochen. Mit ihm werden exklusive Verhandlungen geführt.

Beim Wettbewerbsverkauf werden gleichzeitig mehrere Bieter angesprochen. Der Verkauf kann als Auktion gestaltet werden, d. h. der höchstbietende Kaufinteressent bekommt zwingend den Zuschlag oder als Bieterverfahren, bei dem mehrere Investoren Gebote abgeben, der Verkäufer den Käufer dann aber frei wählen kann oder gar nicht verkaufen muss.[609] Bei Unternehmens- und großvolumigen Immobilienverkäufen werden die Begriffe Bieterverfahren und Auktion in der Regel aber synonym verwendet. Eine klassische Auktion mit Höchstgebot und verbindlichem Zuschlag ist in diesen Dimensionen kaum denkbar.

Sowohl Monopol- als auch Wettbewerbsverkauf sind bei Portfoliotransaktionen durch Selbstnutzer denkbar und wurden bereits praktiziert. Allerdings wird der Verkauf in der überwiegenden Anzahl der Fälle als Bieterverfahren strukturiert. Im Folgenden sollen die Vor- und Nachteile eines Bieterverfahrens gegenüber der exklusiven Verhandlung beleuchtet werden (siehe Tabelle 43).

Weihe (2003) liefert in seiner Arbeit die nun folgende umfassende Übersicht über Vor- und Nachteile von Unternehmensauktionen, die hier noch weiter für Immobilientransaktionen ergänzt werden soll.

– Kaufpreis

Als wesentlicher Vorteil des Bieterverfahrens gegenüber exklusiven Verhandlungen wird der höhere Kaufpreis angesehen.[610] Theoretisch liegt der resultierende Kaufpreis eines Auktionsverfahrens etwas höher als die Kaufpreiseinschätzung des am zweithöchsten Bietenden.[611]

Durch erhöhten Wettbewerb[612] und die Möglichkeit Bieter gegeneinander auszuspielen[613] führt das Bieterverfahren aber regelmäßig zu höheren Preisen als exklusive Verhandlungen. Allerdings kann es auch zu Zusammenschlüssen von Bietern in der Endphase kommen, was sich negativ auf den Verkaufspreis auswirkt.[614]

– Abschluss des Verkaufs

Die Abschlusswahrscheinlichkeit des Verkaufs ist bei Auktionen höher, da bei parallelen Endverhandlungen mit mehreren Bietern und Rückzug eines Interessenten noch alternative Käufer zur Verfügung stehen.[615] Darüber hinaus wäre zu diesem Zeitpunkt

[609] Rottke (2004a), S. 135.

[610] Niewerth (2004a), S. 8; Frankel (2005), S. 147; Mason / Ramanna (2005), S. 79; Thompson (2004), S. 1; Weihe (2004), S. 41.

[611] Subramanian / Zeckhauser (2004a), S. 4.

[612] Weihe (2003), S. 41.

[613] Frankel (2005), S. 142 .

[614] Weihe (2003), S. 43.

[615] Frankel (2005), S. 142 / 148; Weihe (2004), S. 42; Teach (2003), S. 3.

auch ein Teilverkauf an mehrere Bieter möglich.[616] Allerdings können vom Käufer präferierte Bieter durch die große Anzahl von Konkurrenten abgeschreckt werden.[617] Insbesondere Private Equity Käufer, zu denen auch Opportunity Funds als häufige Käufer von Portfolios zählen, schrecken häufig vor der Teilnahme an Bieterverfahren zurück, bei denen ihre Erfolgswahrscheinlichkeit im Verhältnis zu der Anzahl der Bieter gering scheint.[618]

Kriterium	**Vorteile**	**Nachteile**
Kaufpreis	– Generieren von Wettbewerb – Ansprache sämtlicher bzw. der wesentlichen potenziellen Investoren – Frühzeitige Einschätzung des „Marktwertes“ durch Vergleich der Angebote möglich	Gefahr von Absprachen oder Zusammenschlüssen ausgewählter attraktiver Bieter
Abschluss des Verkaufs	Höhere Abschlusswahrscheinlichkeit durch Ansprache mehrerer Interessenten	Verweigerung der Verfahrensteilnahme durch potenzielle Investoren möglich
Reputation	Signalisierung von „Professionalität“ im Verkaufsprozess	Geheimhaltung des Verkaufsprozesses vor Dritten nicht bzw. nur begrenzt möglich
Zeit	– Zügiger Verkauf durch klar definierte Prozessvorgaben möglich – Kurzfristiges Reaktivieren von Investoren nach Abbruch der Verhandlungen mit dem bevorzugten Bieter möglich	Unbeabsichtigte Verlängerung des Verkaufsprozesses durch begrenzte Handlungsfähigkeit einzelner Investoren möglich
Kosten	Geringere Kosten als bei mehreren gescheiterten Exklusivverhandlungen	– Stärkere Inanspruchnahme personeller Ressourcen – Streuung vertraulicher Unternehmensinformationen – Stärkere wirtschaftliche Beeinträchtigung des Unternehmens bei Scheitern des Verkaufs

Tabelle 43: Vor- und Nachteile des Auktionsverfahrens aus Verkäufersicht[619]

– Reputation

Ein Verkauf durch Auktion dient dem börsennotierten Verkäuferunternehmen einerseits zur Signalisierung von Professionalität gegenüber dem Kapitalmarkt.[620] Andererseits nutzen auch die verantwortlichen Mitarbeiter beim Verkäufer das Verfahren, um

---

[616] Frankel (2005), S. 148.

[617] Weihe (2003), S. 43.

[618] Subramanian / Zeckhauser (2004a), S. 3.

[619] Weihe (2003), S. 40.

[620] Weihe (2003), S. 42.

wiederum gegenüber ihren Vorgesetzten ihr Bemühen um die Erlangung des bestmöglichen Verkaufspreises bei klar nachvollziehbarer Käuferauswahl zu zeigen.[621] Allerdings führt die Ansprache mehrerer Bieter, die zudem mit weiteren Dienstleistern und Geschäftspartnern (Banken) zusammenarbeiten in der Regel schnell zum Bekanntwerden der Verkaufsabsichten. Bieterverfahren eignen sich nicht zur Erhaltung der Vertraulichkeit.[622]

– Zeit

Als Vorteil von Auktionsverfahren wird häufig hervorgehoben, dass der Verkauf zügig und unter fester Kontrolle durch den Verkäufer ablaufen kann.[623] Dennoch ist die Transaktionsdauer regelmäßig länger als bei direkten Verhandlungen mit einem Bieter.[624]

– Kosten

Abschließend wird bei Bieterverfahren als nachteilig angesehen, dass sowohl für Verkäufer als auch Käufer hohe Kosten entstehen.[625]

7.1.2 Subformen von Auktionen / Bieterverfahren

Auktion können in weitere Subformen unterschieden werden (siehe Tabelle 44).

Offene Auktionen		**Begrenzte Auktion**
Öffentliche Auktion	Kontrollierte Auktion	

Tabelle 44: Formen von Auktionen[626]

– Öffentliche Auktion

Bei öffentlichen Auktionen wird die Veräußerungsabsicht des Verkäufers in Wirtschaftszeitungen oder im Internet, bei öffentlichen Anbietern auch in amtlichen Mitteilungsblättern wie dem Bundesanzeiger oder dem EU-Amtsblatt veröffentlicht. Dadurch erfolgt die Ansprache eines teilweise oder gänzlichen anonymen Bieterkreises.[627] Die Anzahl der teilnehmenden Bieter ist offen und kann durch den Verkäufer nicht bestimmt werden.

– Kontrollierte Auktion

Bei der kontrollierten Auktion wird eine größere Anzahl von Interessenten (regelmäßig bis 50 Investoren) gezielt angesprochen.[628] Dabei wird in der Regel durch den Verkäufer oder seinen Verkaufsagenten persönlich geprüft, ob seitens der Investoren ein Interesse an der Teilnahme am Verfahren besteht. Der Begriff „kontrolliert“ be-

621 Niewerth (2004a), S. 8; Frankel (2005), S. 149; Thompson (2004), S. 1.
622 Frankel (2005), S. 145; Weihe (2003), S. 43; Teach (2003), S. 2.
623 Mason / Ramanna (2005), 79; Thompson (2004), S. 1.
624 Niewerth (2004a), S. 8; Frankel (2005), S. 149.
625 Frankel (2005), S. 149; Weihe (2003), S. 43; Teach (2003), S. 1.
626 In Anlehnung an Weihe (2004), S. 40.
627 Weihe (2004), S. 43.
628 Weihe (2004), S. 43.

schreibt dabei, dass Anzahl und Identität der Bieter durch den Verkäufer bestimmt werden kann.[629]

– Begrenzte Auktion
Die begrenzte Auktion wird auch Parallelverfahren genannt. Sie ist aber vom so genannten Dual-Track-Verfahren abzugrenzen, das nur die parallele Verfolgung eines Börsengangs zum Unternehmensverkauf beschreibt. In der begrenzten Auktion wird nur eine sehr begrenzte Gruppe von Investoren angesprochen (in der Regel zwei bis sieben, meistens aber weniger als fünf).

7.1.3 Auswahlkriterien

7.1.3.1 Entscheidung Auktion oder Exklusivverhandlungen

Bei der Entscheidung für oder gegen Auktion bzw. Exklusivverhandlungen sind verschiedene Gesichtspunkte zu beachten. Subramanian und Zeckhauser (2004) haben vier allgemeine Beurteilungsdimensionen entwickelt, die im Folgenden auf Portfoliotransaktionen von Selbstnutzern angewendet werden sollen:[630]

– Anzahl ernsthaft interessierter Bieter
Ist die Anzahl der Bieter sehr groß, so ist grundsätzlich die Auktion zu bevorzugen. Dadurch ergibt sich automatisch eine stärkere Wettbewerbssituation zwischen Bietern als in Verhandlungen.

– Unterschiedlichkeit der Werteinschätzung der Bieter
Der Wert eines Vermögensgegenstands wird in zwei Komponenten unterschieden. Common-Value-Eigenschaften werden von unterschiedlichen Bietern gleich wertgeschätzt, da sie objektiv bewertbar sind. Ein Beispiel ist der Wiederverkaufswert eines Vermögensgegenstands. Private-Value-Eigenschaften werden von den Interessenten unterschiedlich bewertet, da sie die unterschiedliche Nutzung durch den Käufer berücksichtigen. Allgemein auf Verkäufe von Vermögensgegenständen bezogen existieren Private-Value-Eigenschaften vornehmlich für strategische Käufer und vor allem für Selbstnutzer. Finanzinvestoren werden alle Eigenschaften des Verkaufsobjekts als Common-Value-Charakteristika auffassen, da sie keine eigene Nutzung planen.
Auf Immobilien bezogen sind Wiederverkaufspreise für Zwischenhändler-Investoren Common-Value-Eigenschaften. Private-Value-Eigenschaften existieren einerseits für Selbstnutzer und strategische Investoren, die unterschiedliche Anlageziele verfolgen. Darüber hinaus kann die unterschiedliche Interpretation von Wertschöpfungspotenzialen als Private-Value-Charakteristikum aufgefasst werden.
Im Hinblick auf Portfoliotransaktionen von Selbstnutzern, die vornehmlich für Finanzinvestoren strukturiert werden, ist von einem Übergewicht der Common-Value-Eigenschaften auszugehen. Dies bestätigt auch Teach (2003), der grundsätzlich „Hard Assets", die aufgrund ihrer gut beleihbaren Einnahmenströme Finanzinvestoren ansprechen, besonders für Auktionen geeignet ansieht.[631]

---

[629] Weihe (2004), S. 43.
[630] Subramanian / Zeckhauser (2004a), S. 4.
[631] Teach (2003), S. 2.

– Wertschöpfungspotenzial für Bieter

Wertschöpfungspotenziale als Private-Value-Bestandteil wurden bereits angesprochen. In diesem Sinne eignen sich Objekte mit entsprechendem Potenzial auch nicht für Auktionen, da im starren Transaktionsprozess die Identifikation und Bewertung von Potenzialen zwischen Verkäufer und Käufer nicht ausreichend erfolgen kann, so dass geeignete Vertragslösungen wie z. B. Earn-Outs nicht entwickelt werden können. Aus Sicht des Autors gilt dies aber nur eingeschränkt für Immobilientransaktionen. Dort sind Wertschöpfungspotenziale von Verkaufsobjekten eher objektiv ermittelbar und können auch in Bieterverfahren z. B. durch Besserungsscheine berücksichtigt werden.

– Risikobereitschaft des Verkäufers

Grundsätzlich spricht das höhere Risiko gegen Auktionen und für Exklusivverhandlungen. Einerseits ist die Vertraulichkeit durch Auktionen eher gefährdet. Zudem besteht die Gefahr unerwartet niedriger Gebotspreise. Dies ist aus Sicht eines jeden Verkäufers zu beurteilen.

7.1.3.2 Wahl der Auktionsform

Nach der Entscheidung für eine Auktion, stehen weitere Subformen zur Auswahl. Weihe (2004) hat zu diesem Selektionsproblem einen Kriterienkatalog entwickelt, der im Folgenden auf Portfoliotransaktionen angewendet werden soll (siehe Tabelle 45).

– Öffentliche Auktion

Öffentliche Auktionen eignen sich dann, wenn viele potenzielle Interessenten nicht namentlich bekannt sind. Dabei darf der Verkäufer aber kein Interesse an der Diskretion seiner Veräußerungsabsichten haben. Zudem ist die Ansprache über öffentliche Anzeigen häufig günstiger als der direkte Kontakt zu den Investoren, der regelmäßig der Einschaltung eines marktkundigen Verkaufsagenten bedarf. Allerdings sind aufgrund der hohen Bieterzahlen die Anforderungen an die Prozesssteuerung wiederum höher[632].

– Kontrollierte Auktion

Die kontrollierte Auktion eignet sich immer dann, wenn zahlreiche offensichtliche bzw. bekannte Investoren mit ausreichender Finanzkraft angesprochen werden können. Dazu muss das Verkaufsobjekt in der Regel sehr attraktiv sein. Weiterhin ist eine kontrollierte Auktion dann vorzuziehen, wenn weitgehende Vertraulichkeit über die Veräußerungsabsicht gewahrt bleiben soll.[633]

– Begrenzte Auktion

Die begrenzte Auktion sollte dann gewählt werden, wenn grundsätzlich wenige Interessenten in Frage kommen und somit auch das Risiko gering ist, ausgewählte Investoren nicht zu berücksichtigen. Darüber hinaus kommt die begrenzte Auktion zur Anwendung, wenn ein sehr schneller Transaktionsprozess und eine einfache Transaktionssteuerung gewünscht wird. Zudem eignet sich diese Auktionsform immer dann,

---

632 Weihe (2004), S. 45.

633 Weihe (2004), S. 45.

wenn ein präferierter Bieter existiert, der wahrscheinlich das beste Gebot abgeben wird.[634]

	Öffentliche Auktion	**Kontrollierte Auktion**	**Begrenzte Auktion**
Anzahl offensichtlicher bzw. bekannter Erwerbsinteressenten mit ausreichender Finanzkraft	□	■	▱
Attraktivität des Verkaufsobjekts	□	■	□
Gefahr der Nichterfassung potenzieller Investoren	■	□	▱
Gewünschter Diskretionsgrad	▱	□	■
Voraussichtliche Kosten des Verkaufsprozesses	□	■	□
Voraussichtliche Geschwindigkeit des Verkaufsprozesses	□	□	■
Voraussichtliche Existenz eines mit Abstand besten Investors	▱	□	■
Gefahr der Verfahrensverweigerung durch potenzielle Investoren	■	□	▱
Komplexität der Prozess-Steuerung	■	□	▱

Legende
- ■ tendenziell hoch
- □ mittel / durchschnittlich
- ▱ tendenziell niedrig

Tabelle 45: Kriterienkatalog für die geeignete Auktionsform[635]

7.1.4 Break Fees

Bei internationalen Unternehmenstransaktionen mit einem vom Verkäufer klar präferierten Bieter (Friendly Takeover) vereinbaren beide Seiten teilweise so genannte Break Fees[636]. Diese sind als pauschalierter Ausgleich für die entstandenen Prüfungs- und Transaktionskosten gedacht.

Bei „echten" Unternehmenstransaktionen, die den Zusammenschluss zweier vollständiger Unternehmen bedeuten, dient diese Vereinbarung bei Abbruch der Transaktion zur Absicherung für die Partei, die die Beendigung nicht zu vertreten hat. Da sich beide Seiten mit Hilfe der Break Fee auch gegenseitig zu einem erfolgreichen Ab-

---

634 Weihe (2004), S. 45.

635 Weihe (2004), S. 46.

636 Alternative Bezeichnungen: Sieger / Hasselbach (2000), S. 625: Termination Fees, Inducement Fees oder Broken Deal Fees.

schluss der Transaktion verpflichten möchten,[637] liegt die Höhe der Gebühren in der Regel deutlich über den tatsächlichen Transaktionskosten,[638]
Neben diesen zweiseitigen Ausgleichsversprechen (Reciprocal Break Fee) werden häufig auch einseitige Vereinbarungen getroffen, die nur einer Partei Ausgleich zusprechen. Die Höhe dieser Zahlungen ist deutlich geringer als bei beidseitiger Verpflichtung,[639]
Aus den Experteninterviews mit den bisherigen Transaktionsteilnehmern konnte entnommen werden, dass Break Fees auch als effektives Mittel angesehen werden, um bevorzugte Bieter zur Teilnahme an einem Bieterverfahren mit größerer Anzahl von Bietern und entsprechend kleiner Erfolgswahrscheinlichkeit für den Investor zu bewegen.[640] Dabei ist es auch nicht nötig, die volle Höhe der Prüfungskosten zu ersetzen. Auch ein geringerer Betrag sendet ein positives Signal.[641] Diese Vorgehensweise wurde bereits bei mehreren Transaktionen wahrgenommen.[642]

7.1.5 Zwischenergebnis

In der Regel eignen sich kontrollierte Auktionen als Transaktionsform für Selbstnutzer als Portfolioverkäufer.

– Interessentenuniversum

Als Käufer dieser Portfolios kommen vornehmlich Finanzinvestoren, insbesondere Opportunity Funds in Frage. Dabei handelt es sich je nach Größe des Portfolios um eine überschaubare, aber größere Gruppe von weniger als 50 Investoren. Diese sind im Markt bekannt, da immer wieder dieselben Kaufinteressenten an solchen Transaktionen teilnehmen. Da keine Gefahr der Nicht-Berücksichtigung von Bietern besteht und dort auch die Bereitschaft zur Teilnahme an Verfahren mit einer größeren Gruppe von Konkurrenten vorhanden ist, eignet sich die kontrollierte Auktion.
Sollte bei einem präferierten Bieter Zurückhaltung gegenüber der größeren Anzahl von Konkurrenten bestehen, so besteht auch die Möglichkeit, mit diesem vor Transaktionsbeginn eine Break Fee zu vereinbaren, durch deren Zahlung der Verkäufer nach Ausscheiden des bevorzugten Bieters Teile dessen Transaktionskosten übernimmt.[643]
Je größer das Portfoliovolumen wird, desto kleiner wird die interessierte Investorengruppe, umso größer wird die Wahrscheinlichkeit, dass die kontrollierte Auktion fast automatisch zur begrenzten wird.
Die begrenzte Auktion oder gar Exklusivverhandlungen können aber dann interessant sein, wenn einerseits bewusst die Vertraulichkeit über den Verkauf bis zum Abschluss gewahrt bleiben soll und andererseits ein schneller Abschluss gesucht wird. In einem Fall wurde ein Portfolio exklusiv einem präferierten Investor angeboten und dann auch an ihn verkauft. Gleichzeitig war aber ein Bieterverfahren vorbereitet worden und der

---

637 Practical Law Company (1998), S. 1.

638 Sieger / Hasselbach (2000), S. 625, siehe auch S. 629: Höhe Break Fee ist 0,5 bis 0,9 des Transaktionswerts.

639 Sieger / Hasselbach (2000), S. 626, siehe auch Knighton (2003), S. 2: 1 % des Werts des Verkaufsobjekts ist übliche Break Fee.

640 Interview Verkaufsagent VA3 sowie Interview Anwalt A2.

641 Cole (1999), S. 50.

642 Interview Bank B3.

643 Subramanian / Zeckhauser (2004a) S. 4 und Interview Verkaufsagent VA 3.

mögliche Beginn des Bieterverfahrens konnte als Druckmittel auf den Investor eingesetzt werden.[644] Auf diesem Wege konnte bei voller Geheimhaltung ein schneller Verkauf realisiert werden.

– Verkaufsobjekt

Auktionen eignen sich grundsätzlich nicht bei signifikanten Unterschieden zwischen den Bietern in der Bewertung des Verkaufsobjekts. Bei Bieterverfahren kann dies aber über die Einbindung eines Elements der Exklusivverhandlung geheilt werden. So besteht die Möglichkeit, einen Mindestpreis oder einen Angebotspreis durch den Verkäufer zu kommunizieren.[645] Aus der Anwendung der Anchoring-Heuristik wurde zudem in dieser Arbeit gezeigt, dass ein bewusst hoher Angebotspreis des Verkäufers auch zu höheren Gebotspreisen der Investoren führt. Daher sollte der Verkäufer immer einen Angebotspreis nennen, wenn er einerseits von unterschiedlichen Bewertungen des Verkaufsobjekts durch die Bieter ausgeht und andererseits sowohl Bieter mit niedriger Bewertung aus der Transaktion ausschließen möchte als auch selbst befürchtet, dass sein erwarteter Mindestpreis im Markt nicht realisierbar sein wird. So hat er dann gleich zu Anfang die Gewissheit darüber, wenn auf Basis des geforderten Preises sich kein Investor zur Teilnahme am Verfahren bereiterklärt. Sollte letzteres vom Verkäufer tatsächlich befürchtet werden, so sollte die angesprochene Investorengruppe aber möglichst gering gehalten werden, um die Reputationsverluste zu begrenzen.

– Transaktionsdurchführung

Auktionen bedeuten immer eine Gefahr für die Vertraulichkeit. Dies betrifft einerseits das Bekanntwerden der Veräußerungsabsicht. Andererseits werden auch interne Daten zu den Verkaufsobjekten bekannt gemacht. Der zweiten Gefahr kann im Rahmen eines Bieterverfahrens begegnet werden, indem das Verfahren zweistufig durchgeführt wird. Dabei werden in der ersten Phase bei breiterer Teilnehmerbasis nur ausgewählte Objektinformationen veröffentlicht, auf deren Basis dann ein indikatives, unverbindliches Angebot eingefordert wird. So werden zunächst einige Bieter aussortiert und in der zweiten Runde müssen die vertraulichen Informationen (in der Regel durch Zugang zu einem Datenraum) nur noch gegenüber tatsächlich interessierten Bietern veröffentlicht werden.[646]

Die Stufung des Verfahrens darf aber nicht übertrieben werden. Einerseits soll der Transaktionsabschluss zügig angestrebt werden. Üblich sind dabei 2 bis 4 Zwischenschritte / Angebote.[647] Andererseits muss die Anzahl der Runden von vornherein feststehen und kommuniziert werden, um zu verhindern, dass die Bieter sich hingehalten fühlen.[648]

Abschließend wird die Eignung der Transaktionsformen für Portfoliotransaktionen in Tabelle 46 zusammengefasst.

---

644 Interview Anwalt A2.
645 Subramanian / Zeckhauser (2004a), S. 4.
646 Weihe (2004), S. 43 sowie Teach (2003), S. 3.
647 Weihe (2004), S. 41.
648 Interview Käufer K3.

Kritierien		Auktionen / Bieterverfahren			Exklusivverhandlungen
		Offene Auktion		Begrenzte Auktion	
		Öffentliche Auktion	Kontrollierte Auktion		
Interessentenuniversum	Geeignete Größe Interessentengruppe	Sehr groß	Groß	Klein	Sehr klein
	Erfassung nicht bekannter Interessenten	Ja	Nein	Nein	Nein
	Berücksichtigung eines präferierten Bieters	Nein	Nein	Ja	Ja
	Gefahr der Verfahrensverweigerung durch Bieter	Sehr hoch	Hoch	Niedrig	Sehr niedrig
Verkaufsobjekt	Attraktivität Verkaufsobjekts	Mittel	Hoch	Mittel	Niedrig
	Eignung bei Bewertungsunterschieden der Bieter	Nein	Nein	Nein	Ja
Transaktionsdurchführung	Komplexität d. Steuerung	Sehr hoch	Hoch	Niedrig	Sehr niedrig
	Kosten	Hoch	Sehr hoch	Hoch	Niedrig
	Erfolgsrisiko	Sehr hoch	Hoch	Niedrig	Sehr niedrig
	Risiko für Vertraulichkeit	Sehr hoch	Hoch	Niedrig	Sehr niedrig
	Transaktionsdauer	Sehr lange	Lange	Kurz	Sehr kurz

Tabelle 46: Eignung der Transaktionsformen für Portfoliotransaktionen[649]

7.2 Interessentenansprache / Käuferidentifikation

7.2.1 Interessentenansprache / Einladung zur Registrierung

Im explorativen Teil dieser Arbeit wurde als Problem der bisherigen Transaktionen identifiziert, dass regelmäßig zu vielen Investoren das Portfolio zum Kauf angeboten wird. Daher sollte die Anzahl der anzusprechenden Investoren mit Bedacht gewählt werden. Den explorativen Interviews konnte entnommen werden, dass die Anzahl der angesprochenen Investoren in den bisherigen Transaktionen zwischen 2 und über 100 schwankte. Dennoch wurde überwiegend als Grundregel definiert, dass in dieser Phase

[649] Eigene Darstellung in Anlehnung an Weihe (2004), S. 46.

10 bis 25 Investoren eine passende Anzahl von Investoren sei.[650] Sollte das Portfolio marktgängige Objekte enthalten, wäre auch eine höhere Anzahl von über 50 Investoren denkbar.[651] Die Darstellung der Anzahl der beteiligten Investoren für eine ausgewählte Transaktion findet sich in der nachfolgenden Grafik (siehe Abbildung 30).

Darüber hinaus sollte in dieser Phase allerdings die Bildung von Konsortien ausgeschlossen werden.[652] Obgleich es in den Interviews der Käufer gefordert wurde,[653] sollte Anzahl und Identität der Bieter nicht offen kommuniziert werden, um die Wettbewerbssituation zu erhalten.[654]

Sollte ein präferierter Bieter existieren, der Verkäufer möchte aber keine exklusiven Verhandlungen mit diesem aufnehmen, so bietet sich abschließend die Auslobung einer Teilnahmeprämie[655] oder eine teilweise Übernahme der Due Diligence Kosten (Break Fee) an,[656] damit die Transaktionskosten des Bieters reduziert werden und dessen Teilnahme so sichergestellt wird.

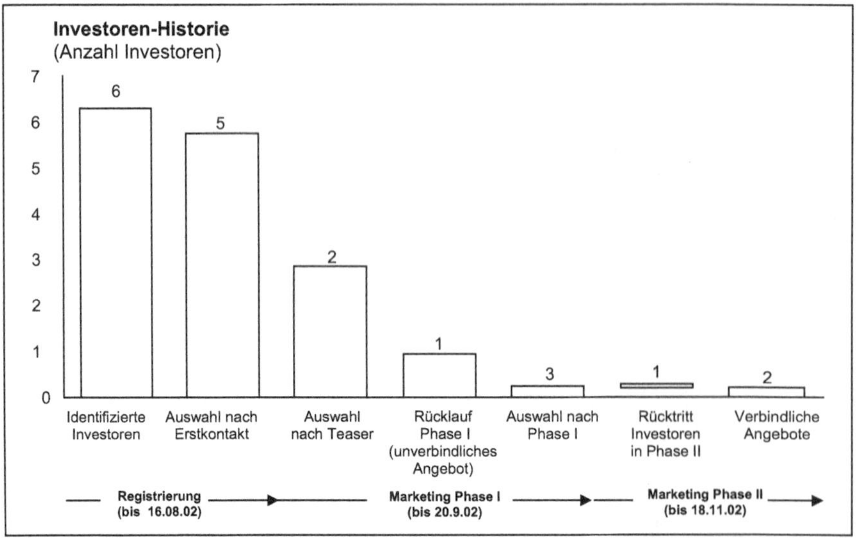

Abbildung 30: Investorenhistorie Portfolio Magenta[657]

Die Ansprache selbst erfolgt in der Regel durch den Verkaufsagenten. Sollte unklar sein, welche Investoren sich für das Portfolio interessieren, so führt der Verkaufsagent in der Regel erste Gespräche mit Interessenten aus unterschiedlichen Bietergruppen,

---

650 Interview Verkaufsagent VA1; Interview Verkaufsagent VA4; Interview Käufer K4; Interview Anwalt A2.

651 Interview Verkaufsagent VA1.

652 Interview Verkaufsagent VA4.

653 Interview Käufer K5.

654 Weihe (2004), S. 41.

655 Horowitz / Devenyi (1999), S. 3.

656 Gosfield (2004a), S. 12.

657 Thaler (2004), S. 21.

bei denen der Verkäufer noch anonym bleibt.[658] Handelt es sich um ein marktgängiges Produkt, so sind die Bieter dem Verkaufsagenten bekannt und er kann sie sofort zur Registrierung auffordern.

7.2.2 Registrierung / Vertraulichkeitserklärung

7.2.2.1 Registrierung

Nach der Ansprache der Interessenten werden die Investoren in der Regel durch den Verkaufsagenten gebeten, sich für die Teilnahme am Bieterverfahren registrieren zu lassen. Dies erfolgt danach schriftlich und ist mit dem Abschluss einer Vertraulichkeitserklärung verbunden.

7.2.2.2 Vertraulichkeitserklärung

Bevor der Verkäufer den Bietern Informationen zum Verkaufsobjekt zukommen lässt, sollte er mit ihnen eine möglichst umfassende Vertraulichkeitserklärung abschließen. Diese sollte mindestens folgende Punkte enthalten:[659]

- Die Verpflichtung der Bieter zur Geheimhaltung über vertrauliche Informationen, die er im Laufe der Transaktion erhält[660]
- Eine Definition der vertraulichen Informationen[661] und die Nennung nicht vertraulicher Informationen, die den Bietern schon bekannt waren bzw. öffentlich bekannt sind
- Die Verpflichtung, nur mit ausgewählten Personen im Verkäuferunternehmen über die Transaktion zu sprechen
- Die Pflicht des potenziellen Käufers, die erhaltenen Informationen nur für den Transaktionszweck zu verwenden und bei Scheitern alle Unterlagen und Kopien zurückzugeben oder zu zerstören[662]
- Die Verpflichtung zur Zahlung einer Vertragsstrafe bei Verstoß gegen die Vertragspflichten[663]

Zusätzlich wird den Bietern bei Unternehmenstransaktionen regelmäßig untersagt, während eines bestimmten Zeitraums nach Scheitern einer Transaktion Mitarbeiter des Verkäuferunternehmens abzuwerben.[664]

7.2.3 Versand einer Kurzzusammenfassung der Verkaufsobjekte

7.2.3.1 Process Letter

Zusammen mit den ersten Informationen zum Verkaufsobjekt in Form einer Kurzzusammenfassung (Teaser) erhalten die Bieter eine Übersicht über Regeln und Ablauf-

---

658 Interview Verkaufsagent VA4.

659 Oltmanns (2001), S. 87 und 88.

660 Siehe auch Benneck (2005), S. 245: In der Regel können auch die Berater der Bieter vertrauliche Informationen erhalten, wobei der Bieter auch für Verstöße seiner Berater haftet.

661 In der Regel werden als vertrauliche Informationen definiert: Informationen und Kenntnisse über die Transaktion und deren Verlauf, Informationen zum Verkaufsobjekt und eigene Analysen und Berichte des Bieters zum Verkaufsobjekt, siehe auch Morgan Stanley (2004), S. 16.

662 Siehe auch Morgan Stanley (2004), S. 16.

663 Siehe auch Benneck (2005), S. 246.

664 Oltmanns (2001), S. 88, Morgan Stanley (2004), S. 16 sowie Benneck (2005), S. 245.

plan der Transaktion (Process Letter). Darin sollten auch die Mindestanforderungen an die später einzureichenden indikativen Angebote und späteren verbindlichen Angebote geregelt sein. Diese sollten beinhalten (siehe Tabelle 47):[665]

- Einen vorläufigen Kaufpreisrahmen
- Umfang, zu dem erworben werden soll (Genaue Definition der Kaufobjekte)
- Vorschläge zur Strukturierung der Transaktion aus Sicht des Bieters
- Vorstellungen des Bieters zum Umgang mit der Immobilie / dem Portfolio nach Abschluss der Transaktion
- Hinweise zu aufsichtsrechtlichen, satzungsmäßigen oder sonstigen Zustimmungserfordernissen und zu Bedingungen des Bieters, etc.

Nebenangebote und das Abweichen von den im Teaser vorgegebenen preisbeeinflussenden Annahmen sollten in dieser Phase ausgeschlossen werden.[666]
Ferner sollte aus dem Process Letter ein eindeutiger und verbindlicher Zeitplan der Transaktion hervorgehen, der auch die Anzahl der Bieterrunden und indikativen Angebote regelt. Die Anzahl und Identität der Bieter sollte nicht genannt werden, um den Wettbewerbsdruck zu erhalten.[667] Weiterhin sollten im Process Letter die während des Transaktionsverlaufs konstanten Ansprechpartner auf Seiten des Verkäufers genannt werden.[668]
Abschließend sollte im Process Letter geregelt sein, dass bei Nichtbeachtung der Regeln Bieter aus dem Verfahren ausgeschlossen werden.

– Zeitplan der Transaktion – Verhaltensregeln für Bieter – Ansprechpartner des Verkäufers – Strafen für Bieter bei Nicht-Einhalten der Regeln

Tabelle 47: Notwendige Inhalte des Process Letters[669]

7.2.3.2 Kurzzusammenfassung

Die Kurzzusammenfassung der Objekte soll das Interesse der Bieter am Verkaufsobjekt wecken.[670] Darüber hinaus sollen die wesentlichen Informationen in verkürzter Form dargestellt werden, die der Bieter zur Erstellung eines indikativen, unverbindlichen Angebots benötigt. Zumindest sollte es sich aber um die folgenden Inhalte handeln:[671]

- Wahl des Verfahrens / Transaktionsstruktur: Share Deal vs. Asset Deal
- Objektinformationen
  - Adresse

[665] Niewerth (2004a), S. 8.
[666] Interview VA3.
[667] Weihe (2004), S. 41.
[668] Interview Verkaufsagent VA3.
[669] Eigene Darstellung.
[670] Kirch (2001), S. 23.
[671] Interview Verkaufsagent VA3.

  - Mikrolage
  - Grundstücksfläche
  - Objekttyp
  - Flächenmix (Nutzungsarten)
  - Zustand[672]
- Cash Flows
  - Mietverhältnisse (mit Verkäufer als Rückmietenden sowie Dritten)
  - Informationen zum Mieter, insbesondere dem Verkäufer als Rückmietenden[673]
  - Mieteinnahmen
  - Mietanpassungsmechanismen
  - Mietvertragslaufzeiten
  - Mietflächen
  - Nebenkostenregelung
  - Nicht umlegbare Nebenkosten (idealerweise Mehrjahresplanung für Instandsetzungen)
- Erwarteter Kaufpreis

Alle preisbeeinflussenden Annahmen wie Mieten, Mietanpassungen, Mietvertragslaufzeiten und – flächen sind verbindlich vorzugeben.[674] Aus den Erkenntnissen der Anwendung der Anchoring-Heuristik im explikativen Teil dieser Arbeit sollte der Verkäufer auch einen Angebotspreis nennen. Liegt dieser über den Kaufpreiserwartungen der Käufer, so beeinflusst er deren Gebote nach oben. Investoren würde diese Vorgehensweise auch begrüßen, um zu erkennen, ob die Kaufpreiserwartung des Verkäufers von ihnen überhaupt erreicht werden kann oder sie sich gleich zurückziehen sollen.[675]

7.2.3.3 Kaufvertragsentwurf

Am besten sollte der Verkäufer bereits mit den ersten Objektinformationen auch den Entwurf des Kaufvertrags übersenden.[676] Damit kann er verlangen, dass die Bieter bei den abzugebenden Angeboten bereits eine nach ihren Vorstellungen angepasste Version des Vertragsentwurfs beilegen (Mark-Up). Aus dem veränderten Vertrag heraus können am besten die kaufpreisrelevanten Grundlagen des Gebots vollständig beurteilt werden. Darüber hinaus liegt mit dem Mark-Up bereits eine Grundlage für die eigentlichen Verkaufsverhandlungen vor. Für den Käufer sind die Vorstellungen der Vertragsgestaltung des Verkäufers auch kaufpreisrelevant. Liegen diese frühzeitig vor, kann sie der Käufer von Beginn an berücksichtigen und ist nicht zu Preisanpassungen im weiteren Transaktionsverlauf gezwungen.

---

672 Vgl. Interview Bank B2: idealerweise auch schon Einschätzungen von Gutachtern zu Höhe des Sanierungsstaus.

673 Alternativ kann die Vorstellung des Verkäufers erfolgen (in der Regel zu Beginn des Teasers) – bei Tochtergesellschaften als Mieter gesonderte Darstellung, einschließlich Verbindung zur (gerateten) Muttergesellschaft.

674 Interviews Verkaufsagenten VA3 und VA4.

675 Interview Käufer K1.

676 Frankel (2005), S. 146; Niewerth (2004a), S. 8 sowie Horowitz / Devenyi (1999), S. 4: Versand des Vertragsentwurfs soll so früh als möglich, am besten zeitnah zum Teaser aber auf jeden Fall vor der Abgabe der verbindlichen Angebot erfolgen.

Im Kaufvertrag werden die folgenden Inhalte geregelt:[677]

- Vertragliche Grundlagen
  - Parteien: Genaue Bezeichnung von Verkäufer[678] und Käufer[679]
  - Kaufgegenstand (Liste der Verkaufsobjekte als Anlage)[680]
  - Übernahme von Verbindlichkeiten. Genaue Bezeichnung und Ausschluss weiterer Verbindlichkeiten
  - Übergangsstichtag: Stichtag, ab dem rechtliche und wirtschaftliche Folgen des Vertrags eintreten[681]
  - Dingliche Übertragung: Zeitpunkt, an dem Eigentum auf Käufer übergeht (Differenziert bei verschiedenen Fälligkeitszeitpunkten von Kaufpreisraten)

- Kaufpreis, Zahlungsmodalität, Sicherheit
  - Kaufpreis:[682] Fester versus variabler Kaufpreis (in diesem Fall verbindliche Regelung der Bestimmung der endgültigen Höhe des Kaufpreises[683]
  - Fälligkeit / Zinsen: Fälligkeit bei Vertragsunterzeichnung versus Ratenzahlung (in diesem Fall Absicherung über eine Bürgschaft oder Hinterlegung des Kaufpreises auf einem Anderkonto (Escrow-Konto)

- Gewährleistung[684]
  - Garantiekatalog: typische vom Käufer geforderte Garantien in der Verhandlung werden sein:[685]
    - ➢ Der Verkauf bricht nicht einen anderen Vertrag oder Verpflichtung des Verkäufers.
    - ➢ Der Verkäufer ist der tatsächliche rechtliche Eigentümer. Die Objekte sind frei von Belastungen und in gutem Zustand.
    - ➢ Alle Fakten zur Beschaffenheit der Verkaufsobjekte wurden dem Käufer zugänglich gemacht.
  - Rechtsfolgen bei unzutreffenden Garantien: in der Verhandlung werden folgende Themen diskutiert werden:[686]
    - ➢ Höhe der Verluste des Käufers bis er Ansprüche aus den Garantien stellen darf

[677] Die Inhalte des Kaufvertrags unterscheiden sich bei Share oder Asset Deal. Einführend wurde darauf verwiesen, dass Portfoliotransaktionen von Selbstnutzern in der Regel Asset Deals sind. Daher gelten die nun folgenden Punkte für diese Transaktionsstruktur – nachfolgende Darstellungen nach Rock (2000a), S. 8f.

[678] Siehe auch Oltmanns (2001), S. 90: bei einem Asset Deal handelt es sich um die verkaufende Gesellschaft, bei einem Share Deal hingegen um sämtliche Gesellschafter der zu verkaufenden Gesellschaft.

[679] Siehe auch Oltmanns (2001), S. 91: bei Tochtergesellschaften (z. B. Objektgesellschaften) ist auch eine Verpflichtung der Muttergesellschaft als Bürge notwendig.

[680] Siehe auch Jacob (1996), S. 51: Auch bei Unternehmenstransaktionen ist eine genaue Beschreibung der zu veräußernden Liegenschaften notwendig.

[681] Siehe auch Jacob (1996), S. 51.

[682] Siehe auch Tannenbaum / Spracker (2001), S. 5 sowie Jacob (1996), S. 52.

[683] Siehe auch Oltmanns (2001), S. 92: Höhe, Zahlungsweise und Verzinsung sind Mindestelemente der Kaufpreisregelung.

[684] Siehe auch Jacob (1996), S. 51.

[685] Tannenbaum / Spracker (2001), S. 7 / 8.

[686] Tannenbaum / Spracker (2001), S. 9.

  - ➢ Gesamthöhe der Zahlungen, die der Verkäufer insgesamt leisten muss
  - ➢ Art der Schäden, für die der Verkäufer Garantien gibt
- Verjährung[687]
- Sicherheit: Bankbürgschaft oder Anderkonto des Verkäufers für mögliche unzutreffende Garantien

– Sonstige Verpflichtungen
  - Wettbewerbsverbot: für nicht rückgemietete Flächen
  - Vertraulichkeit: über bestimmte Aspekte des Kaufvertrags
  - Keine Nebenvereinbarungen
  - Schiedsklausel[688]
  - Schriftform
  - Salvatorische Klausel
  - Kostentragungspflicht[689]
  - Eventuelle aufschiebende Bedingungen
  - Abwicklungsklausel (Closing)[690]

Mit dem Kaufvertragsentwurf sollten auch die vom Verkäufer gewünschten Dienstbarkeiten kommuniziert werden, da sie auch einen wesentlichen kaufpreisbestimmenden Effekt haben. Um den negativen Einfluss auf den Verkaufserlös gering zu halten, sollte der Umfang der Dienstbarkeiten aber das unbedingt notwendige Maß nicht übersteigen.

7.2.3.4 Stapled Finance

– Konzept

Unter Stapled Finance oder Stapled Financing wird ein Angebot zur Akquisitionsfinanzierung eines Verkaufsobjekts verstanden, das vom Verkäufer eingeholt wird und allen Kaufinteressenten gleichzeitig zur Verfügung gestellt wird.

In der Regel wird dieses Angebot bereits mit der Kurzzusammenfassung des Verkaufsobjekts an die Bieter kommuniziert.[691] Daraus leitet sich auch der Name „stapled" (engl. angeheftet) ab, da das Finanzierungsangebot an den Teaser angeheftet wird.[692]

Anbieter der Akquisitionsfinanzierung ist in der Regel die Investmentbank, die auch die Lead Advisory für den Verkäufer übernimmt.[693] Sie profitiert dabei von ihrer besonderen Kenntnis des Verkaufsobjekts. Die Finanzierungsstruktur des Stapled Financing sollte daher regelmäßig aggressiver[694] als die eines verkäuferfremden Akquisitionsfinanzierers sein (siehe Tabelle 48).[695]

---

687 Siehe auch Tannenbaum / Spracker (2001), S. 9 sowie Oltmanns (2001), S. 93: übliche Verjährungsfristen sind 18 bis 60 Monate, diese sind aber individuell zu verhandeln und ausdrücklich zu regeln.

688 Siehe auch Jacob (1996), S. 52.

689 Siehe auch Oltmanns (2001), S. 94.

690 Oltmanns (2001), S. 94.

691 Vater (2005), S. 1921 sowie Weihe (2005), S. 693.

692 Vater (2005), S. 1921 sowie Weihe (2005), S. 693.

693 Vater (2005), S. 1921 sowie Weihe (2005), S. 693.

694 Z. B. im Hinblick auf den Beleihungsauslauf.

695 Weihe (2005), S. 693.

Die Detaillierung des Angebots reicht von einer mündlichen Zusage, über ein Eckpunktepapier oder indikatives bzw. mit wenigen Vorbehalten versehenes formelles Angebot bis zu einer harten schriftlichen Zusage.[696]

Kriterium	Stapled Financing	Traditionelle Akquisitionsfinanzierung
Initiierung	Von der Verkäuferseite	Von der Käuferseite
Adressaten	Alle potenziellen Bieter	Ein potenzieller Bieter bzw. einige wenige potenzielle Bieter
Übermittlung	Parallel bzw. zeitnah zum Versand des Informationsmemorandums	Deutlich nach dem Versand des Informationsmemorandums
Anbieter	Bank, die oft zugleich M&A-Berater des Verkäufer ist	Bank, die in der Regel nicht zugleich M&A-Berater des Verkäufers ist
Datenraumzutritt der Bank	Vor und gegebenenfalls nach der Ansprache potenzieller Bieter	Nach der Ansprache potenzieller Bieter
Finanzierungsstruktur	Eher aggressiv	Eher konservativ / durchschnittlich

Tabelle 48: Stapled Financing und traditionelle Akquisitionsfinanzierung im Vergleich[697]

– Vor- und Nachteile

▪ Verkäufersicht

Für den Verkäufer bietet Stapled Financing mehrere Vorteile (siehe Tabelle 49). So ermöglicht die frühzeitige Klärung des Fremdfinanzierungsanteils eine realistische Einschätzung des Marktwerts des Verkaufsobjekts.[698]

Weiterhin vermindert die frühzeitige Sicherstellung der Finanzierung das Risiko des Scheiterns der Transaktion und reduziert gleichzeitig die Transaktionsdauer um die Prüfungsphase der finanzierenden Banken.[699] Durch die Konzentration auf eine finanzierende Bank, die gleichzeitig auch regelmäßig Verkaufsagent ist, wird auch eine größere Vertraulichkeit der Transaktion sichergestellt.[700]

Durch seine aggressivere Struktur, die Sicherstellung einer attraktiven Finanzierung für alle Bieter sowie das positive Qualitätssignal durch die frühzeitig gesicherte Finanzierung, sorgt Stapled Financing zudem für erhöhten Bieterwettbewerb und damit einen höheren Verkaufserlös.[701]

Abschließend ist es für den Verkäufer vorteilhaft, dass durch eine einheitliche Finanzierungsstruktur auch eine bessere Vergleichbarkeit der verschiedenen Angebote gewährleistet ist.[702] Liefert ein Bankhaus sowohl Lead Advisory-Dienste als auch Stapled Financing so kann dies auch zu einem günstigeren Gesamthonorar führen.[703]

696 Weihe (2005), S. 693.
697 Weihe (2005), S. 693.
698 Weihe (2005), S. 694 sowie Vater (2005), S. 1922.
699 Weihe (2005), S. 694 sowie Vater (2005), S. 1922.
700 Weihe (2005), S. 694.
701 Weihe (2005), S. 694 sowie Vater (2005), S. 1922.
702 Weihe (2005), S. 694 sowie Vater (2005), S. 1922.
703 Weihe (2005), S. 694.

Nachteilig kann sich Stapled Financing für den Veräußerer auswirken, wenn durch die Finanzierungsprüfung die Transaktionsvorbereitung in Umfang und Dauer wächst.[704] Darüber hinaus können zu aggressive Finanzierungsstrukturen Bieter abschrecken und zu konservative Strukturen zu niedrigen Kaufpreisen führen.[705] Wenn die Finanzierung nicht in Anspruch genommen wird, könnten vom Verkäufer auch Bereitstellungsgebühren verlangt werden.[706]
Abschließend können bei der finanzierenden Bank durch Verbindung der Verkaufsagenten- und Kreditgeberfunktion Interessenskonflikte auftreten, die im nächsten Abschnitt detaillierter beleuchtet werden sollen.[707]

- Sicht der finanzierenden Bank

Für die finanzierende Bank bietet Stapled Financing den Vorteil, über die Finanzierung zusätzliche Gebühren aus einer Transaktion zu generieren. Dies ist besonders attraktiv, da die Gebühren aus der Finanzierung in der Regel deutlich höher sind als bei der reinen Beratung. Übereinstimmend wird ihr Anteil in den Quellen mit 80 % an den gesamten Transaktionsgebühren der Bank beziffert.[708]
Darüber hinaus trägt die Bank durch die Sicherstellung der Finanzierung selbst zur Verringerung des eigenen Misserfolgsrisikos als Verkaufsagent bei.[709] Die Berücksichtigung durch den Verkäufer sowohl für Beratung und Finanzierung und die Fähigkeit zur Konzeption solcher Finanzierungen kann der Bank auch als Wettbewerbsvorteil und Werbeffekt gegenüber anderen M&A-Beratern dienen.[710]
Darüber hinaus erhält die Bank durch ihre Finanzierungsprüfung frühzeitig einen tiefen Einblick in das Verkaufsobjekt. Dabei werden auch Synergieeffekte zwischen Beratung und Finanzierung realisiert. Abschließend profitiert die Bank als Verkaufsagent, indem Niedrigbieter gegenüber dem aus der Finanzierung hergeleiteten Mindestpreis frühzeitig eliminiert werden und man sich auf attraktive Bieter konzentrieren kann.[711]

Von Nachteil für die Reputation der Bank ist dagegen, wenn die Finanzierungskonditionen aufgrund fehlender Akzeptanz angepasst oder zurückgezogen werden müssen. Grundsätzlich setzt Stapled Financing bei der Bank die genaue Kenntnis der aktuell marktüblichen Finanzierungsstrukturen und – konditionen voraus. Darüber hinaus kann das standardisierte Angebot nicht individuell auf die Synergiepotenziale eines Bieters zugeschnitten werden. Außerdem werden die Strukturen und Konditionen der Bank zwangsläufig einer großen Bietergruppe zugänglich gemacht.[712]

---

704 Weihe (2005), S. 694.

705 Wenn Käufer nicht zur Annahme des Stapled Financing gezwungen werden, erscheint das Eintreten dieses Effekts aber zweifelhaft, da insbesondere Opportunity Funds im Sinne ihrer Wertschöpfungsstrategie Finanzmanagement auf aggressivere Finanzierungsangebote anderer Banken zurückgreifen werden.

706 Weihe (2005), S. 694.

707 Weihe (2005), S. 694 sowie Vater (2005), S. 1922.

708 Weihe (2005), S. 695 sowie Vater (2005), S. 1922.

709 Weihe (2005), S. 695.

710 Weihe (2005), S. 695 sowie Vater (2005), S. 1923.

711 Weihe (2005), S. 695.

712 Weihe (2005), S. 695.

- Käufersicht

Stapled Financing bietet Käufern den Vorteil, die Sicherstellung der Finanzierung frühzeitig garantieren zu können und auf dieser Basis eine Art Untergrenze für den Kaufpreis zu erhalten.[713]

Weiterhin kann für konservativere Bieter eine gesicherte, aggressivere Finanzierung durch Stapled Financing einen höheren Leverage und somit eine höhere Eigenkapitalrendite ermöglichen.[714] Die gesicherte Finanzierung wird grundsätzlich als Qualitätssignal gewertet, das die Investitionsentscheidung erleichtert. Dadurch können auch eigene Such-, Verhandlungs-, Due Diligence und andere Transaktionskosten gespart werden. Gegenüber anderen Akquisitionsfinanzierern kann das Stapled Financing-Angebot abschließend als Druckmittel zur Provozierung attraktiverer Angebote genutzt werden.[715]

Nachteilig wirkt für die Bieter, dass durch die gesicherte Finanzierung weitere Bieter im Rennen bleiben und die Wettbewerbssituation verstärkt wird. Dadurch wird auch die Möglichkeit genommen, exklusiv mit der Bank zu verhandeln. Somit ist eine Berücksichtigung der Synergiepotenziale des Bieters in der Finanzierung nicht möglich, auch wenn Verhandlungsspielräume aus einer langjährigen Geschäftsbeziehung mit der Bank bestehen. Die Möglichkeit, sich anderer Banken zu bedienen, kann zudem durch No-Shop-Clauses und enge Zeitpläne verhindert respektive eingeschränkt werden. Die verkäuferfreundliche Prägung des Finanzierungsangebots schreckt die Bieter weiterhin von der Anwendung ab. Abschließend kann der Kontakt der Bank zu zahlreichen Bietern zu Indiskretionen führen.[716]

– Mögliche Interessenskonflikte

Interessenskonflikte auf Seiten des Stapled Financing-Bereitstellers ergeben sich durch die gegenläufigen Interessen als Verkaufsagent und Fremdkapitalgeber (siehe Tabelle 50). Einerseits strebt der Verkaufsagent einen möglichst hohen Kaufpreis an, wohingegen er als Kreditgeber des Käufers auf eine konservative Kaufpreiseinschätzung drängen wird. Darüber hinaus möchte der Kreditgeber seinen Kreditnehmer durch möglichst umfassende Garantien abgesichert wissen, wohingegen der Verkaufsagent dies gerade verhindern sollte.[717]

Andererseits sollte der Verkaufsagent eine vollständige Veräußerung des Verkaufsobjekts anstreben. Dagegen strebt er als Finanzgeber des Käufers den Erwerb nur der attraktiven Teile an.[718]

[713] Weihe (2005), S. 695 sowie Vater (2005), S. 1922.
[714] Weihe (2005), S. 695.
[715] Weihe (2005), S. 695.
[716] Weihe (2005), S. 695.
[717] Weihe (2005), S. 696.
[718] Weihe (2005), S. 696.

Beteiligte	Vorteile	Nachteile
Verkäufer	– Frühzeitige Einschätzung bezüglich Debt Capacity und Kaufpreisniveau – Höhere Abschlusswahrscheinlichkeit – Geringerer Zeitbedarf von der Investorenansprache bis zum Abschluss – Höhere Vertraulichkeit möglich – Tendenziell kaufpreissteigender Effekt – Bessere Vergleichbarkeit der Kaufangebote – Gegebenenfalls Honorarermäßigung für M&A-Beratung verhandelbar	– Erhöhter Aufwand bzw. Zeitbedarf in früher Prozessphase – Gefahr der Abschreckung von Bietern bei zu aggressiver Finanzierung – Gefahr zu niedriger Kaufpreisgebote bei zu konservativer Finanzierung – Gegebenenfalls zusätzliche Kosten bei Nichtbeanspruchung – Gefahr von Interessenskonflikten, die das Vermarktungsergebnis beeinflussen
Bank	– Zusätzliche Verdientmöglichkeit – Geringeres Floprisiko – Differenzierungsmöglichkeit gegenüber Wettbewerbern – Vertrauenssignal, Werbeeffekt – Frühzeitiger tiefer Einblick in das Verkaufsunternehmen / Verkaufsobjekt – Gegebenenfalls Synerigepotenziale bei der Informationsbeschaffung – Frühzeitige Eliminierung von Niedrigbietern	– Gefahr von Interessenskonflikten – Genaue Kenntnis aktueller Finanzierungsstrukturen und –konditionen erforderlich – Negativer Reputationseffekt bei Revision oder Nichtbeanspruchung möglich – Keine bzw. späte Berücksichtigung der Bieter – Breite Offenlegung der Finanzierungsstruktur und - konditionen
Bieter	– Frühzeitige Einschätzung des erwarteten Kaufpreisniveaus möglich – Reduzierung des Finanzierungsrisikos – Gegebenenfalls höhere Eigenkapitalrendite durch erhöhten Leverage erzielbar – Zusätzliches Qualitätssignal – Senkung von Such-, Verhandlungs-, Due Diligence- und sonstigen Transaktionskosten – Gegebenenfalls Nutzung als Katalysator für attraktivere Finanzierungsangebote	– Tendenziell verstärkterer Bieterwettbewerb – Exklusive Verhandlungen mit der Stapled-Financing Bank nicht bzw. später möglich – Keine bzw. späte Berücksichtigung spezifischer Synergieeffekte – Bessere Finanzierungskonditionen nicht selten anderweitig erhältlich – Verhandlung der Finanzierung mit eigenen Banken z. T. eingeschränkt – Begrenzte Verwendbarkeit aufgrund verkäuferfreundlicher Prägung möglich – Gefahr bankseitiger Indiskretionen

Tabelle 49: Vor- und Nachteile von Stapled Financing[719]

[719] Weihe (2005), S. 694.

Weiterhin widerspricht der Wunsch des Verkaufsberaters nach einer besonders aggressiven, kaufpreissteigernden Finanzierung den Bemühungen der Risikominimierung des Akquisitionsfinanzierungsgebers. Die Qualität des Stapled Finance für den Verkäufer hängt unter diesen Umständen von den Machtverhältnissen zwischen M&A- und Akquisitionsfinanzierungsabteilung in der Bank ab.[720]

Form des Interessenskonflikts	**Beschreibung**
Preiskonflikt	Auf das „Preisgerüst" der M&A-Transaktion bezogener Konflikt zwischen der Verkäufer- und Käuferseite: – Möglichst hoher versus niedriger Kaufpreis – Möglichst geringe versus umfassende Garantien, Gewährleistungen, Wettebewerbsverbote und andere preisrelevante Vertragskonditionen
Vollständigkeitskonflikt	Auf das „Mengengerüst" der M&A-Transaktion bezogener Konflikt zwischen der Verkäufer- und der Käuferseite: Möglichst vollständige Veräußerung versus Erwerb nur der als attraktiv empfundenen Teile des Verkaufsobjekts
Leveragekonflikt	M&A-Bereich der Bank hat Interesse an einer aggressiven Finanzierung, während der Akquisitionsfinanzierungsbereich unter Risikoaspekten eher an einer weniger aggressiven Finanzierung interessiert ist
Informationskonflikt	Bank versorgt einen bestimmten Bieter mit vertraulichen Zusatzinformationen zum Verkaufsobjekte bzw. – prozess, z. B. aufgrund bestehender bzw. angestrebter Geschäftsbeziehungen, persönlicher Verbundenheit oder Unachtsamkeit
Exklusivitätskonflikt	Bank arbeitet frühzeitig mit einem bestimmten Bieter zusammen und stellt die Finanzierung anderen Bietern nicht (mehr) zur Verfügung, z. B. aufgrund langjähriger Geschäftsbeziehungen, finanzieller Anreize bzw. hoher Erfolgschancen dieses Bieters
Produktkonflikt	Bank präferiert bei der Investorenauswahl einen Bieter, der das Stapled Financing nachfragt, obwohl dessen Gebot aus Verkäufersicht insgesamt weniger attraktiv ist als das eines anderen Bieters

Tabelle 50: Mögliche Interessenskonflikte beim Einsatz von Stapled Financing[721]

Abschließend ist ein Konflikt der Stapled Financing zur Verfügung stellenden Bank in ihrer Rolle als Verkaufsagent möglich, wenn zusätzliche vertrauliche Informationen[722] ausgetauscht oder exklusive Endverhandlungen zur Finanzierung zunächst mit dem Bieter angestrebt werden, mit dem auch in anderen Bereichen eine Geschäftsbeziehung besteht oder angestrebt wird. Darüber hinaus hat die Bank als Verkaufsagent auch ein Interesse, die Bieter zu bevorzugen, die auf das Stapled Financing zurückgreifen möchten.[723]

720 Weihe (2005), S. 696.
721 Weihe (2005), S. 696.
722 Siehe auch Vater (2005), S. 1922.
723 Weihe (2005), S. 696.

– Voraussetzungen

Voraussetzung für den Einsatz von Stapled Financing ist die Eliminierung der genannten Interessenskonflikte im Rahmen einer schriftlichen Vereinbarung zwischen Kreditgeber und Verkäufer. Darin sollten enthalten sein:[724]

- Klare Regelungen bezüglich der Informationsflüsse
- Benennung eines Gesamtverantwortlichen
- Verpflichtung zur Benachrichtigung des Verkäufers über Geschäftsbeziehungen zu einzelnen Bietern und über sich abzeichnende Konflikte
- Ausschluss von No-Shop-Clauses
- Vertragsstrafen beim Zurückziehen des Stapled Financing in einer fortgeschrittenen Transaktionsphase
- Verbot der Benachteiligung von Bietern, die das Stapled Financing nicht nutzen wollen
- Explizite Zustimmung des Verkäufers zur Aufnahme exklusiver Verhandlungen mit einem Stapled-Financing-Nachfrager
- Schaffung von Vertraulichkeitsbereichen durch Chinese Walls (personelle, räumliche und gegebenenfalls rechtliche Trennung der Bankfunktion)
- Führung von Insiderverzeichnissen
- Richtlinien mit transparenten Kriterien zur Auswertung von Kaufangeboten
- Erstellung von Diaries zur Aufzeichnung der wesentlichen transaktionsbezogenen Kommunikationsinhalte, Namen von Gesprächspartnern und Gesprächstermine

Das Stapled Financing ist nicht zwingend von der Bank bereitzustellen, die auch Verkaufsagent ist. Bei zahlreichen Immobilientransaktionen ist der Verkaufsagent keine Bank. Grundsätzlich sollten auch beim Stapled Financing zur Erzeugung von Wettbewerb mindestens zwei Angebote eingeholt werden. Auch die unterlegene Bank steht gegebenenfalls auch später noch mit ihrem Angebot zur Verfügung und sichert den Verkäufer ab.[725]

Um die Käufer abzusichern, sollte das Finanzierungsangebot in Form einer harten bzw. nahezu uneingeschränkten Zusage erbracht werden. Darüber hinaus sollte der Kreditgeber mit entsprechender Markt- und Objektkenntnis sowie hervorragender Reputation ausgestattet sein. Stapled Financing eignet sich insbesondere für Transaktionen, bei denen vielen Bietern die Beschaffung der Fremdfinanzierung schwer fällt. Gründe dafür kann einerseits die Attraktivität des Verkaufsobjektes sein, was zu einer schnellen Bindung der wenigen Akquisitionsfinanzierer durch andere Bieter führen würde. Andererseits kann die eingeschränkte Attraktivität des Verkaufsobjekts die Finanzgeber auch abschrecken.[726]

Darüber hinaus bietet sich Stapled Financing für Transaktionen wie Portfoliotransaktionen von Selbstnutzern an, bei denen Finanzinvestoren großes Interesse zeigen. Gegenüber den strategischen Investoren hat bei diesen Fremdkapital einen höheren Anteil am Akquisitionskapital.

---

724 Weihe (2005), S. 697.
725 Weihe (2005), S. 697.
726 Weihe (2005), S. 697.

1. Mittelgroße bis große M&A-Transaktionen 2. Erwerbsinteresse von Finanzinvestoren 3. Sicherstellung der Akquisitionsfinanzierung für zahlreiche potenzielle Bieter voraussichtlich schwierig 4. Zugriff auf Akquisitionsfinanzierer mit exzellenter Marktkenntnis und hervorragender Reputation 5. Erhalt von mindestens zwei harten bzw. nahezu uneingeschränkten Finanzierungszusagen vor der Bieteransprache 6. Vertragliche Regelungen und Maßnahmen zur Konfliktbehebung

Tabelle 51: Anforderungen an den Einsatz von Stapled Financing in M&A-Auktionen[727]

Allerdings eignet sich die verkäuferseitig initiierte Finanzierung nur bei mittelgroßen bis großen Transaktionen (in der Regel mindestens 150 Mio. Euro), da sonst der der Aufwand zur Bereitstellung in keinem angemessenen Verhältnis zum Transaktionsvolumen steht (siehe Tabelle 51).[728]

– Akzeptanz bei Banken

Im Rahmen einer umfassenderen Befragung von Akquisitionsfinanzierern (Unternehmenstransaktionen) untersuchte Schneider et al (2005) auch Stapled Financing als besondere Strukturierungsform der Finanzierung.

Bestätigt wurde dabei die Eignung von Stapled Financing für Transaktionen im Mid- und Large Cap-Bereich (ab ca. 200 Mio. Euro). Darüber hinaus zeigte sich, dass die durch den Verkäufer initiierte Finanzierung nicht der Regelfall ist und auch deren Einsatz aus Sicht des Kreditgebers nur in konkreten Einzelfällen sinnvoll erscheint.

Wird es jedoch eingesetzt, so dient Stapled Financing als Wettbewerbsinstrument bei komplexeren Transaktionen, um sich den in diesem Fall entscheidenden Wissensvorsprung gegenüber anderen Anbietern zu sichern. Hinsichtlich der Verbreitung von Stapled Financing schätzten die befragten Banken, dass bei jeder dritten Transaktion im Large-Cap-Bereich derzeit Stapled Financing angeboten würde.[729]

– Akzeptanz bei Käufern

In der KPMG Leverage Finance Study 2004 konnte gezeigt werden, dass im Falle des Angebots von Stapled Financing, zwei Drittel der Private Equity-Käufer zunächst mit diesen Kreditgebern Verhandlungen führen. Dagegen bestätigten aber nur etwa ein Fünftel dieser Käufer auch die tatsächliche Nutzung des Angebots bei der Finanzierung.[730] Dies bestätigt Weihes (2005) These von Stapled Financing als Katalysator von Wettbewerb mit anderen Akquisitionsfinanzierern.

Ähnliches wurde auch in den vom Autor geführten Experteninterviews bestätigt. Einerseits berichtete ein Verkaufsagent, dass Stapled Financing von den Käufern gar nicht begrüßt wird.[731] Dies bestätigte auch ein opportunistischer Käufer, der Stapled

727 Weihe (2005), S. 698.
728 Weihe (2005), S. 697.
729 Schneider et al (2005), S. 17.
730 KPMG (2004), S. 5.
731 Interview Verkaufsagent VA4.

Financing mit den folgenden Worten kommentierte: „Stapled finance is helpful, but we can normally do better“.[732]
Letztere Aussage bestätigt wiederum die Annahme Weihes (2005), dass opportunistische Investoren ungern die Finanzierung aus der Hand geben, da Finanzmanagement für sie eine Wertschöpfungsstrategie darstellt.

7.2.4 Empfang und Auswertung der indikativen Angebote

7.2.4.1 Indikatives Angebot im Sinne eines Letter of Intent

Im Rahmen von zweistufigen Transaktionen müssen Bieter zunächst ein indikatives Angebot abgeben nach einer kurzen Prüfungsphase auf Basis einer Kurzdarstellung der Verkaufsobjekte. Diese Erklärung kann als Letter of Intent, wie es in Unternehmenstransaktionen üblich ist, gewertet werden. Dieses Schreiben soll in der Regel mehrere Funktionen aus Veräußerer- und Erwerbersicht erfüllen.
Zunächst gilt es die Vorstellungen über die zentralen Transaktionscharakteristika und das weitere Vorgehen im Rahmen der Transaktion zu kommunizieren, bevor mit komplexeren Verhandlungen begonnen wird.[733]
Mit der Erklärung möchte der Verfasser oder der Veranlasser (der Verfasser ist dann die Gegenseite) erreichen, dass der Verfasser aus seiner Sicht wesentliche Sachverhalte klarstellt, gewissermaßen als Zwischenschritt auf dem Weg zu einer verbindlichen Einigung. Im Rahmen der beschriebenen Bieterverfahren bei Portfoliotransaktionen von Selbstnutzern handelt es sich dabei vornehmlich um die Kommunikation des Kaufpreises und der Annahmen, die der Bieter zugrunde legt. Ziel der Erklärung ist die Schaffung einer emotionalen und psychologischen Bindung an die bisher abgestimmten Sachverhalte.[734]
Die wichtigste Funktion des Letter of Intent in kontrollierten Auktionsverfahren ist jedoch die Möglichkeit für den Verkäufer, Bieter mit Niedriggeboten zu identifizieren und von der weiteren Transaktion auszuschließen. Aus Sicht der Bieter ist dies auch vorteilhaft, da man sich aus einer Bieterposition mit geringer oder keiner Erfolgsaussicht zurückziehen kann, bevor große Ausgaben für die Due Diligence entstehen.
Diese Vorgehensweise weist aber den Nachteil auf, dass der Verkäufer emotional an zu hohe indikative Gebote gebunden wird, die aufgrund von in der Due Diligence zu Tage getretenen Problemen der Verkaufsobjekte im verbindlichen Angebot nicht bestätigt werden können.[735] Dies zeigte sich auch in der explorativen Untersuchung dieser Arbeit, aus der das Problem „Käufer stehen nicht zu ihren Angeboten“ aus Verkäufersicht hervorging. Diese Wahrnehmung der Verkäufer dokumentiert die beschriebene Gefahr der emotionalen Bindung an die Höhe der indikativen Gebote, da sich Kaufpreisabschläge der Bieter aus Sicht des Autors nicht taktisch, sondern überwiegend aus Objektmängeln begründen.

7.2.4.2 Definition und Abgrenzung zu anderen Erklärungen / Vereinbarungen

Definition und Inhalte eines Letter of Intent sind nicht eindeutig geregelt. Grundsätzlich sind drei Typen von Erklärungen denkbar:[736]

---

[732] Interview Käufer K2.
[733] Jacob (1996), S. 50 sowie Bingham / McHale (2005), S. 2.
[734] Wilson (2003), S. 1.
[735] Tannenbaum / Spracker (2001), S. 2.
[736] Gosfield (2004a), S. 1/2.

- Term Sheet: nicht verbindliche Auflistung der wichtigsten Eckpunkte einer Transaktion
- Festlegung der Grundregeln der Verkaufsverhandlungen
- Zusammenfassung aller Verhandlungsergebnisse als Grundlage eines Vertragsentwurfs

Der letztgenannte Typ widerspricht aber der nicht bindenden Natur eines Letter of Intent, da die grundsätzliche Einigung bereits dokumentiert wird, was in den USA bereits als bindende Vereinbarung gewertet wird.[737]
Das Letter of Intent ist zudem grundsätzlich eine einseitige Erklärung, im Falle des indikativen Angebots durch den Bieter.
Davon abzugrenzen sind die so genannten Heads of Agreement, die beidseitig unterzeichnet werden und die Grundregeln für die Verhandlung regeln.[738]

7.2.4.3 Inhalt des indikativen Angebots

Das indikative Angebot als Letter of Intent enthält nicht nur eine Aussage zum indikativen Kaufpreis, sondern auch weitere Inhalte, die sich mit der Transaktionsstruktur und weiteren – verlauf beschäftigen. Im Einzelnen handelt es sich um folgende Inhalte:

- Aussage zur Bedeutung der Erklärung selbst

Zu Beginn des indikativen Angebots wird klargestellt, dass es sich nicht um eine verbindliche Erklärung handelt.[739] Dies geschieht zunächst durch den Namen der Erklärung. Übliche (internationale) Bezeichnungen sind:[740]

- Non-binding Letter of Intent
- Term Sheet
- Transaction Outline
- Tentative Proposal
- List of Proposed Points
- Indikatives Angebot
- Absichtserklärung

Darüber hinaus soll einleitend bemerkt werden, dass durchaus verbindliche Regelungen Inhalt sein können, allerdings sind sie als solche zu kennzeichnen und separat darzustellen.[741]
Abschließend wird noch klargestellt, dass die Erklärung nur auf Basis der bisher erlangten Informationen und der bisher erhaltenen Dokumente erfolgt.[742]

---

737 Gosfield (2004a), S. 2.
738 Jansen (2002), S. 249.
739 Tannenbaum / Sprackler (2001), S. 2; Wilson (2003), S. 2; Bingham / McHale (2005), S. 3; Philippi-Beck / Rock (1999), S. 420.
740 Wilson (2003), S. 2 sowie Bingham / McHale (2005), S. 3.
741 Wilson (2003), S. 2.
742 Philippi-Beck (1999), S. 420.

– Parteien
Das indikative Angebot als Letter of Intent beinhaltet auch die Nennung der Parteien, d. h. des Verkäufers und potenziellen Käufers.[743]

– Verkaufsgegenstand
Darüber hinaus wird der Verkaufsgegenstand beschrieben.[744] Dies beinhaltet auch den Ausschluss bestimmter angebotener Objekte, die der Bieter nicht erwerben möchte.[745] Beim Asset Deal erfolgt dies durch die Auflistung der zu übernehmenden Vermögensgegenstände, insbesondere auch die Spezifikation der zu übernehmenden Aktiva und Passiva. Beim Share Deal werden die zu übernehmenden Anteile dargestellt.[746]

– Indikativer Kaufpreis
Kern der Erklärung ist die Höhe des indikativen Kaufpreises durch den Bieter. Dieser Preis ist konditioniert,[747] d.h. er ist vorbehaltlich der Feststellung von Objektmängeln in der Due Diligence.[748] Der Kaufpreis kann auch nur als Wertebereich angegeben werden.[749]
Weiterhin wird der Bieter seine Annahmen bei der Ermittlung des Kaufpreises darlegen[750] und auch den Wunschtermin der Fälligkeit der Kaufpreiszahlung aus seiner Sicht erklären.[751]

– Transaktionsvoraussetzungen aus Käufersicht
Der erklärende Bieter wird sein indikatives Gebot mit der Forderung nach einer umfangreichen Due Diligence als Grundlage des weiteren Transaktionsverlaufs verbinden.[752] Diese soll vor- und nachvertraglich erfolgen, d. h. mit zwei Prüfungsphasen im Transaktionsprozess und bei Unterzeichnung des Kaufvertrags.[753] Bei der zweiten Prüfungsphase spricht man auch von Confirmatory Due Diligence. Ausführungen zu ihrer Bedeutung werden Teil der Empfehlungen zur Käufer Due Diligence sein.
Abschließend wird der Verfasser des indikativen Angebots noch auf notwendige Zustimmungen zur Transaktion auf seiner Seite verweisen. Dies beinhaltet insbesondere die Zustimmung des Investmentkomitees.

743 Bingham / McHale (2005), S. 3; Philippi-Beck / Rock (1999), S. 420.
744 Tannenbaum / Sprackler (2001), S. 3; Wilson (2003), S. 2; Bingham / McHale (2005), S. 3; Philippi-Beck / Rock (1999), S. 420.
745 Tannenbaum / Sprackler (2001), S. 3.
746 Philippi-Beck / Rock (1999), S. 420.
747 Jacob (1996), S. 50.
748 Tannenbaum / Sprackler (2001), S. 3.
749 Morgan Stanley (2004), S. 19.
750 Die Annahmen können von den geforderten Annahmen des Verkäufers abweichen – die daraus entstehende Vergleichsproblematik wird nur Thema dieser Arbeit sein.
751 Philippi-Beck / Rock (1999), S. 421.
752 Jacob (1996), S. 50; Bingham / McHale (2005), S. 3; Morgan Stanley (2004), S. 19.
753 Philippi-Beck / Rock (1999), S. 421.

– Gewährleistung und Garantien

Weiterhin wird der Bieter bereits Gewährleistung und Garantien des Verkäufers fordern.[754] Konkrete Garantien werden in dieser Phase selten gefordert.[755] In der Regel wird der Bieter auf „übliche Gewährleistungsregelungen" bestehen.[756]

– Vertraulichkeitserklärung

In der Regel wird im Letter of Intent erneut die Vertraulichkeit betont und eingefordert.[757] Besteht aber wie im Fall von Portfoliotransaktionen bereits eine Vertraulichkeitsvereinbarung, so ist sicherzustellen, dass Aussagen zu Vertraulichkeit im Letter of Intent der ersten Erklärung nicht widersprechen.[758]

– Vorschläge für weiteren Verlauf der Transaktion

Neben der Forderung nach einer Due Diligence als Verhandlungsgrundlage kann der Käufer auch Vorschläge für den weiteren Verlauf der Transaktion machen. So kann er aus seiner Sicht einen Zeitplan für den weiteren Transaktionsverlauf entwerfen[759]. Abschließend hat er die Möglichkeit, seine Vorstellung über Maßnahmen in der Closing-Phase zu erklären.[760]

7.2.4.4 Weitere Empfehlungen aus Experteninterviews

In den Ausführungen zum Process Letter wurde empfohlen, alle preisbeeinflussenden Annahmen für die Gebote fest vorzugeben und keine abweichenden Gebote zuzulassen. Dennoch kann es zur Abgabe solcher Gebote kommen.

Den im Vorfeld dieser Arbeit geführten Experteninterviews konnte kein einheitlicher Umgang mit dieser Situation entnommen werden. Empfehlungen reichten vom vollständigen Ausschluss aller Nebenangebote, dies impliziert auch den Ausschluss von Bietern, die abweichende Angebote abgeben,[761] bis hin zum Akzeptieren dieser Angebote.[762]

Auch aus Sicht des Autors erscheint der kategorische Ausschluss von Bietern mit abweichenden Angeboten in dieser Phase nicht sinnvoll. Wie in der Beschreibung von Stapled Financing zum Ausdruck kam, ist es dem Verkäufer nicht möglich, in seinen Prozessvorgaben alle Interessen der Bieter zu treffen. Wandelt ein Bieter nun die Vorgaben für die Gebote so um, dass sie seinen Interessen entsprechen, so sollte der Verkäufer zumindest dessen Gebot auch prüfen, um sicherzugehen, dass es nicht unter dem Strich attraktiver ist als die anderen, einheitlichen Gebote. Dazu muss der Verkäufer aber eine Vergleichsrechnung anstellen, die im folgenden Abschnitt beschrieben wird.

Im Sinne des besseren Eingehens auf die Wünsche und Erwartungen der Bieter, empfahlen die Experten zudem, mit jedem Bieter dessen indikatives Angebot in einem persönlichen Gespräch zu diskutieren, um die Anforderungen des Investors zu verstehen

---

754 Jacob (1996), S. 50.
755 Tannenbaum / Sprackler (2001), S. 3.
756 Philippi-Beck / Rock (1999), S. 421.
757 Jacob (1996), S. 50; Gosfield (2004b), S. 3; Tannenbaum / Sprackler (2001), S. 4.
758 Tannenbaum / Sprackler (2001), S. 4.
759 Wilson (2003), S. 2; Philippi-Beck / Rock (1999), S. 420.
760 Tannenbaum / Sprackler (2001), S. 4.
761 Interview Verkaufsagent VA3.
762 Interview Verkaufsagent VA2.

und als Verkäufer selbst einen Eindruck der Ernsthaftigkeit des Bieters zu bekommen.[763]
Darüber hinaus sollte nach Zulassen eines von den Vorgaben abweichenden Angebots der Bieter dennoch aufgefordert werden, ein konformes Angebot nachzureichen.[764]
Abschließend wurde dem Verkäufer empfohlen, nach Erhalt und Auswertung der Angebote den Preisspiegel an die Unternehmensleitung des Verkäuferunternehmens zu kommunizieren. Damit sollen die Erwartungen mit einer tatsächlichen ersten Markteinschätzung gespiegelt werden.[765]

7.2.4.5 Vergleich der Angebote und Vertrags-Mark-Ups

Nach dem Erhalt der beschriebenen indikativen Angebote muss der Verkäufer die Vergleichbarkeit der Erklärungen und indikativen Kaufpreise sicherstellen. Dies kann er wie angedeutet durch die Nacheinholung eines mit den Vorgaben konformen Angebots tun.[766] Allerdings sollte er auch selbst in der Lage sein, die rechnerische Vergleichbarkeit unterschiedlicher Angebote sicherzustellen.
Dazu bietet sich ein Vergleich der Mietbarwerte des abweichenden Gebots mit einem vorgabenkonformen Vergleichswert an. Der resultierende Saldo wird gemäß der nachfolgend dargestellten Formel mit dem abweichenden Gebotspreis verrechnet. Somit ergibt sich der auf die vorgegebenen Annahmen angepasste Gebotspreis (s. Abbildung 31).

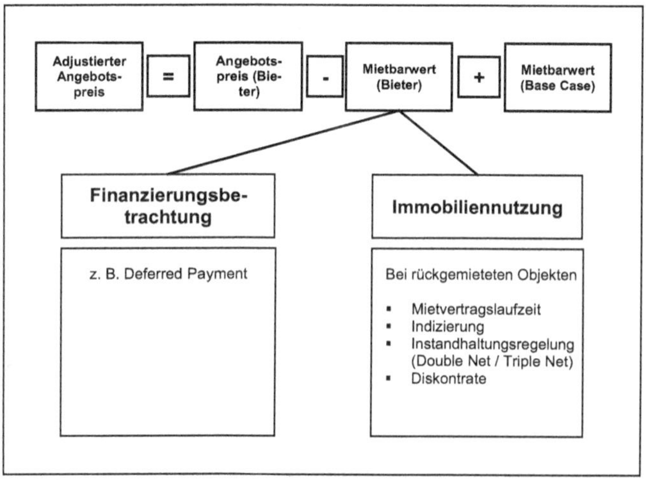

Abbildung 31: Vorgehensweise bei Vergleichsrechnung von Angeboten mit unterschiedlichen preisrelevanten Annahmen[767]

763 Interview Verkäufer V1 sowie Interview Verkaufsagent VA2.
764 Interview Bank B3.
765 Interview Verkaufsagent VA3.
766 Schneiders / Pfirsching, S. 355.
767 Schneiders / Pfirsching, S. 355.

7.2.5 Auswahl der potenziellen Käufer für Due Diligence

7.2.5.1 Anzahl und Anforderungen an Bieter

Liegt ein Preisspiegel der indikativen Angebote vor, so muss der Verkäufer entscheiden welche und wie viele Bieter in die zweite Transaktionsphase einziehen dürfen.

– Anforderungen

Zunächst gilt es das Bieterunternehmen selbst im Hinblick auf die „derzeitige“ Eignung für den Portfoliokauf zu untersuchen. Grundsätzlich wurde die Eignung des Investors bereits in der Marktanalyse und vor der ersten Ansprache analysiert. Dennoch muss sich nun der Verkäufer die Frage stellen, ob der jeweilige Bieter wirklich geeignet ist. Allerdings ist jetzt situativ zu hinterfragen, ob der Investor den Kauf dieses Portfolios mit genügend Nachdruck verfolgen wird. Dagegen spricht in der Regel die Beteiligung an einem anderen Transaktionsverfahren bzw. der kurzfristig zurückliegende Kauf eines Portfolios. Trotz ihrer grundsätzlichen Eignung als Käufer, muss in diesen Fällen mit einer eingeschränkten Anstrengung der Bieter gerechnet werden. Dann ist die Auswahl eines Bieters mit niedrigerem Gebot und geringerer Erfahrung gegebenenfalls vorzuziehen.

Darüber hinaus sind in die Auswahlentscheidung das bisherige Verhalten als Bieter und die im indikativen Angebot dargestellten Anforderungen an den weiteren Transaktionsverlauf zu berücksichtigen.

Unternehmensprofil und Track Record	Einhaltung des Angebotsverfahrens	Bedingungen und Inhalte
▪ Marktposition (AuM, Mitarbeiter etc.) ▪ Anzahl und Volumen von Portfoliokäufen	▪ Bevorzugte Mietanpassung ▪ Aufschlüsselung objektkonkreter Verkaufspreise ▪ Erwerbsvehikel ▪ Art der Finanzierung ▪ Annahme des indikativen Zeitplanes ▪ Konditionen / Genehmigungen des endgültigen Angebots ▪ Anforderungen an Objektinspektion in Phase II ▪ Informationsanforderungen für Phase II ▪ Berater	▪ Mietvertragsdauer ▪ Verlängerungsoptionen ▪ Mietwachstum ▪ Garantien ▪ Dach und Fach ▪ Neben- und Betriebskosten ▪ Renovierungsarbeiten ▪ Untervermietung ▪ Due Diligence ▪ Grunddienstbarkeiten ▪ Management ▪ Drittvermietung ▪ Erwerbsnebenkosten / Gebühren

Abbildung 32: Kriterien für die Bieterauswahl[768]

So ist aus Sicht des Verkäufers zu prüfen, ob die angestrebte Akquisitionsstruktur des Bieters für Verkäufer und Käufer umsetzbar ist. Dies beinhaltet die Ausgestaltung des Erwerbsvehikels, die Finanzierung und die noch ausstehenden internen Genehmigungen des Bieters. Darüber hinaus muss der Verkäufer noch abwägen, ob er mit möglicherweise veränderten preisbeeinflussenden Annahmen des Angebots (Mietanpassung,

[768] Thaler (2004), S. 22.

Mietvertragsdauer und – verlängerungsoptionen sowie Instandhaltungsregelungen) und Garantieforderungen einverstanden ist. Abschließend muss der Verkäufer prüfen, ob es mit einem Bieter realistisch erscheint, in den Endverhandlungen zügig ein für beide Seiten befriedigendes Ergebnis zu erreichen (siehe Abbildung 32).

– Anzahl

Im explorativen Teil dieser Arbeit wurde als Problem der bisherigen Portfoliotransaktionen von Selbstnutzern identifiziert, dass regelmäßig zu viele Bieter in der fortgeschrittenen Verhandlungsphase Berücksichtigung fanden.

Diese Bedenken der Käufer sollte der Verkäufer nun bei der Bestimmung der Anzahl der für die zweite Phase zugelassenen Bieter berücksichtigen. In den explorativen Interviews wurden dazu unterschiedliche Empfehlungen gegeben, die in der folgenden Übersicht dargestellt werden (siehe Tabelle 52).

Teilnehmergruppe	**Empfohlene Anzahl Bieter in zweiter Phase**
Verkäufer	7
	2 bis 3
Verkaufsagenten	Nicht mehr als 5
	2 bis 4
	Maximal 3
Käufer	3
	2 bis 4
	3
Anwälte	Nicht mehr als 3
	3 bis 5
Bank	12

Tabelle 52: Empfehlungen Anzahl Bieter in zweiter Phase (Experteninterviews)[769]

Der Mittelwert der Empfehlungen liegt etwa zwischen 4 und 5 Bietern. Berücksichtigt man den Ausreißer mit einer zweistelligen Anzahl nicht, so liegt der Mittelwert zwischen 3 und 4, wobei bei angegebenen Spannen der höchste Wert berücksichtigt wurde. Daher kann als Mittelwert der Empfehlungen von einer Anzahl von 3 Bietern in der zweiten Transaktionsphase ausgegangen werden. Diese Anzahl berücksichtigt auch Bedenken der Käuferseite, dass bei höherer Anzahl mit einer weiteren Selektionsphase zu rechnen ist, bevor mit Endverhandlungen begonnen werden kann[770]. Wie erwähnt sollte aber ohnehin die Anzahl der Selektionsrunden vorab kommuniziert werden und der Verkäufer sollte sich tunlichst an seine Vorgabe halten, um nicht das Vertrauen der Bieter zu verlieren.

Im Sinne der eingangs zu diesem Kapitel beschriebenen Vorteile des Bieterverfahrens zur Exklusivverhandlung sollte zu diesem Zeitpunkt auf die Gewährung von Exklusivität für einen Bieter verzichtet werden.

[769] Eigene Darstellung.
[770] Interview Käufer K2.

Insbesondere bei größeren Transaktionen können allerdings Bieter darauf drängen, in der zweiten Prüfungsphase Konsortien mit anderen Bietern bilden zu dürfen. Dies sollte der Verkäufer zulassen. Allerdings muss sicher sein, dass der Wettbewerb erhalten bleiben kann.

7.3 Kontaktaufnahme mit Käufergruppe

7.3.1 Versand Information Memorandum (optional)

In der Regel wird in zweistufigen Transaktionen kein Information Memorandum im Vorfeld der Due Diligence Phase verschickt, da Bieter die Prüfung der konkreten Unterlagen im Datenraum vorziehen und alle Beteiligten eine weitere Selektions- bzw. Prüfungsphase aus Zeitgründen vermeiden möchten. Es kann jedoch vorkommen, dass ausführlichere Informationen in Form eines Memorandums aufbereitet werden. Dies erfüllt dann häufig eine Marketing-Funktion, dass bestimmte Eigenschaften / Besonderheiten der Objekte durch den Verkäufer kommentiert werden sollen, um eine höhere Akzeptanz bei den Bietern zu schaffen.[771]

7.3.2 Datenraumeinrichtung

7.3.2.1 Informationsanforderungen der Käufer

Alternativ zu der Bereitstellung aller wesentlichen Informationen zum Verkaufsobjekt durch den Verkäufer im Datenraum ist bei Unternehmenstransaktionen auch die Anforderung der Informationen durch den Käufer in Form einer Due Diligence Liste üblich.[772] Daraus wird abgeleitet, dass sich der Inhalt des Datenraums an den Anforderungen des Käufers in Form einer Checkliste orientieren soll. In der folgenden Darstellung findet sich eine beispielhafte Anforderungsliste für die in dieser Arbeit priorisierte Transaktionsstruktur Asset Deal:[773]

1. Register- und vertragsrechtliche Unterlagen
   a) Allgemein
      - Aktueller Grundbuchauszug (Eintragungsbewilligung für Rechte in Abteilung II mit Plananlagen)
      - Belastungen in Abteilung III (Kreditverträge, Valutastände per Stichtag, Sicherungszweck)
      - Aktueller Auszug aus dem Baulastenverzeichnis
      - Aktueller Katasterauszug
      - Aktuelle Flurkarte
      - Übersicht Wohnungseigentum, Teileigentum (Teilungserklärungen und Teilungspläne, Auszüge der Teileigentums- und Wohnungsgrundbücher)
      - Amtliche Bescheinigungen über geleistete Erschließungskosten
      - Auszug aus der Altlastenverdachtskarte
      - Grundstückskaufverträge / Erbaurechtsverträge
      - Bestehende Verpflichtungen aus ursprünglichen Kaufverträgen, insbesondere Vorkaufsrechte

[771] Interview Verkaufsagent VA4.
[772] Merkt (1995), S. 1043.
[773] Niewerth (2004b), S. 16 bis 19.

b) Verwaltungsunterlagen
   - Management- und Verwalterverträge
   - Dienstleisterverträge / Lieferantenverträge (Wachdienst, private Straßenreinigung etc.)
   - Vereinbarungen mit Nachbarn (Kopien aller Nachbarvereinigungen, Genehmigungen für errichtete oder noch zu errichtende nachbarschaftliche Gebäude, etc.)
   - Kopien sonstiger Verträge mit Dritten
   - Vertragsverhandlungen mit Dritten

c) Mietunterlagen
   - Alle Miet- und / oder Pachtverträge inklusive aller Nachträge, Ergänzungs- oder Nebenvereinbarungen, Untermietverträge, Vergleichsvereinbarungen einschließlich Prozessvergleichen, Kündigungserklärungen, Ausübungen von Optionen etc. mit Angaben zur Aufbewahrung von Originalen und Heftung
   - Kopien aller sonstigen Nutzungsüberlassungsverträge
   - Mietgarantien (Zeitraum, Höhe)
   - Mietpreisspiegel / Mietpreisgutachten
   - Abrechnung der öffentlichen Hand (Straßenreinigung, Müllabfuhr, Abwasser, Strom, Wasser)
   - Nebenkostenabrechnungen / Heizkostenabrechnungen (NK / HK), Aufstellung vergangene Jahre, Aufstellung laufendes Jahr, Aufstellung von nicht umlagefähigen NK / HK
   - Meinungsverschiedenheiten / Prozesse mit Mietern betreffend Gewährleistung, Mietzins, Nebenkosten, Mietminderungen (angekündigte), Zurückbehaltungsrechte von Mietern gegenüber Mietzins
   - Leerstand (aktuell)
   - Liste der Mietrückstände, insbesondere Mietminderungen (angekündigte), Zurückbehaltungsrechte von Mietern gegenüber Mietzins

2. Baurechtliche Unterlagen
   a) Bebauungsplan / städtebaulicher Vertrag
   b) Baugenehmigung mit genehmigten Bauplänen
   c) Unerledigte Auflagen der Baugenehmigung
   d) Architektenpläne, Fachplanerverträge
   e) Gebrauchs- und Schlussabnahmebescheinigungen
   f) Kopie der Grundakte des Bauamtes
   g) Unterlagen des Tiefbauamtes über Gründungsverhältnisse / Grundwasserverhältnisse
   h) Genehmigung der Entwässerung inklusive aller Anlagen
   i) Stellplatznachweisbescheinigung (inklusive Bescheinigung über eventuelle Befreiungen)
   j) Prüfstatikerbescheinigung
   k) Planfeststellungsbeschlüsse
   l) Aufstellung über Ablauf von Gewährleistungsfristen

3. Finanzen (bei Asset Deal teilweise entbehrlich)

a) Historische Finanzzahlen
   - Jahresabschlüsse / Prüfungsberichte
   - Vollständige Angaben zu Finanzierung / Darlehen (Volumen, Zinssätze, Laufzeiten / Tilgungsvereinbarungen, Besicherung, Sicherheitenstruktur, Zinssicherheitenvereinbarungen)

b) Prognostizierte Finanzzahlen
   - Prognostizierte Cash Flows
   - Details zu Bewirtschaftungskosten
   - Umlegbare Kosten
   - Nicht umlegbare Kosten
   - Abschreibungsplan
   - Details zu geplanten Instandhaltungsaufwendungen / - investitionen
   - Operative Kennzahlen Management-, Betreiberimmobilien

4. Technische Unterlagen

a) Bau / Gebäude
   - Baupläne: genehmigte Eingabepläne (Entwurfs- und Ausführungspläne)
   - Gebäudepläne / Grundrisse
   - Bestands- und Revisionspläne (Heizung, Elektro, Lüftung / Klima, Sanitär, Sprinkler, Blitzschutz, Schwachstrom)
   - Detaillierte Bau- und Ausstattungsbeschreibung
   - Baukostenaufstellung: aktuellste Kostenberechnung (inklusive noch zu erwartende Kosten)
   - Mängellisten mit erforderlichen Mängelbeseitigungen
   - Instandhaltungsplan
   - Brandschutzunterlagen
   - Unterlagen zu Haustechnik, Medienversorgung und Logistik
   - Unterlagen zu Aushub und Befestigungen

b) Technische Verträge
   - Handwerkerverträge
   - Übersichtsliste mit Referenzen der Abwicklungsfirmen
   - Verträge mit Energie- und sonstigen Medienlieferanten
   - Wartungsverträge

c) Sonstiges
   - Technisches Abnahmeprotokoll / - bescheinigungen
   - Gewährleistungsbürgschaften / Ausführungsbürgschaften / Sicherheitseinbehalte
   - Prüfzeugnisse TÜV etc. (Haustechnik, Öltank, Tiefgarage)
   - Aufzugsunterlagen samt Prüfbuch

5. Sonstige Unterlagen

a) Fremdgutachten
   - Standortanalysen
   - Kaufkraftuntersuchungen
   - Umweltverträglichkeitsgutachten (Wind / Lärm / Schatten)
   - Unterlagen bzw. Korrespondenz zu behördlichen Untersuchungs-, Sicherungs- und / oder Sanierungsanordnungen in Bezug auf Boden, Bodenluft und / oder Grundwasser
   - Baugrundgutachten
   - Altlastengutachten (Boden / Gebäude)
   - Unterlagen bzw. Schriftverkehr mit den zuständigen Behörden oder privaten Dritten wegen Unklarheiten bei der Einhaltung öffentlich-rechtlicher Verträge, Beschwerden, Störfällen oder angeblichen Verstößen in Bezug auf die Trinkwasserverordnung, die Vorgaben zur (Ab-) Wasserbehandlung, den Umgang mit Oberflächenwasser oder sonstige Aspekte der Wassernutzung
   - Wertermittlungsgutachten
   - Sonstige Fremdgutachten (ggf. bei Bedarf)

b) Versicherungsunterlagen

c) Immobilienmanagement
   - Informationen zur Organisation des Immobilienmanagements
   - Dienstleistungen im Rahmen des Immobilienmanagements
   - Kostenaufstellung

d) Vermietungs- und Vermarktungskonzept

(Darstellung nach Niewerth (2004b), S. 16 bis 19)

7.3.2.2 Weitergabe Vendor Due Diligence-Berichte

Nachdem der Verkäufer – wie in der vorliegenden Arbeit vorgeschlagen – selbst eine Due Diligence Prüfung angestellt hat, stellt sich die Frage, ob möglicherweise daraus vorhandene Prüfungsberichte den Käufern im Datenraum zur Verfügung gestellt werden sollen. Die Meinung in den Experteninterviews dazu war geteilt. Auf Verkäufer- und Verkaufsagentenseite fanden sich sowohl Stimmen für und gegen die Weitergabe der Berichte. Einerseits wurde diesen kein Mehrwert beigemessen, da der Käufer immer auch die Aussage eigener Experten einholen wird, die gegebenenfalls andererer Meinungen sind als die Verfasser des Berichts.[774] Andererseits wurde dies praktiziert und wird für objektiv beurteilbare Sachverhalte (bautechnische und rechtliche Gutachten) als üblich angesehen.[775] Ein Sonderthema bilden zudem vorliegende Wertgutachten. Einige Verkäufer und Verkaufsagenten praktizierten konsequent deren Offenle-

[774] Interview Verkaufsagent VA2.
[775] Interview Verkaufsagent VA4.

gung[776]. Wohingegen andere bewusst darauf verzichteten, um höheren Geboten nicht entgegenzuwirken.[777]

Dagegen wird auf Käuferseite die Offenlegung der Vendor Due Diligence Berichte überwiegend begrüßt. Einerseits sind Berichte zu objektiv beurteilbaren Sachverhalten weiterverwendbar und reduzieren die Prüfungskosten.[778] Andererseits ist die Weitergabe der Berichte ein Beweis für die Gründlichkeit der Vendor Due Diligence des Verkäufers und dient den Käufern als Indiz, dass der Verkäufer mit hohem Einsatz den Verkauf verfolgt.[779]

Unterschieden werden müssen aber Berichte, die im Sinne einer echten Vendor Due Diligence von einem unabhängigen Experten für die Weitergabe an den Käufer erstellt wurden oder nur für interne Zwecke des Verkäufers. Bei letzteren muss der Verkäufer im Kaufvertrag eine Garantie für die Angaben der Berichte geben,[780] wohingegen bei „echten“ Reports und entsprechender Ausgestaltung die Gewährleistung des Erstellers auf den Käufer übertragen werden kann.[781]

In einem der wenigen Artikel zum Thema steht Weiss (2004) der Weitergabe eines Verkäufer Legal Due Diligence Berichts auch skeptisch gegenüber. Er stellt folgende Thesen auf:[782]

- Weitergabe beschleunigt Transaktionsprozess nur dann, wenn im Bericht keine Mängel nachgewiesen werden konnten und gleichzeitig das Fehlen jeglicher Informationslücken gezeigt werden konnte. Dies ist in der Regel aber nicht möglich.
- Ist der Bericht umfangreich und Mängel werden darin dokumentiert, so wird der Käufer sogar mehr Zeit aufwenden müssen für die Prüfung des Berichts durch seine Anwälte.
- Forderungen des Käufers nach Garantien für im Bericht dokumentierte Mängel wird der Verkäufer nicht abwehren können.
- Stil und Ausgestaltung eines Due Diligence Berichts rückt in der Regel Verkaufsobjekt in kein gutes Licht, da sich nur auf Mängel konzentriert wird.
- Die Anforderungen an die Inhalte einer Due Diligence sind von Käufer zu Käufer verschieden und lassen sich regelmäßig nicht gleichzeitig in einem einheitlichen Bericht befriedigen.
- Daher wird ein Verkäuferbericht nicht für die Prüfungsbedarfe der Käufer ausreichen.
- Durch den Verkäuferbericht werden Due Diligence Probleme in der Verhandlung überbetont, die ohne Verkäuferzutun keine Berücksichtigung in Garantien finden würden.

---

776 Interview Verkaufsagent VA4.

777 Interview Verkaufsagent VA3.

778 Siehe Interview Käufer K3: Bei Vorhandensein müssen Käuferanwälte nur noch Legal Abstracts prüfen sowie Interview Käufer K4: Berichte werden von eigenen Experten nur noch verifiziert, allerdings muss Möglichkeit der Rücksprache mit Erstellern gegeben sein.

779 Interview Käufer K1 sowie Interview Käufer K3 und Interview Käufer K5.

780 Interview Anwalt A1.

781 Siehe auch Weiss (2004), S. 166: Ersteller werden aber in so genannten Reliance Letters ihre Haftung gegenüber Dritten (Käufern) begrenzen wollen.

782 Weiss (2004), S. 164f.

7.3.2.3 Virtueller Datenraum – Vor- und Nachteile

Vermehrt stellt der Verkäufer die Inhalte des Datenraums elektronisch, d. h. über das Internet oder auf CD zur Verfügung. Als Empfehlung für den Verkäufer sollen nachfolgend mögliche Ausgestaltungen sowie Vor- und Nachteile des virtuellen Datenraums zur Verfügung gestellt werden.

– Ausgestaltung
▪ Form der Darstellung

Die Darstellung der Informationen und Dokumente kann in unterschiedlicher Form erfolgen. Einerseits können Dokumente nur gelesen, nicht aber gespeichert oder gedruckt werden. Andererseits kann das Ausdrucken aber ermöglicht werden, gegebenenfalls nur an bestimmten Computern oder mit Wasserzeichen.[783]

▪ Zugriffsbeschränkungen

Zum Zugriff auf den virtuellen Datenraum bekommen die Mitarbeiter des Bieters separate Passwörter. Diese können vom Verkäufer so zentral gesteuert werden, dass der Zugriff auf bestimmte Dokumente ausgeschlossen wird bzw. erst nach und nach ermöglicht wird. Darüber hinaus kann der Zugriff jederzeit entzogen werden.

▪ Zugriffskontrolle

In einem virtuellen Datenraum hat der Verkäufer die Möglichkeit, alle Zugriffe dokument- und nutzerkonkret nachzuhalten. Damit kann er das Vorgehen der Bieter bei der Due Diligence genau beobachten.

▪ Beantwortung von Fragen

Weiterhin können die Fragen der Bieter im Laufe der Due Diligence im virtuellen Datenraum einfach per Email an den Verkäufer geleitet werden. Die Beantwortung erfolgt ebenfalls auf diesem Wege und enthält in der Regel einen Verweis auf den Speicherort des behandelten Dokuments im Datenraum.[784]

▪ Bedienungsanleitung

Die Nutzung des virtuellen Datenraums bedarf in der Regel keiner gesonderten Schulung. Die Bedienungsoberfläche orientiert sich an herkömmlichen Oberflächen von Anwendungssoftware. Die Bedienungsanleitung selbst umfasst regelmäßig weniger als eine Seite.[785]

– Vor- und Nachteile
▪ Vorteile

Zunächst bietet der gemeinsame, dezentrale Zugang Vorteile für Verkäufer und Bieter. Der Verkäufer muss nicht mehrere physische Datenräume einrichten, was Kosten für Kopien und ähnliches sowie Zeit spart.[786] Die Bieter können gleichzeitig prüfen und zudem sparen sie Reisekosten für Berater und Mitarbeiter, die nicht mehr an den Ort

[783] Jelles (2005), S. 14 sowie Blassberg / Berick (2005), S. 10.
[784] Jelles (2005), S. 16.
[785] Jelles (2005), S. 16.
[786] Blassberg / Berick (2005), S. 10: Die Einrichtungskosten für einen virtuellen Datenraum werden auf $ 15.000 bis $ 30.000 geschätzt.

des physischen Datenraums anreisen müssen. Gleichzeitig kann die Prüfung rund um die Uhr erfolgen und ist nicht an Öffnungszeiten des Datenraums gebunden. Ist auch das Drucken von Dokumenten erlaubt, so kann die Prüfung auch detaillierter und tiefer erfolgen, wenn keine Zeit für die Erstellung von Notizen oder Aufzeichnungen notwendig ist.[787]

Ist die Anzahl der Bieter und der Umfang der Unterlagen jedoch gering (zwei oder weniger), so wird sich ein virtueller Datenraum nicht lohnen.[788]

Abschließend ist die Funktionalität eines virtuellen Datenraums weit besser als die eines Papier-Datenraums. Elektronische Datenräume verfügen in der Regel über umfangreiche Suchfunktionen, die das Durchsuchen der Dokumente einschließlich der Inhalte ermöglichen. Dadurch wird das Auffinden von Unterlagen extrem erleichtert.[789]

- Nachteile

Obgleich die Bereitsteller von virtuellen Datenräumen umfangreiche Sicherheitsmaßnahmen wie Passwörter, Firewalls und Verschlüsselung eingeführt haben, besteht immer noch die Gefahr, dass unberechtigte Nutzer in den Datenraum eindringen und vertrauliche Informationen einsehen. Dies kann in der Regel in physischen Datenräumen ausgeschlossen werden.[790]

Darüber hinaus kann die Nutzung eines virtuellen Datenraums die Due Diligence Prüfung erschweren.

Einerseits kann durch die Einschränkung der Druckfunktion die Prüfung erschwert werden. Insbesondere Anwälte bevorzugen die Prüfung von Papierverträgen, um verschiedene Paragrafen auf verschiedenen Seiten vergleichen zu können.[791] Andererseits kann das Lesen der Dokumente durch die fortlaufende Notwendigkeit der Passworteingabe erschwert werden. Weiterhin fehlt erfahrenen Experten der Anblick der schieren Größe und Ausmaßes des Papier-Datenraums, um abschätzen zu können, wie aufwendig und langwierig die Prüfung sein wird. Abschließend empfinden Bieter als Nachteil, dass der Verkäufer Überblick über die Zugriffsintensität sowie darüber über Ausmaß und Schwerpunkte der Prüfung erhält. Diese Information kann er nutzen, um das unterschiedliche Interesse der Bieter am Portfolio einzuschätzen[792].

7.3.3 Begleitung der Käufer-Due Diligence

7.3.3.1 Funktionen der Käufer-Due Diligence

Die Durchführung der detaillierten Prüfung des Verkaufsobjekts durch den Käufer im Rahmen seiner Due Diligence ist zu einem unverzichtbaren Bestandteil des Transaktionsprozesses geworden, da ihr in diesem Rahmen wichtige Funktionen zukommen.

Entgegen dem US-amerikanischen Recht übernimmt in Deutschland grundsätzlich der Verkäufer die Gewährleistung für das Risiko der Mangelhaftigkeit des Verkaufsob-

787 Blassberg / Berick (2005), S. 11.
788 Blassberg / Berick (2005), S. 11 sowie Jelles (2005), S. 16.
789 Blassberg / Berick (2005), S. 11.
790 Blassberg / Berick (2005), S. 11.
791 Interview Anwalt A2.
792 Blassberg / Berick (2005), S. 12.

jekts. Darüber hinaus unterliegt der Verkäufer im Sinne des culpa in contrahendo vorvertraglichen Aufklärungspflichten gegenüber dem Käufer.[793]
Allerdings ist die konkrete Ausgestaltung von Garantieleistungen nicht gesetzlich geregelt, so dass dies Sache der vertraglichen Vereinbarung von Verkäufer und Käufer ist.[794]

– Funktion im Rahmen der Gewährleistung
Trotz dieser Verpflichtungen kann die Due Diligence dem Verkäufer zur Reduzierung seiner Gewährleistung in Form von Garantien dienen. Denn je umfangreicher der Käufer in der Due Diligence prüfen kann, umso geringer werden seine Anforderungen an den Garantiekatalog ausfallen. Auch der Käufer wird eine umfangreiche Prüfung der vollständigen Absicherung über Garantien vorziehen, da eine Reduzierung des Kaufpreises einfacher zu erreichen ist als das nachträgliche Durchsetzen von Garantiezahlungen.[795]
Darüber hinaus ist zunächst eine Due Diligence erforderlich, um überhaupt die Garantien des Verkäufers aufstellen zu können.[796] Der Bedarf an Garantien wird erst durch die genaue Prüfung bekannt. So können Garantien auch zur Ergänzung von Befunden aus der Prüfung dienen, indem der Verkäufer das Ausbleiben weiterer identischer Befunde garantiert.[797]

– Funktion im Rahmen der Risikoermittlung
In diesem Sinne dient die Due Diligence dem Käufer auch zur Identifikation besonderer Risiken, die mit dem Erwerb verbunden sind.[798]

– Funktion im Rahmen der Bewertung
Diese Risiken und alle relevanten Informationen und Daten zu den Verkaufsobjekten fließen dann in die Wertermittlung und Preisfindung des Käufers ein.[799]

– Beweissicherungsfunktion
Durch die Dokumentation der Inhalte des Datenraums (Ist-Zustand des Verkaufsobjekts) und der Fragen des Käufers und Antworten des Verkäufers erfüllt die Due Diligence auch eine Beweissicherungsfunktion. Auf Basis der Dokumentation kann später in Gewährleistungsfragen die Entscheidung erfolgen, ob der Käufer vor Vertragsschluss einen Mangel kannte oder kennen musste.[800]

7.3.3.2 Aufgaben des Verkäufers

Die wesentlichste Aufgabe des Verkäufers bei der Begleitung der Due Diligence liegt in der Gewährung eines ausreichenden Prüfungszeitraums. Im explorativen Teil dieser Arbeit wurde darauf hingewiesen, dass Käufer die immer kürzer werdenden Due Dili-

[793] Tigges (2005), S. 95.
[794] Merkt (1995), S. 1043.
[795] Tigges (2005), S. 97.
[796] Fleischer / Körber (2001), S. 842.
[797] Tigges (2005), S. 97.
[798] Fleischer / Körber (2001), S. 842.
[799] Fleischer / Körber (2001), S. 842 sowie Tigges (2005), S. 97.
[800] Tigges (2005), S. 97.

gence Phasen beklagen. Eine geeignete Prüfungsdauer beträgt jedoch mindestens vier bis zu sechs Wochen.[801] Ein Interviewpartner sah sogar einen positiven Zusammenhang zwischen der Länge der Prüfungsdauer und der Höhe des Gebotspreises.[802]
Um eine parallele und zeitnahe Prüfung mehrerer Parteien zu ermöglichen, bedarf es mehrerer Datenräume oder alternativ einem elektronischen Datenraum.[803]
Bevor Vertreter der Interessentenparteien in den Datenraum zugelassen werden, sind persönliche Vertraulichkeitserklärungen mit allen Mitarbeitern (auch Berater) abzuschließen.[804] Mit Eintritt in den Datenraum sollte eine Einweisung für die Vertreter des Käufers erfolgen, ergänzt um eine Präsentation des Verkäufers zur Erläuterung von Aufbau und Inhalt des Datenraums.[805] Gleichzeitig sollte für jede Interessentenpartei ein zentraler Ansprechpartner auf Verkäuferseite zur Beantwortung von Fragen benannt werden.[806] Die Möglichkeit Fragen zu stellen sollte den Käufern gewährt werden. Diese sind idealerweise abends einzureichen und über Nacht durch den Verkäufer zu beantworten, um keine Verzögerung zu verursachen.[807] Bei Nutzung eines elektronischen Datenraums kann dies in einem separaten Online-Forum erfolgen. Grundsätzlich stellt sich die Frage der öffentlichen Beantwortung von Fragen: bei mehreren Bietern, sollen Fragen nur gegenüber dem Fragesteller oder für alle beantwortet werden? Ein Verkaufsagent empfahl die öffentliche Beantwortung nur für preisrelevante und rechtlich verpflichtende Fragen (z. B. nicht erfüllte Brandschutzauflagen) zu verfolgen.[808]
Sollten der Verkäufer während der Due Diligence selbst auf neue Informationen stoßen, so hat er die Möglichkeit, diese nachzuliefern. Bei einem physischen Datenraum erfolgt dies in Form von Nachtragsordnern.[809]
Weiterhin sollte der Verkäufer bei der Käufer Due Diligence darauf drängen, dass der Bieter bereits seine finanzierende Bank einbindet und dieser auch Möglichkeiten zur Prüfung gibt. Auf diesem Weg soll die rechtzeitige Bereitstellung der Finanzierung vor der Vertragsunterzeichnung sichergestellt werden.[810] In der explorativen Befragung war die häufig zu spät angefragte Finanzierung des Käufers als Problem identifiziert worden.
Abschließend ist noch zu bemerken, dass grundsätzlich die Möglichkeit besteht, den endgültigen Käufer bei Vertragsunterzeichnung noch einmal den Zutritt zum Datenraum zu gewähren (Confirmatory Due Diligence). Dies ist insbesondere bei virtuellen Datenräumen sinnvoll, da damit der Abgleich der elektronischen Dokumente mit den Originalen dem Käufer überlassen werden kann.[811] Grundsätzlich stellt die zweite Phase der Due Diligence jedoch sicher, dass der Käufer den Vertrag auf Basis der aktuellsten Daten und Dokumente verhandeln kann.[812]

---

801 Schneiders / Pfirsching (2005), S. 354 sowie Interview Bank B3.
802 Interview Bank B3
803 Interview Verkaufsagent VA3 sowie Interview Verkaufsagent VA4.
804 Blassberg / Berick (2005), S. 10.
805 Interview Verkaufsagent VA2.
806 Interview Käufer K3.
807 Interview Verkaufsagent VA2.
808 Interview Verkaufsagent VA3.
809 Interview Verkaufsagent VA3.
810 Interview Käufer K5.
811 Interview Käufer K3.
812 Niewerth (2004b), S. 24.

7.3.4 Objektbesichtigungen

Im Rahmen der Due Diligence führen die Käufer regelmäßig vor Ort Besichtigungen der Verkaufsobjekte durch. Käufer möchten dabei bei gewerblichen Transaktionen regelmäßig alle Objekte besichtigen,[813] gegebenenfalls auch zweimal.[814] In der explorativen Befragung wurde herausgearbeitet, dass Objektbesichtigungen ohne Begleitung durch Projektmitglieder des Verkäufers und mit ungeschultem Personal als Problem aus Käufersicht empfunden werden.

Grundsätzlich wird es sich nicht vermeiden lassen, dass ein Objektmanager oder Hausmeister die Besichtigung begleitet, da er über die detaillierteste Objektkenntnis verfügt. Diese Begleiter sollten aber vorab anhand von simulierten Besichtigungen geschult werden. Die Besichtigungen selbst sind aber immer auch von einem Mitarbeiter des Verkäufers oder des Verkaufsagenten zu begleiten.[815] Dieser sollte Fragen zum Objekt an den Hausmeister unterbinden, da jener keine objektive Aussage treffen kann. Auch sollten die Nutzer der Objekte auf die Besichtigung vorbereitet werden, um keine Gerüchte hinsichtlich eines möglichen (Teil-)Unternehmensverkaufs aufkommen zu lassen.[816] Sinnvoll ist aber die Bereitstellung von Instandhaltungstechnikern und – ingenieuren des Verkäufers / seines Betreibers, um Fachfragen zu beantworten.[817]

Die Besichtigungen selbst sollten getrennt für die einzelnen Bietergruppen durchgeführt werden, finanzierende Banken können gemeinsam geführt werden.[818]

7.3.5 Empfang und Auswertung der verbindlichen Gebote

Nach Abschluss der Due Diligence Phase müssen die Investoren verbindliche Gebotspreise einreichen. Gleichzeitig einzureichen ist erneut eine Überarbeitung des Kaufvertragsentwurfs (Mark-Up) gemäß den Anforderungen des Bieters. Darin sind alle Nebenbedingungen und Garantieforderungen an den Verkäufer abzubilden.[819]

Nun stellt der Verkäufer einen Vergleich der Gebote an. Dabei nutzt er die gleiche Methodik wie bereits im Zusammenhang mit der Auswertung der indikativen Angebote empfohlen. Sollte ein von den wesentlichen kaufpreisbestimmenden Vorgaben des Verkäufers abweichendes Angebot abgegeben werden, so ist wiederum ein zweites Angebot auf Basis der Vorgaben einzufordern.[820]

Bei einer sehr geringen Anzahl von Bietern (zwei bis drei) muss der Verkäufer auch darauf achten, dass sich die Bieter nicht zu einem Joint Venture zusammengeschlossen und abgestimmte, niedrige Preise abgegeben haben. Wie bereits ausgeführt, ist bei sehr großen Transaktionsvolumina die Bildung von Konsortien meistens unumgänglich, dennoch muss aber eine Wettbewerbssituation gegeben sein. Sollte dies ohne Zustimmung des Veräußerers nicht mehr der Fall sein, so sind die betroffenen Bieter durch Ausschluss vom Verfahren zu bestrafen.[821]

---

[813] Interview Bank B3.
[814] Interview Käufer K4.
[815] Interview Verkäufer V1 sowie Interview Verkaufsagent VA4.
[816] Interview Verkaufsagent VA3.
[817] Interview Verkaufsagent VA4.
[818] Interview Verkaufsagent VA3 sowie Käufer K5.
[819] Interview Verkaufsagent VA2 sowie Interview Anwalt A2.
[820] Interview Verkaufsagent VA3.
[821] Interview Verkaufsagent VA3.

7.3.6 Auswahl eines potenziellen Käufers für Exklusivität (optional)

In den Experteninterviews wurde überwiegend die Meinung vertreten, grundsätzlich mit allen verbliebenen Bietern in die Endverhandlung zu treten.[822] Dies schließt die Notwendigkeit einer parallelen Verhandlungsführung ein.

Wenn aber Exklusivität gewährt wurde, dann sollte die Phase lediglich zwei bis drei Wochen betragen.[823] Der exklusive Bieter sollte dabei einen verbindlichen Gebotspreis für diese Dauer garantieren.[824] Unterschiedliche Aussagen wurden getroffen, ob die anderen verbliebenen informiert werden sollen[825] oder nicht.[826]

7.4 Verkaufsverhandlung / - abschluss

7.4.1 Vertragsverhandlungen

7.4.1.1 Einführung

Zunächst gilt es das Verhandlungsteam des Verkäufers zu bilden. Dort sind neben zwei bis drei Vertretern des Verkäuferunternehmens auch die externen Rechtsberater zu berücksichtigen. Idealerweise ist von Verkäuferseite der Projektverantwortliche Teammitglied, der auch von Käuferseite als Führungsfigur wahrgenommen wird sowie ein Mitarbeiter mit Objektkenntnis sowie ein interner Anwalt, der die rechtlichen Gesamtzusammenhänge des Verkäuferunternehmens kennt. Im Verkäuferteam sind die Rollen und Aufgaben eindeutig zu definieren.[827]

Zunächst sollten die Verhandlungen mit allen verbliebenen Bietern gleichzeitig beginnen, bevor erneut die Möglichkeit besteht, mit einem Bieter exklusiv zu verhandeln[828]

In den Verhandlungen selbst sollte zunächst Einigung über die Kernpunkte erreicht werden. Dies geschieht vorzugsweise nicht in der Diskussion der Vertragstexte, sondern von so genannten Term Sheets, die nur die Kernpunkte der Einigung beinhalten.[829] Deren Übersetzung in Vertragstexte sollte dann unter den Anwälten beider Seiten verhandelt werden.[830] Bei Verhandlungen mit angelsächsischen Investoren bietet sich zudem die Verhandlung in englischer Sprache an, in der auch die Vertragswerke verfasst werden sollten.[831]

Die Inhalte des Kaufvertrags selbst wurden bereits in den Empfehlungen zum Versand einer Kurzzusammenfassung der Verkaufsobjekte behandelt. Nachfolgend soll nun auf den wichtigsten Diskussionspunkt der Verhandlungen eingegangen werden – die Verhandlung der Gewährleistung des Verkäufers durch Garantien. Sie bilden den Hauptteil des Vertrages.[832]

---

822 Interview Verkaufsagent VA1 sowie Interview Verkaufsagent VA2.

823 Interview Verkäufer V1 sowie Verkaufsagent VA3.

824 Interview Verkaufsagent VA3.

825 Interview Verkaufsagent VA3.

826 Interview Verkäufer V1.

827 Interview Verkaufsagent VA2, siehe auch Rock (2003), S. 372: Aufteilung Good / Bad Guy im Hinblick auf die Härte der Vertretung der Verhandlungspositionen.

828 Interview Verkaufsagent VA3.

829 Interview Bank B1.

830 Interview Verkaufsagent VA2 sowie Interview Anwalt A1.

831 Interview Anwalt A2.

832 Jansen (2000), S. 210.

7.4.1.2 Verhandlungsführung

Zunächst sollen aber ausgewählte Grundregeln der Verhandlungsführung beleuchtet werden.

– Klare Zielvorstellung

Einerseits sollte sich der Verkäufer immer im Klaren darüber sein, was er mit dem Verkauf erreichen möchte.[833] Andererseits sollte vorab festgelegt werden, ob das Portfolio nur als ganzes verkauft werden kann oder ob bestimmte Objekte, die der Käufer nicht übernehmen möchte, beim Verkäufer verbleiben können bzw. welche Mindestanzahl von Objekten verkauft / welcher Mindesterlös erreicht werden soll.

– Gute Vorbereitung

Erst nachdem alle relevanten Fakten bekannt sind, sollten die Verhandlungen beginnen.[834] Darüber hinaus sollte der Verkäufer die eigenen und die Interessen des Käufers analysieren. Dies schließt auch die Herausarbeitung der besten Alternative auf Verkäufer- und Käuferseite ein, also von weiteren akzeptablen Verhandlungsausgängen neben dem idealen Ergebnis.[835]

– Qualifizierter Verhandlungsführer

Der verkäuferseitige Verhandlungsführer sollte in höchstem Maße mit dem Verkaufsobjekt vertraut sein.[836] Die Personen des Verhandlungsteams sollten immer die gleichen bleiben. Auch der vorübergehende Austausch von Personen kann zu einem Verhandlungsnachteil führen. Insbesondere externe Rechtsberater sollten sich auf ihre Rolle als Interessensvertreter reduzieren. Vom Verkäufer akzeptierte Verhandlungszwischenergebnisse sind als solche hinzunehmen und zu akzeptieren.[837]

– Ausreichender Verhandlungsspielraum

Der Verhandlungsführer des Verkäufers sollte aus dem Verkäuferunternehmen die nötige Rückendeckung und Kompetenzausstattung haben, um offensiv und verbindlich verhandeln zu können.[838] Darüber hinaus müssen sich beide Parteien bewusst sein, dass ihre Verhandlungspositionen nur Arbeitshypothesen sein können. Diese können sich im Laufe der Verhandlung verändern.[839]

– Vertrag als Agenda

Der Ablauf der Verhandlung sollte sich an den Inhalten und Abschnitten des Vertragstexts orientieren. Mögliche Streitpunkte (Deal Breaker) sollten aber vorab geklärt werden.[840]

---

833 Wirtz (2003), S. 457.
834 Wirtz (2003), S. 457.
835 Rock (2003), S. 372.
836 Wirtz (2003), S. 457.
837 Rock (2003), S. 372.
838 Wirtz (2003), S. 457.
839 Rock (2003), S. 372.
840 Rock (2003), S. 372.

7.4.1.3 Gewährleistung und Garantien

– Definition

Die Gewährleistung des Verkäufers für die kaufpreisbestimmenden Faktoren des Verkaufsobjekts wird in der Regel durch Beschaffenheitsvereinbarungen und Garantien (Representations and Warranties) gesichert.[841] Dabei handelt es sich um vertragliche Regelungen, die, sofern sich keine ausdrückliche Regelung im Vertrag findet, nach drei Jahren verjähren.[842]

Neben dem Inhalt der Garantien, ist auch die Höhe der Entschädigung (Mindest- und Höchstbetrag) wesentlicher Inhalt der Verhandlungen. Beide Themen sollen nun detailliert werden.

– Typische Garantien für Grundstückskaufvertrag

Die Garantieforderungen des Käufers ergeben sich individuell aus den in der Due Diligence identifizierten Mängeln und seinen eigenen Anforderungen. Dennoch soll nachfolgend ein Überblick über typische Beschaffenheitsvereinbarungen und Garantien in Grundstückskaufverträgen gegeben werden:[843]

- Der Verkäufer ist Eigentümer der Verkaufsobjekte.
- Die Grundstücke sind lastenfrei oder werden lastenfrei; alternativ: die Grundpfandrechte sichern nur Verbindlichkeiten des Verkaufsobjekts und keine Verbindlichkeiten Dritter ab.
- Die Grundstücke stehen im ungestörten Besitz des Verkäufers.
- Die Grundstücke sind frei von schädlichen Bodenveränderungen.
- Der Verkäufer hat den Erwerb der Grundstücke ohne Fremdmittel finanziert.
- Erschließungsbeiträge und sonstige Beiträge und Abgaben nach dem jeweiligen Kommunalabgabengesetz des Landes und nach den entsprechenden Gemeindesatzungen sowie Kostenerstattungsansprüche für Maßnahmen, die bis zum Übertragungsstichtag durchgeführt werden, sind voll bezahlt und können nicht nacherhoben werden.
- Die Grundstücke sind frei von Baulasten, im Grundbuch nicht eingetragenen Dienstbarkeiten und nachbarrechtlichen Beschränkungen; der Verkäufer hat keine Erklärungen zur Eintragung in das Baulastenverzeichnis abgegeben.
- Die Verkaufsobjekte sind entsprechend den Bestimmungen der (bestandskräftigen) Baugenehmigung einschließlich sämtlicher Nebenbestimmungen errichtet worden; baurechtliche Nutzungsgenehmigungen für die auf den Grundstücken verfolgten Nutzungszwecke liegen vor.
- Die auf den Grundstücken errichteten Gebäude sind gegenüber den ausführenden Bauhandwerkern vollumfänglich abgenommen worden; in den Abnahmeprotokollen aufgeführte Mängel und Restarbeiten sind erledigt; die Schlussrechnungen sämtlicher Planer und Bauhandwerker liegen vor und sind vollständig ausgeglichen; sämtliche in den Verträgen mit Bauhandwerkern vereinbarten Mängelhaftungssicherheiten liegen vor.

---

[841] Liefekett (2005), S. 2398.

[842] Liefekett (2005), S. 2398.

[843] In Anlehnung an Bomhard / Dettmeier / Fischer (2003), S.16.

- Die abgeschlossenen Mietverträge sind dem Käufer vollständig vorgelegt worden und enthalten abschließend sämtliche Vereinbarungen mit den Mietern; Vorauszahlungen der Mieter auf zukünftig fällig werdende Mieten sind nicht geleistet worden; sämtliche in den Mietverträgen vereinbarten Mietsicherheiten liegen vor und sind nicht in Anspruch genommen worden; die Mieter haben bisher alle Mietzahlungen innerhalb der vereinbarten Fälligkeitsziele geleistet und nicht die Geltendmachung von Zurückbehaltungsrechten, Minderungen oder Aufrechnungen angekündigt; eine Kündigung des Mietvertragsverhältnisses ist von keiner Vertragspartei erklärt worden. Die Nebenkostenabrechnungen für das vorangegangene Geschäftsjahr sind erstellt, die fälligen Nachzahlungen in einer bestimmten Höhe sind geleistet.
- Die vom Verkäufer abgeschlossenen Mietverträge begründen eine Laufzeit bis zu einem bestimmten Datum und sind auch nicht vorher ordentlich kündbar.
- Auf den Grundstücken befindet sich kein Kulturdenkmal, und es ist auch nicht zu vermuten, dass sich Kulturdenkmäler auf oder in den Grundstücken befinden, dass die vorgenannten Grundstücke Umgebung eines Kulturdenkmals sind und die Grundstücke – auch nicht teilweise – zu einem Denkmalschutzgebiet, zu einem Grabungsschutzgebiet oder zu einem archäologischen Reservat gehören.
- Für die Grundstücke X und Y wurden in den letzten Jahren folgende Mieterträge (Nettomieten ohne Mehrwertsteuer und ohne jegliche Nebenkosten und Betriebskosten) tatsächlich und rechtlich zulässig erzielt, und die vermietbare Fläche beträgt x m^2.
- Für die aufstehenden Baulichkeiten besteht eine Feuerversicherung gemäß den üblichen Bedingungen für die Feuerversicherung, die Gebäude sind zum Neuwert versichert, ein bestimmter Haftungsumfang ist vereinbart, und zum Übergangsstichtag sind die fälligen Prämien in voller Höhe bezahlt.
- Die Gesellschaft ist Eigentümer der auf dem Grundstück befindlichen Gebäude und des in den Gebäuden befindlichen Zubehörs; Scheinbestandteile bestehen nicht.
- Die Verkaufsobjekte sind ausschließlich an Mieter vermietet, die die vermieteten Räume nur zur Erreichung von umsatzsteuerpflichtigen Umsätzen nutzen.

Der Verkäufer kann aber bestimmte Garantien verweigern, sofern er mit Dokumenten im Datenraum die Sachverhalte bereits nachweisen konnte.[844]

– Mindestbetrag (Bagatell-Klauseln, Floor)

Um sich nicht mit jeder kaufpreisrelevanten Beanstandung des Käufers auseinandersetzen zu müssen, wird der Verkäufer versuchen, im Kaufvertrag eine Bagatell-Klausel vorzusehen.[845] Diese Klausel beschreibt, dass der Käufer die Ansprüche nur geltend machen kann, wenn sie eine im Vertrag festgelegte Summe überschreiten.
Dieser Betrag kann als Freigrenze definiert werden. Das heißt, Ansprüche können erst gestellt werden, wenn sie einen bestimmten Sockelbetrag übersteigen, dann allerdings

[844] Interview Anwalt A2 sowie Asmar / Herbst (1999), S. 1: hier werden „AS IS“ und „Full Representation Transactions“ unterschieden. In „AS IS“-Transaktionen können alle Sachverhalte nachgewiesen werden.

[845] Hilgard (2004), S. 1233: alternative Bezeichnungen: De-minimis-Klausel, Basket-Klausel, Floor-Klausel.

in voller Höhe.[846] Alternativ ist die Definition eines Freibetrags denkbar. Dann können nur Ansprüche geltend gemacht werden, die die Mindestgrenze übersteigen.[847]

– Höchstbetrag (Cap)

Darüber hinaus möchte der Verkäufer nicht in unbegrenzter Höhe haften. Dazu werden regelmäßig Höchstbeträge in Bezug auf die Gewährleistungsansprüche aus den Garantien definiert.[848]

Der Cap kann sich entweder auf einen bestimmten Sachverhalt, bestimmte Ansprüche oder auf jegliche Ansprüche beziehen. Der Höchstbetrag kann als absoluter Wert oder als Prozentsatz des Kaufpreises definiert werden.[849]

7.4.1.4 Vertragsunterzeichnung (Signing)

Nachdem Einigung über die Vertragsinhalte erreicht wurde, gilt es den Vertragstext zusammenzustellen und zu unterzeichnen. Dabei stellt sich regelmäßig die Frage, wie der Vertrag gestaltet werden kann, so dass, bei Unmöglichkeit des Verkaufs eines Objektes, der gesamte Paketverkauf nicht rückabgewickelt werden muss. Eine Lösung bietet die Einrichtung von objektkonkreten Rücktrittsrechten. Der Vertrag wird dabei in einen Rahmenvertrag (allgemeine Regelungen, Gesamt- und Einzelkaufpreisen, Fälligkeitsvoraussetzungen, Beschaffenheitserklärungen / Garantien sowie Rechtsfolgen) und objektbezogene Einzelverträge (objektspezifische Angaben zu abweichenden Beschaffenheitserklärungen / Garantien) aufgespalten.[850]

7.4.2 Grundbuchlicher Vollzug (Closing)

Die Unterzeichnung des Vertrags bedeutet in der Regel aber noch nicht den endgültigen Eigentumsübergang. Dieser erfolgt erst durch den grundbuchlichen Vollzug des Verkaufs im Rahmen des so genannten Closing der Transaktion.

Unter dem Closing wird in Abwesenheit einer einheitlichen Definition in der deutschen Sprache ein Übergangsstichtag an einem nach dem Vertragsabschluss liegenden Zeitpunkt verstanden. Dies beinhaltet in der Regel Aktivitäten wie Übergaben (Besitzwechsel), Übertragungen (Eigentumserwerb), Zug-um-Zug-Abwicklungen, Übergaben von Bürgschaftserklärungen, Feststellungen von Zwischenprüfungen und Bilanzen, zeitliche Begrenzungen von Rücktrittsmöglichkeiten und vor allem die Kaufpreiszahlung.[851]

Bezogen auf Portfoliotransaktionen durch Selbstnutzer in der Transaktionsstruktur eines Asset Deals steht beim Closing der grundbuchliche Übergang der Verkaufsobjekte im Vordergrund. Mit diesem ist in der Regel erst der Kaufpreis fällig und die zugrunde liegenden Rückmietverträge beginnen.

---

846 Hilgard (2004), S. 1234: alternative Bezeichnungen: De-minimis-Regelung oder Threshold) – die Freigrenze kann eine Mindestschadenshöhe pro Einzelfall oder eine Mindestgesamtanspruchshöhe sein.

847 Hilgard (2004), S. 1234: alternative Bezeichnungen: Toleranzbetrag, Sockelbetrag oder Selbstbehalt.

848 Hilgard (2004), S. 1237: alternative Bezeichnungen: Cap, Maximalbetrag, Haftungsobergrenze, Deckel- oder Deckelungsbetrag sowie Haftungsbegrenzungsklausel.

849 Hilgard (2004), S. 1238.

850 Maschmeier / Billwiller (2004), S. 15.

851 Jansen (2000), S. 211.

Dem in der explorativen Studie identifizierten Problem der schwierigen Sicherung der betrieblichen Belange kann der verkaufende Selbstnutzer mit Hilfe von Dienstbarkeiten in ausreichender Form begegnen. So kann z. B. die durch das Grundstück eines Verkaufsobjekts laufende Kabeltrasse zu einer benachbarten Produktionsstätte gesichert werden.

7.4.3 Überwachung von Rechten und Pflichten (aus Verträgen)

Auch mit dem grundbuchlichen Vollzug endet der Transaktionsprozess für den Verkäufer noch nicht. Auch im Nachgang muss er im Rahmen des so genannten After-Sales-Management die Erfüllung der gegenseitigen Rechte und Pflichten kontrollieren. Bei den Pflichten des Käufers steht in der Regel die Kaufpreiszahlung im Vordergrund, sofern eine Ratenzahlung vereinbart wurde. Mögliche Pflichten des Verkäufers aus den Verträgen können sein:

- Durchführung bestimmter Instandsetzungsarbeiten, die im Vertrag durch den Verkäufer übernommen wurden.
- Erfüllung von Sachverhalten, die garantiert wurden, z. B. Durchführung von baurechtlichen Nutzungsänderungen.
- Erfüllung der Pflichten aus den Mietverträgen

8 Zusammenfassung und Ausblick

Ziel der Untersuchung war es, einerseits die Problemfelder der bisherigen Portfoliotransaktionen durch Selbstnutzer zu erheben und andererseits aus der Erklärung dieser Probleme mit Hilfe verhaltenstheoretischer Urteilsfehler und der Einbindung der gesammelten Empfehlungen der bisherigen Transaktionsteilnehmer aus den Experteninterviews eine Best-Practice-Vorgehensweise bei einer Portfoliotransaktion aus Sicht des Verkäufers Selbstnutzer zu entwerfen.

Die identifizierten Problemfelder lassen sich in zwei Gruppen teilen: „handwerkliche" Probleme sowie tieferliegende „Überzeugungsprobleme", im Zusammenhang mit dem Zweifel des Verkäufers, mit der Portfoliotransaktion oder der Desinvestition allgemein das Richtige zu tun.

Für die „handwerklichen" Probleme (schlechte Datenqualität, schlechtes Transaktionsmanagement, Produkt nicht marktgängig, unzureichende Ermittlung der Marktwerte, Portfolio nicht stabil, schlechte Datenraumqualität neben anderen), konnten in der vorliegenden Arbeit durch zahlreiche, detaillierte Empfehlungen Lösungswege aufgezeigt werden, bei deren Beachtung die Probleme in zukünftigen Transaktionen durch den Verkäufer beherrschbar sein sollten. Allen detaillierten Empfehlungen gemeinsam sind wenige Grundregeln, wie grundsätzlich die Perspektive des Käufers einzunehmen (Wie bewertet er? Was erwartet er? Was wird er tun?) und sich frühzeitig und umfangreich vorzubereiten (Stichwort Verkäufer Due Diligence). Von großem Nutzen sind auch die Parallelen zu Unternehmenstransaktionen, da Immobilienportfoliotransaktionen von Finanzinvestoren wie spezielle Unternehmenstransaktionen aufgefasst werden und eine parallele Vorgehensweise erwartet wird.

Anders stellen sich die Ergebnisse der vorliegenden Arbeit für die „Überzeugungsprobleme""(Verkaufsbereitschaft nicht stabil, Nutzerwiderstand, hohe Preisforderung, Sicherung der betrieblichen Belange, Kritik der Ratingagenturen) dar.

Die Entwicklung von Vorschlägen zum Umgang mit diesen Problemen ist nicht Gegenstand der vorliegenden Arbeit. Es handelt es sich dabei um übergeordnete allgemeine Probleme der Desinvestition, deren Auftreten über die Problemstellung hinausgehen. Da sie auch zum Scheitern der bisherigen Portfoliotransaktionen beigetragen haben, treten diese Themen aber auch in den Fokus der Arbeit. Ihre Ursache liegt aber nicht im Ablauf einer Portfoliotransaktion, sondern in der Eignung der Portfoliotransaktion selbst oder der klassischen Immobilienverkäufe mit Rückmietung im Allgemeinen für die Anforderungen der Verkäufer.

Da das Ziel der vorliegenden Arbeit aber der Entwurf einer besten Vorgehensweise bei einer Portfoliotransaktion war, werden die Gründe für das Auftreten dieser Probleme nicht weiter betrachtet.

Aus Sicht des Autors und als Anregung für weitere Forschungen, liegen die Ursachen für die „Überzeugungsprobleme" aber im allgemeinen Zweifel an der grundsätzlichen Eignung der gängigen Sale-and-Rentback-Immobilientransaktionen für die Veräußerung von Unternehmensimmobilien.

Dieser Zweifel zeigt sich einerseits in der im Gegensatz zu anderen Ländern allgemein verbreiteten Zurückhaltung vor Desinvestitionsmaßnahmen. Andererseits beziehen sich die Verkäufe von Unternehmensimmobilien vornehmlich auf nicht strategische, für den Verkäufer weitesgehend unbedeutende Objekte.

Zwei Hypothesen liegen nahe, die die grundsätzliche Eignung von Immobilienverkäufen mit Rückmietung in Frage stellen.
Bedenken um die Sicherung der betrieblichen Belange und Nutzerwiderstand im Allgemeinen wurden als Problemfelder von Portfoliotransaktionen identifiziert. Obgleich die Sicherung der betrieblichen Belange in Immobilienverkäufen durch Dienstbarkeiten ohne weiteres möglich ist, vermeiden Verkäufer / Rückmietende wohl aus emotionalen Gründen den Verkauf an einen opportunistischen Zwischenhändler, der die Objekte dann z. B. an einen Geschlossenen Fonds weiter veräußert, der insolvent gehen kann und die Objekte dann in der Hand eines Insolvenzverwalters landen. Die Verkäufer bevorzugen wohl das langfristige Vermieterverhältnis mit einem Käufer, dessen Unternehmenszweck ausschließlich im langfristigen Halten des Eigentums an den Verkaufsobjekten besteht, der keine Nebeninteressen verfolgt und dadurch und durch die Reduktion anderer Risiken über exzellente Bonität verfügt.
Darüber hinaus werden nicht sonderlich werthaltige Objekte, wie sie sich häufig in Unternehmensportfolien finden, in Sale-and-Rentback-Transaktionen nur durch den Verkauf mit einem langfristigen Rückmietvertrag für die Investoren interessant.[852] Damit bleibt eine wichtige Anforderung der Nutzer im Verkäuferunternehmen unberücksichtigt: Flexibilität im Hinblick auf Dauer und Umfang der Nutzung von selbstgenutzten Immobilien. Daher wird Eigentum nicht unberechtigt noch immer als flexibelste Bereitstellungsform angesehen und große Verkäufe betriebsnotwendiger Immobilien unterbleiben.
Als Ausblick wäre zukünftig zu prüfen, ob ausschließlich für ein langfristiges Vermieterverhältnis geschaffene und Flexibilität ermöglichende Vehikel wie Real Estate Partnerships, die sich in UK bereits durchgesetzt haben, für strategische, nicht werthaltige Objekte und REITs für werthaltige Objekte attraktivere Alternativen für Selbstnutzer bieten, um endlich den Anteil der Immobilien im Eigentum an allen genutzten Immobilien auf ein international übliches Niveau zu senken.
Für den klassischen Immobilieninvestor bzw. – markt könnte dies aber nachteilig sein, da die Desinvestition von Unternehmensimmobilien zukünftig an ihnen vorbei gehen könnte. Real Estate Partnerships sind Themen der Unternehmensfinanzierung, werden von den Fremdkapitalberatungsabteilungen der Investmentbanken und Wirtschaftsprüfern bearbeitet und zielen mit ihren Anleihen in den Kapitalmarkt. Ähnlich sind REITs zu beurteilen, die von Investmentbanken aufgelegt werden und Kapitalmarktinvestoren ansprechen.

[852] Trombello (2005), S. 30 nennt hier beispielsweise Lagerhallen, Produktionsstätten sowie Betriebsimmobilien für Forschung und Technik, die zukünftig den Markt beeinflussen werden – die Drittverwendungsfähigkeit muss aber gegeben sein.

Literaturverzeichnis

Achleitner, Ann-Kristin: Handbuch Investment Banking, 2. Auflage, Wiesbaden, 2000.

Allen / Rutherford / Springer: The Wealth Effects of Corporate Real Estate Leasing, in: Journal of Real Estate Research, Vol. 8, No. 4, 1993, S. 567-578.

Allen, Linda / Jagtiani, Julapa / Peristiani, Stavros, Saunders, Anthony: The Role of Bank Advisors in Mergers and Acquisitions, in: Journal of Money, Credit, and Banking Vol. 36, No. 2 (April): S. 197-224.

Amlung, Bernd: Corporate Real Estate als Asset Class, Vortrag, Euroforum-Konferenz Strategisches Management von Immobilienbeständen, 24. – 25. März 2004.

Amtsblatt der Europäischen Gemeinschaften, Brüssel, 2002.

Andersen, Sven: Sale and Leaseback: Beispiel eines Schrittmachers für Unternehmensimmobilien, Vortrag, Freshfields Bruckhaus Deringer Forum Unternehmen und Recht, Frankfurt, 30. Juni 2005.

Arkes / Blumer: The Psychology of Sunk Costs, in: Organizational Behavior and Human Decision Processes, Vol. 35, 1985, S. 124-140.

Arnold, Eva: Evaluation in Bildungsinstitutionen, Skript, Universität Hamburg, 2003.

Asmar, Mark A. / Herbst, Julie: Default and Remedies in the Portfolio Sale, American College of Real Estate Lawyers, ACREL Papers, Fall 1999.

Ball / Rutherford / Shaw: The Wealth Effects of Real Estate Spin-Offs, in: Journal of Real Estate Research, Vol. 8, No. 4, 1993, S. 597-606.

BDO Deutsche Warentreuhand AG: Transaktionsberatung durch BDO Financial Advisory Services, http://www.bdo.de/content/bdowww/bdowww000655/BDO_FAS-Flyer _052003.pdf, Abrufdatum: 20.06.2005.

Behavioral Finance Group, Behavioral Finance - Idee und Überblick, in: Finanz Betrieb. Vol. 2, No. 5, 2000, S. 311-318.

Beitel, Derick: Investmentbanken in M&A-Transaktionen – Mandatsvergabe und Erfolgsbeitrag aus Sicht deutscher Käuferunternehmen, Wiesbaden, 2004.

Benneck, H. Gerhard: Unternehmensverkauf - richtig gemacht, Weinheim, 2005.

Berekoven, Ludwig / Eckert, Werner / Ellenrieder, Peter: Marktforschung : Methodische Grundlagen und praktische Anwendung, 5., durchgesehene und ergänzte Auflage, Wiesbaden, 1991.

Berry, Jim / McGreal, Stanley / Sieracki, Karen / Sotelo, Ramon: An Assessment of Property Investment Vehicles with Particular Reference to German Funds, in: Journal of Property Investment & Finance, Vol. 17, No. 5, 1999, S. 430 – 443.

Bickart, Torsten: Finanzierung von gewerblichen Immobilienportfolios, Vortrag, Immobilienportfolio-Investments, Kaufen – Halten – Handeln, Bernd Heuer Dialog Veranstaltung, München, 30.11. – 01.12.2004.

Bingham / McHale: Letters of Intent in Indiana Real Estate Transactions, in: Bingham & McHale Real Estate Bulletin, August 2005, S. 2 – 3.

Black / Diaz: The use of information versus asking price in the real property negotiation process, in: Journal of Property Research, Vol. 13, 1996, S. 287-297.

Bodie, Zvi / Kane, Alex / Marcus, Alan: Investments, 4. Auflage, New York, 1999.

Blassberg, Franci J. / Berick, Joshua J. G.: Due Diligence in Cyberspace: The Rise of the Electronic Data Room, in: The M & A Lawyer, März 2005, S. 10 – 12.

Bomhard, Roland / Dettmeier, Michael / Fischer, Peter: Immobilienerwerb und – veräußerung im Wege des Share-Deal – Steuer-, zivil- und gesellschaftsrechtliche Gestaltungs- und Abwicklungsfragen, in: Betriebs-Berater, 58. Jahrgang, Beilage 1 zu Heft 2, 08. Januar 2003, S. 1 – 20.

Boon, Boaz: The availability and usefulness of real estate data in eastern Asia – a user's perspective, in Bank of International Settlement (Hrsg.): BIS Papers No. 21 – Real estate indicators and financial stability, <www.bis.org/publ/bispap21.htm>, Abrufdatum: 24.06.2005.

Brealey, Richard / Myers, Stewart: Principles of Corporate Finance, 6. Auflage, New York, 2000.

Bröker, Udo / Vetter, Kathrin (2005): Belastbare Bestandsdaten mindern das Risiko, in: Immobilien-Zeitung, Nr. 8, 07.04.2005, S. 12.

BulwienGesaAG, interner Foliensatz, 2005.

Burghardt, Manfred: Einführung in Projektmanagement – Definition, Planung, Kontrolle, Abschluss, 4. überarbeitete und erweiterte Auflage, Erlangen, 2002.

Busch, Stephan: Kauf und Verkauf von Immobilien-Paketen, Vortrag, Euroforum-Konferenz Kauf und Verkauf von Immobilien-Paketen, 14. – 15. Januar 2004.

BVI - BVI Bundesverband Investment und Asset Management e.V.: Fondsstatistik, Stand 31.05.2005, <http://www.bvi.de/downloads/mm0505.xls>, Abrufdatum: 02.07.2005 (2005a).

BVI - BVI Bundesverband Investment und Asset Management e.V.: Fondsstatistik, Stand 31.03.2005, <http://www.bvi.de/downloads/sf0503.xls>, Abrufdatum: 02.07.2005 (2005b).

Camerer, Colin/ Weber, Martin: Recent Developments in Modeling Preferences: Uncertainty and Ambiguity, in: Journal of Risk and Uncertainty, Vol. 5, 1992, S. 325-370.

Camerer, Colin F. / Loewenstein, George: Behavioral Economics: Past, Present, Future, in: Camerer / Colin F./ Loewenstein, George/ Rabin, Matthew: Advances in Behavioral Economics, Princeton and Oxford, 2004.

Chapman / Johnson: „Incorporating the irrelevant: Anchors in Judgements of Belief and Value", Working Paper, Rutgers University, 2000.

Cole, Stephen R.: Going once, going twice . . . - Putting a business up for auction works to bring the best price from would-be purchasers, in: CA magazine, Januar / Februar 1999, S. 41 – 50.

Corsten, Hans / Corsten, Hilde: Projektmanagement: Einführung, München / Wien, 2000.

Crommen, Marcel: Finanzierung von Unternehmensimmobilien, in: Schulte, Karl-Werner (Hrsg.): Schriften zur Immobilienökonomie, Band 17, Köln, 2001.

Crosby, Neil / MacGregor, Bryan: Valuation of Investment Properties for Acquisition, Disposal and Performance Measurement, in: Adair, Alastair / Downie, Mary Lou / McGreal, Stanley / Vos, Gerjan (Hrsg.): European Valuation Practice, London, 1996.

Dahlmeyer, Sven: Vortrag, Immobilienportfolio-Investments, Kaufen – Halten – Handeln, Bernd Heuer Dialog Veranstaltung, München, 30.11. – 01.12.2004.

Dazskal / Bolton (Hrsg.): Avoid buy-sell agreement tax pitfalls, in: Litigation & Valuation Report, September / October 2003.

Dexter, Lewis Anthony: Elite and Specialized Interviewing, Evanston, 1970.

Diaz / Hansz: How valuers use the value opinions of others, in: Journal of Property Valuation and Investment, Vol. 15, No. 3, 1997, S. 256-260.

Diaz / Wolverton: A longitudinal examination of the appraisal smoothing process, in: Real Estate Economics, Vol. 26, No. 2, 1998, S. 349 – 356.

Diaz / Zhao / Black: Does contingent reward reduce negotiation anchoring, in: Journal of Property Investment & Finance, Vol. 17, No. 4, 1999, S. 374 – 379.

Diaz, Julian: The first decade of behavioural research in the discipline of property, in: Journal of Property Investment & Finance, Vol. 17, No. 4, 1999, S. 326 – 332.

Diekmann / Tenbrunsel / Shah / Schroth / Bazerman: The Descriptive and Prescriptive Use of Previous Purchase Price in Negotiations, in: Organizational Behavior and Human Decision Processes, Vol. 66, No. 2, 1996, S. 179 – 191.

Dowling: Strategisches Management, <http://www.uni-regensburg.de/Fakultaeten /WiWi/dowling/files/sm/WS04_05/SM-221104.pdf>, Abrufdatum: 25.06.2005.

Duden: Das Neue Lexikon, Band 4: Gebi – Indi, 3. Auflage, Mannheim / Leipzig / Wien / Zürich, 1996.

EBS – European Business School, Haus der Immobilienökonomie, http://www.ebs.de /typo3temp/pics/fc95d4e3c0.gif, Abrufdatum: 23.12.2005.

Eckmann Urbanski, Carmen: Performance und Bewertung von Immobilienportfolios, Dissertation Nr. 2977, Universität St. Gallen, 2005.

Eisenführ, Franz / Weber, Martin: Rationales Entscheiden, 4. Auflage, Berlin, 2003.

Ellsberg: „Risk, Ambiguity and the Savage Axioms“, in: Quarterly Journal of Economics, Vol. 75, No. 4, 1961, S. 643- 669.

Ernst & Young: Ernst & Young Real Estate – Bauen Sie auf uns!, Broschüre, 2005.

Essler, Wolfgang / Seidel, Maximilian: Verkäufer-Due-Diligence bei Immobilientransaktionen, in: Financial Gates GmbH (Hrsg.): Jahrbuch Corporate-Real-Estate 2004, Frankfurt 2004, S. 77 – 79.

EuroProperty (2005a): Sale-and-manage-back contracts, where investors buy a hotel business rather than just the property and pay the operator fees, are tempting buyers to venture into a higher-risk sector, http://www.europroperty.com/euroarchive_detail. asp?fprint=1&euro_id=212799&>, Abrufdatum: 06.07.2005.

Felderer, Bernhard / Homburg, Stefan: Makroökonomik und neue Makroökonomik, 6., verb. Auflage, Berlin, 1994.

Fleischer, Holger / Körber, Torsten: Due Diligence und Gewährleistung beim Unternehmenskauf, in: Betriebs-Berater, 56. Jahrgang, Heft 17, 26.04.2001, S. 841 – 849.

Focke, Christian: Gewerbeimmobilien-Investments in Polen, in: Schulte, Karl-Werner / Bone-Winkel, Stephan (Hrsg.): Schriften zur Immobilienökonomie, Band 33, Köln, 2005.

Frankel, Michael E. S.: Deal Teams – Roles and Motivations of Key Players in Mergers, Acquisitions and Equity Investments, Boston, 2004.

Frankel, Michael E. S.: Mergers and Acquisitions Basics : The Key Steps of Acquisitions, Divestitures, and Investments, Hoboken, 2005.

French, Nick: The Valuation of Specialised Property – A Review of Valuation Methods, in: Journal of Property Investment & Finance, Vol. 6, 2004, S. 533 – 541.

Friebertshäuser, Barbara: Interviewtechniken – ein Überblick, in: Friebertshäuser, Barbara / Prengel, Annedore (Hrsg.): Handbuch Qualitative Forschungsmethoden in der Erziehungswissenschaft, Weinheim, 2003.

Frühmorgen, Raimund: Real Estate M & A, in: Gondring, Hanspeter / Zoller, Edgar / Dinauer, Josef (Hrsg.): Real Estate Investment Banking, Wiesbaden, 2003, S. 375 – 390.

Gallimore, Paul: Aspects of information processing in valuation judgement and choice, in: Journal of Property Research, Vol. 11, 1994, S. 97-110.

Gantenbein, Pascal: Die Institutionen des schweizerischen Immobilienmarktes – Eine Analyse unter dem Transaktionskostenaspekt mit Vorschlägen zur Steigerung der Markteffizienz, Bern / Stuttgart / Wien, 1999.

Gantenbein, Pascal: Performance von Immobiliengesellschaften — Marktbasierte Ansätze zum effizienten Corporate Portfolio Management, Zürich, 2004.

Gantenbein, Pascal: Optimale Immobilieninvestments für Versicherungen, in: Spremann, Klaus (Hrsg.): Versicherungen im Umbruch, Berlin, Heidelberg, New York, 2005, S. 269 – 295.

GDV – Gesamtverband der Deutschen Versicherungswirtschaft e.V.: Jahrbuch 2004, Berlin, 2004.

Gibson, Virginia / Louargand, Marc: Risk Management and the Corporate Real Estate Portfolio, Paper presented at AMERICAN REAL ESTATE SOCIETY ANNUAL MEETING, 2002.

Ginevicius, Romualda / Hausmann, Thomas / Schafir, Schlomo: Projektmanagement – Einführung, Gernsbach, 2005.

Glascock / Davidson / Sirmans: The Gains from Corporate Selloffs: The Case of Real Estate Assets, in: AREUEA Journal, Vol. 19, No. 4, 1991, S. 567-582.

Görgen, Walter: Wettbewerbsanalyse, in: Tietz, Bruno / Köhler, Richard / Zentes, Joachim (Hrsg.): Handwörterbuch des Marketing, 2., völlig neu gestaltete Auflage, Stuttgart, 1995, S. 2716 – 2729.

Gosfield, Gregory: Getting it right up front – Prenegotiation contracts in real estate, in: Business Law Today, Volume 13, No. 4, März / April 2004, S. 1 – 14 (2004a).

Gosfield, Gregory: It's a question of what's binding – A look at letters of intent, in: Business Law Today, Volume 13, No. 6, Juli / August 2004, S. 1 – 8 (2004b).

Gondring, Hanspeter: Immobilienwirtschaft, München, 2004.

GrEStG – Grunderwerbsteuergesetz, < http://bundesrecht.juris.de/grestg_1983/>, Abrufdatum: 31.08.2005.

Grunert, Klaus: Konkurrentenanalyse, in: Tietz, Bruno / Köhler, Richard / Zentes, Joachim (Hrsg.): Handwörterbuch des Marketing, 2., völlig neu gestaltete Auflage, Stuttgart, 1995, S. 1226 – 1234.

Haarmann, Wilhelm / Busch, Barbara: Steuerliche Aspekte im Corporate Real Estate Management, in: Schulte, Karl-Werner / Schäfers, Wolfgang (Hrsg.): Handbuch Corporate Real Estate Management, , Köln, 1998, S. 379 – 432.

Hachmeister, Dirk: Wirtschaftsprüfungsgesellschaften im Prüfungsmarkt – Eine ökonomische Analyse zur Konzentration auf dem Prüfungsmarkt und zur Entwicklung großer Prüfungsgesellschaften, Stuttgart, 2001.

Hamberger, Karl: Planung und Durchführung von Portfoliotransaktionen nach steuerlichen und rechtlichen Gesichtspunkten, in: Gondring, Hanspeter / Zoller, Edgar / Dinauer, Josef (Hrsg.): Real Estate Investment Banking, Wiesbaden, 2003, S. 347 – 362.

Hansen, Rainer: Outsourcing verbessert Liquidität und Bilanzkennzahlen, in: Journal der IHK Koblenz, Nr. 11, 2003.

Hanson / Kysar: Taking Behavioralism seriously: The problem of market manipulation, in: New York University Law Review, Vol. 74, 1999, S. 630 – 749.

Hardin, William: Behavioral Research into heuristics and bias an an academic pursuit – lessons from other disciplines and implications for real estate, in: Journal of Property Investment & Finance, Vol. 17, No. 4, 1999, S. 333 – 352.

Hens, Markus: Marktwertorientiertes Management von Unternehmensimmobilien, in: Schulte, Karl-Werner (Hrsg.): Schriften zur Immobilienökonomie, Band 13, Köln, 1999.

Henzelmann, Torsten/ Schwelger, Michael: Totes Kapital oder Wertschöpfungshebel?, in: Roland Berger executive review, 1+2/2002.

Henzelmann, Torsten: Immobilientransaktion in Deutschland und international, Vortrag, Euroforum-Konferenz Kauf und Verkauf von Immobilien-Paketen, 14. – 15. Januar 2004.

Hilgard, Mark C.: Bagatell- und Cap-Klauseln beim Unternehmenskauf, in: Betriebs-Berater, 59. Jahrgang, Heft 23, 07. Juni 2004, S. 1233 – 1239.

Hite / Owers / Rogers: The Separation of Real Estate Operations by Spin-Off, in: AREUEA Journal, Vol. 12, 1984, S. 318-332.

Hofmann, Alexander / Haugwitz, Lars: Auf der Lauer: Opportunity Funds wollen Renditen jagen, in: Immobilien & Finanzierung, 13 / 2004, S. 424 – 425.

Horowitz, Steven / Devenyi, Susan: Real Estate Sales and Acquisitions: The Portfolio Deal, American College of Real Estate Lawyers, ACREL Papers, Fall 1999.

IRS – Internal Revenue Service, Treasury: Code, S. 545.

Jacob, Adolf-Friedrich : Investment Banking : Bankpolitik, Methoden und Konzepte, Wiesbaden, 1996.

Jansen, Stephan A. : Mergers & Acquisitions – Unternehmensakquisitionen und – kooperationen – Eine strategische, organisatorische und kapitalmarkttheoretische Einführung, 3., überarbeitete und aktualisierte Auflage, Wiesbaden, 2000.

Jelles, Hanneke : Kleinere Foutkans, Meer Transparantie, in : Banking Review, April 2005, S. 14 – 16.

Kahneman, Daniel: Reference Points, Anchors, Norms and Mixed Feelings, in: Organizational Behavior and Human Decision Processes, Vol. 51, 1992, S. 296 – 312.

Kahneman, Daniel/ Knetsch, Jack L./ Thaler, Richard H.: Anomalies – The Endowment Effect, Loss Aversion, and Status Quo Bias, in: Kahneman, Daniel/ Tversky, Amos: Choices, Values, and Frames, Cambridge, 2000.

KAGG - Gesetz über Kapitalanlagegesellschaften, <http://www.bafin.de/gesetze/kagg.htm>, Abrufdatum: 08.06.2005.

Kessler, Heinrich / Winkelhofer, Georg: Projektmanagement – Leitfaden zur Steuerung und Führung von Projekten, 3. erweiterte und überarbeitete Auflage, Berlin, 2002.

Kessler, Hans Thomas (2004): Sale and Leaseback – Der Verkauf darf nicht von Geldnot diktiert sein, Immobilien-Zeitung, 11.03.2004.

Kiehling, Hartmut: Börsenpsychologie und Behavioral Finance – Wahrnehmung und Verhalten am Aktienmarkt, München, 2001.

Kiesl, Benedikt: Real Estate Acquisition & Leverage Finance: Finanzierung von Immobilienportfolios und Immobilienunternehmen, in: Gondring, Hanspeter / Zoller, Edgar / Dinauer, Josef (Hrsg.): Real Estate Investment Banking, Wiesbaden, 2003, S. 327 – 346.

Kimmich, Marc: Due Diligence bei der Akquisition von gewerblichen Immobilienprojekten, in: Schulte, Karl-Werner / Bone-Winkel, Stephan (Hrsg.): Handbuch Immobilien-Projektentwicklung, 2. Auflage, Köln, 2002.

Kirch, Roland M.: Informationsfreigabe und wesentliche Marketingaspekte im Rahmen einer M&A-Transaktion, in: Lange, Georg F. (Hrsg.): Mergers & Acquisitions in der Praxis – Erfolgreiches Projektmanagement bei Unternehmenstransaktionen, Frankfurt, 2001.

Kleine, Thorsten: Legal Due Diligence und Transaktionsmanagement, IIR-Konferenz An- und Verkauf von Immobilienpaketen, 24.05 – 25.05.2004.

Klose, Wolfgang: Ökonomische Analyse von Entscheidungsanomalien, Frankfurt am Main, 1994.

Koreimann, Dieter S.: Projektmanagement – Technik, Methodik, Soziale Kompetenz, Heidelberg, 2002.

KPMG: KPMG Leveraged Finance Study 2004 – Insight into the German leveraged finance market and relationships between equity and debt providers, 2004.

KPMG: Real Estate, www.kpmg.de/services/advisory/1048_820.htm, Abrufdatum: 08.06.2005.

Kreikenbohm, Jan: Rechtsfragen im Zusammenhang mit Immobilien-Paketverkäufen, Vortrag, Euroforum-Konferenz Kauf und Verkauf von Immobilien-Paketen, 14. – 15. Januar 2004.

Kromrey, Helmut: Qualitative Sozialforschung 18.7.02, <http://userpage.fu-berlin.de/~kromrey>, Abrufdatum: 30.04.2005.

Krüger: Wettbewerbsvorteile, <http://www.competence-site.de/strategmanagement.nsf/29211A1835D8DF91C1256B12002BAD88/$File/wettbewerbsvorteile.pdf>, Abrufdatum: 25.06.2005.

Langer, Thomas: Alternative Entscheidungskonzepte in der Banktheorie, Diss. Heidelberg, 1999.

Lauer, Jörg: Die Finanzierung von Immobilien-Portfolien, Vortrag, Euroforum-Konferenz Kauf und Verkauf von Immobilien-Paketen, 14. – 15. Januar 2004.

Lausberg, Carsten: Das Immobilienmarktrisiko deutscher Banken, Sternenfels, 2001.

Lehner, Johannes M.: Praxisorientiertes Projektmanagement – Grundlagenwissen an Fallbeispielen illustriert, Wiesbaden, 2001.

Lemke, Martin: Analyse und Aufbereitung des Immobilienbestandes aus Verkaufssicht,
Vortrag, IIR-Konferenz An- und Verkauf von Immobilienpaketen, 24.05 – 25.05.2004.

Leopoldsberger, Gerrit: Kontinuierliche Wertermittlung von Immobilien, in: Schulte, Karl-Werner (Hrsg.): Schriften zur Immobilienökonomie, Band 6, Köln, 1998.

Leopoldsberger, Gerrit / Thomas, Matthias: Bewertung von Unternehmensimmobilien, in: Schulte, Karl-Werner / Schäfers, Wolfgang (Hrsg.): Handbuch Corporate Real Estate Management, , Köln, 1998, S. 117 – 152.

Leykam, Monika (2005): „Germany is hot“, sagen viele Immobilien-Investoren, in: Immobilien-Zeitung, 24 march 2005.

Liang, Yougou / McIntosh, Willard: Global Commercial Real Estate Universe, Research Report Prudential Real Estate Investors, 1998.

Liefekett, Kai Haakon: Die Verjährung von Freistellungsansprüchen in M&A-Vertragswerken, in: Der Betrieb, Heft 44, 04.11.2005, S. 2398 – 2401.

Linder, Andreas / Jebsen, Thomas / Kiener, Sabine / Loßkarn, Peter / Pech, Harald / Yonnis, Daniel: Studienbrief Real Estate Finance – Real Estate Investmentbanking – strukturierte Immobilienfinanzierung, München, 2005.

Linneman, Peter: Real Estate Private Equity Funds, in: Immobilien & Finanzierung, 14 / 2002, S. 432 – 435.

Loipfinger, Stefan / Rohmert, Werner: Immobilienfonds-Spezial - Marktanalyse der Beteiligungsmodelle, in: Der Immobilienbrief, 55 / 2004.

Loipfinger, Stefan / Rohmert, Werner: Immobilienfonds-Spezial - Marktanalyse der Beteiligungsmodelle, in: Der Immobilienbrief, 79 / 2005.

Lüdke, Ulrike / Frien, Bastian: Der beste Freund des Übernahmekandidaten – M&A-Berater: Was sie können – und was nicht, in FINANCE, Juni 2001, S. 10 – 30.

Manigault, Edward M. / Hodges II, Charles E.: Valuation Discounts – An Analysis of the Service's Position Compared with Litigated Cases, American Bar Association Working Paper, 1999.

Maschmeier, Rainer / Billwiller, Christoph: Rechtliche Schwerpunkte bei der Vertragsgestaltung, IIR-Konferenz An- und Verkauf von Immobilienpaketen, 24.05 – 25.05.2004.

Mason, Ferdinand / Ramanna, Aravind: Dutch Controlled Auctions, in: The In-House Lawyer, April 2005, S. 79 – 80.

Mayring, Philipp: Einführung in die Qualitative Sozialforschung, 5. Auflage, Weinheim und Basel, 2002.

Mayring, Philipp: Qualitative Inhaltsanalyse, 8. Auflage, Weinheim und Basel, 2003.

Mayrshofer, Daniela / Kröger, Hubertus A.: Prozesskompetenz in der Projektarbeit, 2. überarbeitete Auflage, Hamburg, 2001.

Merkt, Hanno: Due Diligence und Gewährleistung beim Unternehmenskauf, Betriebs-Berater, Heft 21, 25. Mai 1995, S. 1041 – 1049.

Meuser, Michael / Nagel, Ulrike: ExperInneninterviews – vielfach erprobt, wenig bedacht – Ein Beitrag zur qualitativen Methodendiskussion, in: Bogner, Alexander / Littig, Beate / Menz, Wolfgang (Hrsg.): Das Experteninterview – Theorie, Methode, Anwendung, Opladen, 2002, S. 71 – 93.

Möller, Thor / Dörrenberg, Florian: Projektmanagement, München / Wien, 2003.

Mörsdorf, Franz Lucien (2001): Umfangreiche Bewertung und Budget-Controlling sind für den Kauf von Immobilien unerlässlich – Due Diligence Prozess soll Risiken aufspüren, in: Handelsblatt, Nr. 49, 09.03.2001, Seite b07.

Morgan Stanley: Discovering Investment Banking, Vortrag, Solvay Business School, 23. April 2004.

Müller-Stewens, Günter / Spickers, Jürgen / Deiss, Christian: Mergers & Acquisitions: Markttendenzen und Beraterprofile, Stuttgart, 1999.

Mueller, Sarah: Die Bewertung junger Unternehmen und Behavioral Finance – eine theoretische und experimentelle Untersuchung, Diss., Muenster, 2003.

Müller, Fritz: Neue Wege in der Strukturierung und Finanzierung von Immobilieninvestments, in: Financial Gates GmbH (Hrsg.): Jahrbuch Corporate-Real-Estate 2004, Frankfurt 2004, S. 40 – 42.

Murer, Alexander: Fondsklassifizierung und Erfolgsfaktoren für Real Estate Private Equity Fonds, Diplomarbeit Universität Hohenheim, 2002.

Nawe, Dirk / Nagel, Frank: Vendor Due Diligence, in: Berens, Wolfgang / Brauner, Hans / Strauch, Joachim (Hrsg.): Due Diligence bei Unternehmensakquisitionen, 3., überarbeitete und erweiterte Auflage, Stuttgart, 2002.

Neubert, Susanne: Methodische Orientierung für kurze und praxisnahe Forschungsprojekte in Entwicklungsländern – Ein Leitfaden für Länderarbeitsgruppen und Gutachter, Working Paper Deutsches Institut für Entwicklungspolitik, März 2001.

Niewerth, Johannes / Steinke, Christian (2003): Immobilienbewertung – Verkäufer-Due-Diligence: So geht's, in: Immobilien-Zeitung, Nr. 14, 03. Juli 2003, S. 11.

Niewerth, Johannes: (2004): Ablauf von Bieterverfahren – Portfoliotransaktionen: Ohne Struktur kein Erfolg, in: Immobilien-Zeitung, Nr. 9, 22. April 2004, S. 8 (2004a).

Niewerth, Johannes: Legal Due Diligence, in: Euroforum (Hrsg.): Schriftlicher Management-Lehrgang in 9 Lektionen – Immobilien Due Diligence, Lektion 3, Düsseldorf, 2004 (2004b).

N.N.: Sparkasse verkauft alle Filialgebäude, in: Immobilien-Zeitung, 13. Januar 2005 (2005a).

N.N.: GE Capital kauft 12 Marseille Häuser, http://www.immobilien-zeitung.de //htm/news.php3? id=13399&rubrik=, 02. März 2005 (2005b).

N.N.: Basics der Projektentwicklung, Vorlesungsunterlagen REM-Seminar, Technische Universität Berlin, Sommersemester 2006.

Northcraft / Neale: Experts, Amateurs, and Real Estate: An Anchoring and Adjustment Perspective on Property Pricing Decisions, in: Organizational Behavior and Human Decision Processes, Vol. 39, 1987, S. 84-97.

Oltmanns, Michael J.: Vom ersten Kontakt bis zur Unternehmensübergabe – Rechtliche Facetten des Unternehmenskaufes, in: Lange, Georg F. (Hrsg.): Mergers & Acquisitions in der Praxis – Erfolgreiches Projektmanagement bei Unternehmenstransaktionen, Frankfurt, 2001, S. 83 – 96.

Ortmann, Andreas / Hertwig, Ralph: Biases and Heuristics in Psychology and Economics, Article proposal for The Journal of Economics Literature, <http://home.cerge-ei.cz/ortmann/JEL/prospectus.html>, Abrufdatum: 22. Februar 2005.

Pauk, Heribert: Analyse des Immobilienmaklers, Diss., Münster, 1994.

Pfeil, Gisela: Die Theorie der Ankerung – empirische Befunde und eine Feldstudie in der Immobilienbranche, Diss., Linz, 2003.

Pfister, Thomas / Knoll, Michael (2001): Schweizer Immobilienportfolio-Transaktionen in der Praxis, in: NZZ – Neue Zürcher Zeitung Immobilien-Sonderbeilage vom Juli 2001, 03.07.2001, S. 69.

Pfnür, Andreas/ Hedden, Nele: Corporate Real Estate 2002. Ergebnisse einer empirischen Unternehmensbefragung zu finanzwirtschaftlichen Wirkungen des betrieblichen Immobilienmanagements. working paper No. 28, Arbeitsbereichs Öffentliche Wirtschaft am Fachbereich Wirtschaftswissenschaften der Universität Hamburg, 2002.

Pfnür, Andreas/ Armonat, Stefan: German Corporate Property in the Field of Conflict between Real Estate Investment and Operating Resources. In: Journal of Corporate Real Estate, Vol. 5/, No. 4, 2003, S. 312-330.

Pfnür, Andreas/ Armonat, Stefan: Desinvestment von Unternehmensimmobilien unter besonderer Berücksichtigung der Vermarktungsmöglichkeiten, working paper no. 032, Arbeitsbereichs Öffentliche Wirtschaft am Fachbereich Wirtschaftswissenschaften der Universität Hamburg, 2004.

Pfnür, Andreas: Modernes Immobilienmanagement, Berlin, 2004.

Piani, Olivier: GE Real Estate Europe Overview, Konferenzbeitrag Insead Private Equity Konferenz, 2004.

Picot, Gerhard: Handbuch Mergers & Acquisitions, 2., überarbeitete und erweiterte Auflage, Stuttgart, 2002.

Philippi-Beck, Peter / Rock, Hermann: Letter of Intent: Die Essentials, in: M&A Review, 10/1999, S. 419 – 421.

Pitschke, Christioph / Bone-Winkel, Stephan: Handlungsoptionen für Developer und Banken vor dem Hintergrund der Neuen Baseler Eigenkapitalvereinbarung, in: Zeitschrift für Immobilienökonomie, 1/2005, S. 36-53.

Plous, Scott: The psychology of judgment and decision making. New York, 1993.

Pottinger, Gaye/ Dixon, Tim/ Marston, Andrew: Occupational futures? Divesting real estate and corporate PFI, in: Property Management, Vol. 20, No. 1, 2002, S. 31-48

Practical Law Company: Break fees: Keeping the parties at the table, 01.12.1998, <http://ld.practicallaw.com/7-100-9280?tab=5&jurisFilter=>, Abrufdatum: 8.12.2005.

Pratt, Shannon: Business Valuation Discounts and Premiums, New York, 2001.

Prien, Ulrich: Die Discounted-Cash-Flow-Bewertungsmethode auf dem Prüfstand, in: Immobilien Grund & Lage, Ernst & Young Real Estate Corporate Finance (Schweiz), Dezember 2003, S. 20.

PWC Real Estate: Capital Markets / Transaction Support, <http://www.pwc.com /de/ger/ins-sol/publ/ger_510_realestate_cm.pdf>, Abrufdatum: 20.06.2005.

Rabin, Matthew: Psychology and Economics, in: Journal of Economic literature, Vol. 26, 1998, S. 11 – 46.

Ragotzky, Serge: Unternehmensverkauf und asymmetrische Information, Frankfurt, 2002.

Raum, Bernd: Due Diligence Real Estate, in: Immobilien & Finanzierung, 05 /2002, S. 134 – 138.

Reichel, Reiner (2003): Fonds locken Versicherer in Immobilien, in: Handelsblatt, 30.05.2003.

Reis, Johannes: Due-Diligence-Real-Estate – Strukturierter Analyseprozess zur ganzheitlichen Beurteilung von Immobilien, Masterthesis, Bauakademie Biberach der Fachhochschule Biberach, 2004.

Rock, Hermann: Checkliste Asset Deal, in: M&A Review, 1/2000, S. 8 – 10 (2000a).

Rock, Hermann: Checkliste Share Deal, in: M&A Review, 4/2000, S. 145 – 149 (2000b).

Rock, Hermann: Checkliste Vertragsverhandlungen, in: M&A Review, 8/2003, S. 372.

Rockenbach, Bettina: The Behavioral Relevance of Mental Accounting for the Pricing of Financial Options, Discussion Paper 2002-005E, University of Erfurt.

Rockholtz, Carsten: Marktwertorientiertes Akquisitionsmanagement: Due Diligence-Konzeption zur Identifikation, Beurteilung und Realisation akquisitionsbedingter Synergiepotentiale, Frankfurt, 1999.

Rottke, Nico (2004a): Investitionen mit Real Estate Private Equity, in: Schulte, Karl-Werner / Bone-Winkel, Stephan (Hrsg.): Schriften zur Immobilienökonomie, Band 29, Köln, 2004.

Rottke, Nico (2004b): Anreizkompatibles Beteiligungsmodell für Opportunity Funds – Integration agency-theoretischer Aspekte, in: Zeitschrift für Immobilienökonomie, 2/2004, S. 6-30.

Schäfers, Wolfgang: Strategische Ausrichtung im Immobilienmanagement, in: Schulte, Karl-Werner / Schäfers, Wolfgang (Hrsg.): Handbuch Corporate Real Estate Management, , Köln, 1998, S. 215 – 250.

Schäfers, Wolfgang / Gier, Sonja / Wiffler, Matthias: Monetarisierung von Corporate Real Estate, in: Schulte, Karl-Werner / Schäfers, Wolfgang (Hrsg.): Handbuch Corporate Real Estate Management, 2. aktualisierte und erweiterte Auflage, Köln, 2004, S. 529 – 552.

Schäfers, Wolfgang / Gier, Sonja: Non-Property –Companies, in: Schulte, Karl-Werner / Bone-Winkel, Stephan / Thomas, Matthias (Hrsg.): Handbuch Immobilien-Investition, 2., vollständig überarbeitete Auflage, Köln, 2005, S. 229 – 254.

Scharmanski, André: Global denken, lokal handeln – Immobilienwirtschaft im Zeichen der Globalisierung aus theoretisch-konzeptioneller Perspektive, in: Universität zu

Köln, Wirtschafts- und Sozialgeographisches Institut Working Paper Reihe, No. 2006-01.

Schimmelschmidt, Uwe / Happe, Peter: Off-Balance-Sheet-Finanzierungen am Beispiel der Bilanzierung von Leasingverträgen im Einzelabschluss und Konzernabschluss nach HGB, IFRS und US-GAAP, in: Der Betrieb, Beilage Nr. 9 / 2004 zum Heft Nr. 48, 26.11.2004, S. 1 – 12.

Schmidli, Albert / Schnüringer, Walter: Projektmanagement – Führung, Planung, Kontrolle, Basel / Genf / München, 2001.

Schneider, Hilmar / Hommel, Ulrich / Petersen, Markus: Leveraged Finance – Einsatz und Merkmale im Rahmen von Beteiligungsinvestitionen in Deutschland, unveröffentlichter Aufsatz, European Business School Center for Entrepreneurial and Small Business Finance, Oestrich-Winkel, 2005.

Schneiders, Karl-Josef / Pfirsching, Frank: Portfoliotransaktionen als Form der Immobilieninvestition – Best Practice am Beispiel der Magenta-Transaktion, in: Schulte, Karl-Werner / Bone-Winkel, Stephan / Thomas, Matthias (Hrsg.): Handbuch Immobilien-Investition, 2., vollständig überarbeitete Auflage, Köln, 2005, S. 340 – 358.

Schnell, Rainer / Hill, Paul / Esser, Elke: Methoden der empirischen Sozialforschung, 5., völlig überarbeitete und erweiterte Auflage, München / Wien, 1995.

Scholz, Roland W./ Mieg, Harald A./ Weber, Olaf (2003): Entscheidungs-Heuristiken – mögliche Denkfehler, Täuschungen, Fehlleistungen und Missgeschicke, in: ETH Eidgenössische Technische Hochschule Working Paper Series, No. 36, january 2003.

Schulte, Karl-Werner: Immobilienökonomie – Betriebswirtschaftliche Grundlagen, 3., überarbeitete Auflage, München / Wien, 2005.

Schulte, Karl-Werner / Gier, Sonja: Das Immobilienvermögen der Corporates – Eine Analyse des Immobilienvermögens deutscher börsennotierter Unternehmen, Arbeitspapier Nr. 6, Department of Real Estate, European Business School International University, Oestrich-Winkel, September 2005.

Sieger, Jürgen / Hasselbach, Kai: Break Fee-Vereinbarung bei Unternehmenskäufen, in: Betriebs-Berater, 55. Jahrgang, Heft 13 / 2000, S. 625 – 630.

Slovin / Sushka / Poloncheck: Corporate Sale-and-Leasebacks and Shareholder Wealth, in: Journal of Finance, Vol. 45, No.1, 1990, S. 289 – 299.

Smithson, Michael: „Human Judgement and Imprecise Probabilities", Ghent University Working Paper, 1997 – 2000.

Snel, Ross (2005): Wyndham Sets Big Hotel Sale, <www.thestreet.com/pf/markets/rosssnel/10201272.html>, Abrufdatum: 24.06.2005.

Steinke, Christian: Rechtliche Strukturierung von Immobilientransaktionen, Vortrag anlässlich der Expo Real 2003, München, Gleiss Lutz Publikation.

Steinle, Claus / Bruch, Heike / Lawa, Dieter: Projektmanagement – Instrument effizienter Innovation. 3. Auflage, Frankfurt am Main, 2001.

Stier, Winfried: Empirische Forschungsmethoden, 2., verb. Auflage, Berlin / Heidelberg / New York, 1999.

Stoschek, Uwe: An und Verkauf von Immobilienpaketen – Steuerrechtliche Aspekte, IIR-Konferenz An- und Verkauf von Immobilienpaketen, 24.05 – 25.05.2004.

Subramanian, Guhan / Zeckhauser, Richard: For Sale, but How? Auctions Versus Negotiations, in: Harvard Business School Newsletter Negotiation, Oktober 2004, S. 3 – 5 (2004a).

Subramanian, Guhan / Zeckhauser, Richard: On the Block: Choose the Best Type of Auction, in: Harvard Business School Newsletter Negotiation, December 2004, S. 3 – 5 (2004b).

Subramanian, Guhan / Zeckhauser, Richard: "Negotiauctions": Taking a Hybrid Approach to the Sale of High-Value Assets, in: Harvard Business School Newsletter Negotiation, Februar 2005, S. 3 – 5.

Tannenbaum, Fredric D. / Spracker Marilyn S.: Seller strategies to prevent a buyer from wriggling away, in: Business Law Today, Volume 10, No. 3, Januar / Februar 2001, S. 1 – 14.

Teach, Edward: Art of the auction: soliciting bids is an effective way to sell a business – but review your strategy first – New Deals, in: CFO – Magazine for Senior Financial Executives, April 2003.

Thaler, Richard: Mental Accounting and Consumer Choice, in: Marketing Science, Vol. 4, 1985, S. 199 – 214.

Thaler, Richard: Towards a positive theory consumer choice, in: Kahneman, Daniel/ Tversky, Amos: Choices, Values, and Frames, Cambridge, 2000a.

Thaler, Richard: Mental Accounting Matters, in: Kahneman, Daniel/ Tversky, Amos: Choices, Values, and Frames, Cambridge, 2000b

Thaler, Rainer: Professionelle Prüfung und Vertragsgestaltung beim Verkauf von Immobilien-Paketen, Vortrag, Euroforum-Konferenz Kauf und Verkauf von Immobilien-Paketen, 14. – 15. Januar 2004.

Thommen, Jean-Paul / Achleitner, Ann-Kristin: Allgemeine Betriebswirtschaftslehre - umfassende Einführung aus managementorientierter Sicht, 2., vollst. überarb. u. erw. Aufl., Wiesbaden, 1999.

Thompson, Michael: The Auction Process: Purchaser Protection Strategies, in: Financier Worldwide, Februar 2004, S. 1 – 2.

Tigges, Michael: Due Diligence und Gewährleistung im Unternehmenskauf, in: Finanz Betrieb, 02 / 2005, S. 95 – 106.

Trombello, Ignaz (2005): Desinvestment – Trennung mit Folgen, in: Immobilienwirtschaft, 10 / 2005, S. 30 – 31.

Trotz, Raymond / Schenkel, Arno: Wertermittlung von Immobilienportfolien, in: VDH – Verband der Hypothekenbanken (Hrsg.): Immobilien-Banking – Fakten und Daten 2004, Berlin, 2004.

USC-Lusk Center (University of Southern California): Report from the 2002 Casden Real Estate Economics Forecast Office and Industrial Market Briefing Cities in Los Angeles Region Must Meet High Standards to Attract Institutional Investment in Commercial Real Estate, USC Lusk Panel Says, <http://www.usc.edu/schools/sppd/lusk/announce/item.php?id=187>, Abrufdatum: 25.06.2005.

UStG – Umsatzsteuergesetz, <bundesrecht.juris.de/bundesrecht/ ustg_1980/gesamt.pdf >, Abrufdatum: 31.08.2005.

VAG - Gesetz über die Beaufsichtigung der Versicherungsunternehmen (Versicherungsaufsichtsgesetz), http://www.bafin.de/gesetze/vag.htm, Abrufdatum: 08.06.2005.

Vater, Hendrik: Stapled Finance: Kapitalmarktinnovation oder trojanisches Pferd im Akquisitionsprozess?, in: Der Betrieb, Heft 36 / 2005, S. 1921 – 1923.

Weihe, Ronald: Interessenskonflikte zwischen Unternehmensverkäufe und Management – Eine Analyse im Kontext der Mergers & Acquisitions-Beratung, Wiesbaden, 2003.

Weihe, Ronald: M&A-Auktionen: Unternehmensverkauf per Auktion, in: Die Bank, 12 / 2004, S. 40 – 46.

Weihe, Ronald: Stapled Financing in M&A-Auktionen, in: Finanz Betrieb, 11 / 2005, S. 693 – 698.

Weiss, Günther A.: Weitergabe eines Verkäufer Legal Due Diligence Berichts an den Käufer?, in: M&A Review, 04 / 2004, S. 164 – 166.

Whyte, Glen / Sebenius, James K.: The effect of multiple anchors on anchoring in individual and group judgment, in: Organizational Behavior and Human Decision Processes, Vol. 69, No. 1, 1997, S. 75 – 8.

Wiemann, Martin: Vortrag, Immobilienportfolio-Investments, Kaufen – Halten – Handeln, Bernd Heuer Dialog Veranstaltung, München, 30.11. – 01.12.2004.

Wilson, Reid C.: Commercial Letters of Intent, in: Tierra Grande, Juli 2003, S. 1 – 2.

Wirtz, Bernd.: Mergers & Acquisitions Management - Strategie und Organisation von Unternehmenszusammenschlüssen, Wiesbaden, 2003.

ZEW / EBS Department of Real Estate: Real Estate Investment Trusts (REITs) – Internationale Erfahrungen und Best Practice für Deutschland, Teil des Abschlussberichts zum Forschungsprojekt 6/04 „Neue Assetklassen im internationalen Vergleich – Private Equity und REITs“ für das Bundesministerium der Finanzen, Berlin, 2005.

FSC
www.fsc.org
MIX
Papier | Fördert
gute Waldnutzung
FSC® C083411

Kolibri 360 GmbH
Ferdinand-Jühlke-Straße 7
99095 Erfurt, Deutschland
produktsicherheit@kolibri360.de